中國哲學會學術集刊 06

危機時代的哲學——「後」疫情時期的反思

序一

　　2021 年是人類文明飽受衝擊與生命風雨飄搖的年代，COVID-19 新冠疫情的威脅與陰霾襲捲全球，生命之受摧殘、無助和虛無可稱史上空前，不僅是人心惶惶、朝不保夕，更令人擔心的是文化的沉淪與衰退。哲學是文化的醫生，扮演針砭文化發展的導向與角色，文化是人類生活物質面和精神面的總合，更是主體之我身心靈的總匯與表現；面對摸不著、聞不到的病毒肆虐，人類是否在其面前首稱臣，僅能成為螻蟻而苟延殘喘？主體之我必將有其對治之方，因而吾人看到治療之疫苗相研發展現科技之成果，而暫能穩住身體所受之磨難。但是在心理與精神層面確實跌落谷底，亦不能不藉此重新思考生命之究極意義何在？在自然生命與文化生命之衝撞與擺盪之間，尋覓安身立命之道，以對治當代的文化發展危機。

　　中國哲學會非常榮幸的能在本會理事葉海煙的奔走協助之下，與國立成功大學副校長兼文學院院長陳玉女教授、中國文學系黃聖松主任以及臺南市哲學會理事長陳弘學等學界前賢合作，於 2021 年 11 月 20、21 日假國立成功大學光復校區文學院學術演講廳，共同主辦 2021 學術研討會——「危機時代的哲學——『後』疫情時期的反思」，計有 2 場主題演講、10 場次的論文發表會、37 篇論文、2 場圓桌論壇，會場討論熱烈，咸以在此疫情嚴峻時期仍有此盛況確屬空前與難能可貴，也創下臺灣學術論壇之先例，不因疫情而讓學術活動裹足不前甚至停頓。

　　依據中哲會的傳統，秘書處將已發表的論文提交理監事會議審議後，再辦理外審作業，如獲通過審查者即列入本會《中國哲學會學術集刊》第6輯登載。本輯計有11篇學者們的專論付梓，以誌斯盛及研究成果分享於社會各界，一睹哲學研究的風采。

　　感謝五南圖書公司楊董事長榮川之指導、編輯人員的熱心服務，本輯終於完成。在付梓的前夕，特為之序，以饗讀者。

中國哲學會理事長

吳進安 謹誌

2023年10月於國立雲林科技大學人科學院

序二

　　中國哲學會在理事長吳進安教授擘劃主導之下，於 2021 年 11 月
20 日至 11 月 21 日，假成功大學文學院，舉辦年度學術研討會。為因
應全球新冠肺炎疫情，選定「危機時代的哲學——『後』疫情時期的反
思」為主題，進行了為期兩天的論文發表以及相關問題的討論。會議結
束之後，經一段時間的嚴謹審查，終於在數十篇論文之中，精選了 11
篇，編就了這本應時又應機的哲學論文集。

　　就這 11 篇論文的研究主題及其實際之內容看來，可謂字字不虛、
句句屬實而篇篇精采，並且都與研討會的主題有著一定程度的關聯性。
本來，哲學的應用與實踐，即是以助人、益世與利生為目的，而在危機
四伏，甚至災禍可能隨時臨頭的生活境況之中，那些可以讓我們心理清
澈而始終保有足夠的自知之明的哲學思考，似乎更顯得彌足珍貴——它
們可以讓我們安頓身心而發揮其慰藉與療癒的義理效應，實值得人人持
續的關注與反思。因此，在這本論文集開卷之際，對這 11 篇論文做些
許的簡介，或許，會有助於讀者更全面地了解這些論文撰作所蘊含的真
實的心思。

　　王心運〈生病的身體或危險的身體〉一文論析在疫情與病毒交相
蔓延的同時，醫護人員面對的不只是「生病的身體」，也是「危險的身
體」，因此不得不提防自身可能隨時會被傳染。此外，照護者或許也可
能隱隱然出現「抽象的退縮空間」，而導致一些幾近人性扭曲的情事。

作者因此試圖從生病至危險身體的特殊向度，分析疫情可能帶來的醫學人文的危險因子。

李偉銘〈論荀子「解蔽」之「虛壹而靜」對「亂」的「治理」與「應變」〉全篇集中探究《荀子》所突出的「解蔽」所蘊含的「虛」、「壹」、「靜」三個層次的意義脈絡，由此闡釋「亂」的「治理」及其「應變」之脈絡，以便了解「解蔽」何以能在「虛壹而靜」的「大清明」之中給出一份真實無比的「光照」。

林宣里〈論《老子》存身防患之研究〉一文藉由「存身防患」的核心觀念，闡釋老子的「無身說」與「貴身說」，並由此論析《老子》重身及「身之患」的觀點，以說明身之患從何而來，為何而來，以及其關於保身、養身以防患的深層意義。

林慧如〈COVID-19 疫情下的臨床敘事與倫理療癒〉全篇集中探究疫情對醫療人員造成倫理衝擊，並藉由第一線人員的敘事，揭露出問題的嚴重性，而這些臨床敘事也突顯了「道德傷害」的嚴重性。此外，在相信醫者有能力自我關懷而全力投入助人專業、應對臨床的挑戰的同時，作者認為「敘事醫學」強調專注傾聽醫病敘事，乃理當是培養倫理覺察能力，以進行倫理療癒的方法與策略。

張莞苓〈朱熹「命」論與其當代價值〉一文指出朱子「命」論主張普遍尊重萬物之間的同與異，並要人人冷靜面對現實的變動與侷限性，以彰顯儒家的道德人文之精神。由此，作者斷言朱子對「命」的觀點相當切合當代包容多元差異以理性面對生死禍福的思考方式；同時，作者對朱子的命論，進行了全面的檢視，而由此整合了相關的經典詮釋與觀念解析，並因此強調「正命」所具有的當代意義。

黃藿〈後疫情時代的高教走向與通識教育 ── 教育哲學的觀點〉則旨在探究後疫情時代的高教走向以及通識教育的大趨勢。作者著眼全

球疫情大流行的諸多問題，其中，包括人與人之間的互動、人類與自然的互動、國際之間各國人民之間的互動，政治體制與意識形態之間的對抗，以及疫情的防治與疫苗的研發所涉及的生產與公平分配等等問題。顯然，作者是以哲學的立場與觀點，來考察上述問題對高等教與與通識教育所可能產生的影響。

歐思鼎〈苦死與哲學之慰藉：對 COVID-19 疫情的塞內卡之反思〉一文明白指出哲學或哲學家不是悲劇時的無助旁觀者，而是與人類境遇具有生存相關性的活動。因此，本文旨在回應底下這些問題：哲學可以對數百萬因為疫情直接死亡者的家人和朋友說些什麼？當前的哲學家又能如何為因 COVID-19 疫情而遭受悲劇的人們帶來什麼慰藉？作者於是闡析哲學家塞內卡（Seneca）的論點，試圖將哲學的應用與實踐作為處理當今悲劇的一種有效的策略。

蕭宏恩〈當代墨者對後疫情時代之醫學人文的反思〉則在《傳染病爆發處理倫理議題之指引》一書中，整理出「正義、行善、效益、尊重自主、自由、團結、互惠」等七項原則，作為對新冠肺炎（COVID-19）的應對性原則。由此，作者認為當代的墨學研究者應可結合上述之倫理原則與墨學義理，展開一系列後設而有效的醫學人文反思。

蕭麗芬〈孤獨世紀──道法自然的療癒〉特別側重莊子內化老子的自然之道以及「獨與天地精神往來」的精神。作者認為莊子享受孤獨，而因此感受到一股「連結」、「理解」及「支持」的力量，可以說：「雖孤獨，卻不寂寞」，這其實便是一種安身立命的孤獨。於是本篇以「道法自然」為核心，擴展了「孤獨」的思維，反思人類在天地宇宙中重新與「道」連結、與自我連繫，以及與他物真實感通，終能體踐永續而和諧的人文療癒之道。

　　饒忠恕〈從生死觀論友誼——以《莊子・大宗師》為例〉一文解析《莊子》對於死亡的獨特觀點，並指出死亡在其友誼觀點中所具有的意義。由此，本文藉由分析《莊子・大宗師》中一些朋友之間的互動，指出其友誼觀的重點在於堅持「朋友是那些對生死有共識的人」。作者因此肯定《莊子・大宗師》教導我們：「即使死亡的發生是友誼的結束，死亡的意識可以是友誼的開始」，或許，《莊子》研究的嶄新面向可能就是：對友誼與死亡以及兩者之間的關係的反思。

　　甘偵蓉〈人工智能系統應該內建倫理嗎？人工道德行為者之探討〉試圖了解人工智慧在與生命、權利相關的重大決策，對人類是否安全或者是否能輔助人類做出更佳倫理抉擇。此外，作者對「人工道德行為者」（Artificial Moral Agents, AMAs），進行了四個面向的探討：

一、說明 AMAs 議題重要性。

二、檢視目前支持 AMAs 的論述，可區分為消極與積極的行為理路以及各有什麼問題後。

三、以非行為理路來說明 AMAs 的研發，在概念上如何可能。

四、回應不應該研發 AMAs 的二類主張，並指出當 AMAs 做出錯誤行為或造成傷害時，AMAs 雖然是道德責任得以成立的行為者，但研發或使用 AMAs 的人類而非 AMAs 才應該承擔道德責任。

　　經由上述四個面向的分析，可見人工智慧系統不僅已經成為當代醫療系統不可或缺的一環，而它所涉及的倫理決策與道德決定，顯然必須在醫療過程的技術層次與方法運作之外，展開攸關人類自由意志、人格尊嚴以及生命價值的哲學論述。

　　以上 11 篇學術論作，雖然仍無法面面俱到，環環相扣，但卻已然對應了相關的主題，展開了有節有度的論述。或許，這本論文集應可說是國內哲學界在大疫之後所進行的宏觀的人文反思，而它似乎也可以作為我們關心人間苦痛與現實災難的一種參照、一項指引。

國立成功大學通識教育中心兼任教授

葉海煙

目　錄

危機時代與時代危機

論荀子「解蔽」之「虛壹而靜」對「亂」的「治理」與「應變」

李偉銘

天主教輔仁大學哲學系博士候選人

摘　要

　　疫情的來襲首要體現在各種突如其來的「變動」，而這場疫情與我們最大的關聯莫過於當以何種方式來「應變」。當荀子在「解蔽」中把「亂」作為一種人「蔽於一曲」之「患」，「解蔽」之意就在於對此「蔽」之「患」能有一份「治」。然則「治亂」有別於對「亂」的一味去除，卻是在「治理」的脈絡中能對「亂」給出一份「梳理」、「合乎於理」之「應對」。故此，「治亂」並不在於對個別具體之「亂」的解除或去除，卻在於能對「亂」給出一份先行的「應對」，「亂」所帶來的「變動」也就在這份「應對」的「合乎於理」中得以「梳理」而不至於「蔽於一曲」。本文嘗試在荀子「解蔽」之「虛」、「壹」、「靜」三個層面中個別闡釋三種對「亂」的「治理」，並在此「治理」之「應變」的脈絡中指出「解蔽」何以在「虛壹而靜」的「大清明」中動態的給出一份「光照」，既在「曲蔽不顯」之處給予一份照亮。心如磐水，則能映照出事物，進而能從心去觀事物，同時亦觀自身，並在這份「觀」中持守一份清澈的「大清明」。由此，當儒家的核心離不開安身立命的問題，那這個問題問的是，一個人何以能在千變萬化中把自己安身。於此，人就不僅是被動的「順應」這份變化，人同時也在「治理」的意義底下主動的參與到這份變化之中存養著一份「合宜」的「應變」。

關鍵字：解蔽、治理、應變、虛壹而靜、大清明、存養

壹、前言

荀子「性惡」學說的開展在於人透過後天的教養而能「化性起偽」，其中尤其強調「性」在這份「起偽」中的「化」。若說荀子的「禮教」論述了「性」之被動變化的面向，那荀子「解蔽」則指出了「性」之主動應變的面向，這兩者共同構成「化性起偽」中「化」的兩種「變」。就「性」的被動變化的面向而言，「性」不僅能變成「善」，「性」同時也能變成「惡」，而兩者的差異在於人是否對其本性加以節制。由此，問題的根本不在於「性」是否能被改變，卻在於人是否能辨別出「性」在變化過程中過與不及的這份尺度，並且以此尺度來對「性」做出一份合宜的節制。就此而言，「性」之善就不單單只是心對本性的節制，卻取決於心是否在這份節制中把這份「合宜」給辨別出來，而這份「合宜」的落實也就把「性」之被動變化上升到「性」之主動應變的層面。

當節制指的是在於這份有辨有知之心所體認出來之「合宜」的落實，那「心」對「性」的節制，實則上也就是「心」對「性」的治理，因為治理的本質在於合乎於尺度，節制也就在這份治理的脈絡中而把這份「合宜」的尺度給落實出來。由此，心對性的治理，實則是對心的治理，因為性乃心之所生，對心的治理也就是對心何以生的治理。正如荀子所言，心乃人中的天君，就不僅是上對下單方面約束的統治，同時也是下對上發乎於心的順從，兩者的「和」才能被稱之為相「合宜」。就此而言，「心」與「性」也就在此治理的脈絡中而為一體的兩面，因為心對性的治理在於能應對各種具體情境中的變化進而生出相對應的「性」，此「性」也就生於「心」同時止於「心」。

如何能不帶有西方哲學的色彩去詮釋中國哲學的思想，就如同荀子如何能不帶有其他家思想來詮釋儒家的概念。儒家發展到了戰國末年，不

僅是對自家經文的教授，同時也面對其他家思想的挑戰，而當時的儒者既要應對眾多不同的學說，也要在對眾多學說的回應中守住和傳承儒家的思想精神。〈解蔽〉中的「虛、壹、靜」即是荀子所提出之儒家的修養論功夫，同時也是荀子對儒家文本以及其他家學說的詮釋。面對眾多的學說和紛亂，荀子非但沒有一味的拒絕紛亂，而是進一步的指出亂之根本在於人應對外物時有所「曲蔽」，故「解蔽」之「解」直指的就是人對外物的這份「應對」。就此而言，荀子「解蔽」之對「曲蔽」的「解」就不僅是一般所理解的「去除」之意，卻也包含了「應對」意義之下的「解釋」，而所謂的紛亂也只是人無法給出一份「合宜」的「應對」。

> 人何以知道？曰：心。心何以知？曰：虛壹而靜。心未嘗不藏也，然而有所謂虛；心未嘗不兩也，然而有所謂壹；心未嘗不動也，然而有所謂靜。（《荀子・解蔽》）

荀子的「解蔽」首要關心的是人對「道」的「知」。如果「知」作為一份「詮釋」之「解釋」、「理解」和「實踐」的「領會之知」，荀子的「虛、壹、靜」中的這份「知」就不該只作為一份西方知識論脈絡下的「知」，畢竟在中國思想的脈絡中，「道」從來都只能透過「體認」和「領會」來把握，而儒家對「道」的「體悟」尤其強調何以把這份「道」給實踐出來。

本文嘗試指出荀子之「解蔽」的「虛、壹、靜」何以在「應變」和「治理」的脈絡中開展出一份詮釋學的面向，而「解蔽」的可能在於這份有辨有知之心的「體認」和「存養」。

貳、虛對臧的解

人生而有知，知而有志；志也者，臧也；然而有所謂虛；不以所已臧害所將受謂之虛。（《荀子·解蔽》）

「人生而有知」包含了兩個面向，一則爲人天生皆有「有辨有知之心」，二則爲人「體認」出人在這份「有辨有知之心」中而有所「知」，「解蔽」中的「知」主要指的是後一種面向。這一種「知」有別於西方知識論上主客對立的「知」，荀子對「有辨有知之心」的「知」非但不是一種對象化的「認知」，同時此「有辨有知之心」也不是在「認知」過程中抽象預設出來的「認知主體」，因爲主客對立的「認知」無法脫離三段論證的命題語言，而中國思想的傳統則更著重於對言外之意的體認。就此而言，首要的是回到這份「體認」之「知」的脈絡來理解荀子在〈解蔽〉中所提到的「知」，荀子的「有辨有知之心」才作爲一份「體認」的心而有一份實踐意義底下的「大清明」。

「知」[1]在《說文解字》中解爲對「詞」[2]的「識」[3]、「詞」解爲「意」[4]、「意」解爲「志」[5]，而「志」又與「識」相通，當荀子把「志」解爲藏納意義之「臧」，那「知」就可理解爲對一物之「意」的領會和記得。由此，當指出一個人有所知，指的就是把一物之「意」藏納於「志」，即在一份心中的記憶去對「意」的保存。

---

[1] 「知，詞也，從口從矢。」（《說文解字》）
[2] 「詞，意 而言外也，從司從言。」（《說文解字》）
[3] 「識，常也，一曰知也，從言戠聲。」（《說文解字》）「矢部曰。知、識臺也。按凡知識、記識、標識、今人分入去二聲。古無入去分別。三者實一義也。」（《說文解字》）
[4] 「意，志也。從心察言而知意也。從心從音。」（《說文解字》）
[5] 「志，記誌也。從言志聲。」（《說文解字》）

　　當對一物有所知在於有一份「志」的藏納，實則上指的是人在「志」的這份記憶中承載著對一物的「知」。換句話說，當人在對一物有所「知」的時候，人同時把這份「知」作爲一份「志」而藏納於心。然則如何確保和辨別這一次所藏納的「志」就已經是此物的全部面向？或者說，當再次遇到同一物時卻有了和心中所藏納之「志」不一樣的「知」的時候，心又該如何去應對這份差異的「知」？就此而言，作爲記憶的「志」就作爲「心」對事物差異之辨別和應對的角色，因爲心在此不僅透過過去的「志」去辨別出當下的這份差異，心同時把這份差異之「知」藏納爲一份「志」而有一份應對。循此對差異之藏納而言，就可理解荀子何以言「然而有所謂虛」，因爲心在既有所藏納的「志」中還能騰空出一個位子讓這份新的差異之「知」也藏納進來，這份新的藏納就不是空出另一個新的位了出來去形成另一個新的「志」，而是對曾在的那份「志」的自身內部中把這份對同一物之「知」的差異也藏納進來，心也就在這份「虛」的藏納中而有一份持續的「知」。

　　要能把一個與自身差異之物藏納到自身中，這份差異非但不是一份決然無關之外來事物，卻是一份切身相關的對立物，那就該把這份差異給安置到其自身的對立面上。記憶既是一份曾在之物的再現，同時也是一份曾在之物的固定，而這記憶中的固定無形中也構成了對曾在之物的一份成見。若要在一經已固定之物中納入新的事物，那就需得對這份固定做一份鬆動才能在自身中騰空出一個位置出來。由此，對一物之對立物的藏納，同時也是對一份固定之物的鬆動，心就在這份差異的對立中對原先之「志」的固定而有一份拆解。

　　凡人之患，蔽於一曲，而闇於大理。治則復經，兩疑則惑矣。（《荀子・解蔽》）

　　對一份記憶的拆解，當這份記憶的固定必然伴隨著一份成見，心在「解蔽」中的「虛」同時也是對這份成見的拆解。當荀子把「蔽於一曲」視爲「人之患」，根本而言在於人藏納之「志」所形成的成見妨礙了人對其他事物的「知」，因爲這份僵化的成見構成了一份遮蔽，進而使得物之「大理」無法顯現在人的面前。由此，就不是外物給出了這份「亂」和「蔽」，同時也不是人故意去製造這份「亂」和「蔽」，卻是在於人是否在「志」的藏納中對成見的固定給出一份「虛」的拆解。換句話說，當「蔽」指的是人在「知」中所形成的成見，「解蔽」的「解」就不是對這些成見的去除，卻是在於人是否能在鬆動的意義下去拆解這份成見，並在這份鬆動中而能在現有的成見中去對新的事物之「知」給出一份藏納的應對。

　　若人不帶著自身的成見去認識外物，人又何以辨別和體認出對事物之「知」的差異，而世間萬物也就不存在所謂的「亂」和「蔽」。故此，當荀子在「虛」的脈絡中指出了「知」與「志」之間的藏納，這份「志」的藏納不僅構成了人對外物之「知」的成見，同時也在這份「志」之藏納所導致的成見中而有一份對藏納的「解」，「虛」也就在此藏納之鬆動的「解」的意義底下作爲一份「解蔽」之「知」。如果沒有記憶，人又如何能承載這份「知」？如果記憶的固定必然帶來「遮蔽」，那「解蔽」的「虛」首要的就是在藏納和拆解的意義底下對心之「志」落實爲一份「治理」。

參、壹對兩的和

> 心生而有知，知而有異；異也者，同時兼知之；同時兼知之，兩也；然而有所謂一：不以夫一害此一謂之壹。（《荀子・解蔽》）

延續著「體認」之「知」的脈絡，荀子在「虛」中指出的是「人生而有」的「知」，而在「壹」中指出的則是「心生而有」的「知」。若說「虛」所強調的是人在「知」的過程中因無法避免的成見所造成的「遮蔽」進而以此凸顯出心之對成見之「知」的「解」，那「壹」中所要強調的則是這份「解蔽」之「知」的「解」何以在心的「治理」中而有一份「和解」意義底下的「和」。

> 故為蔽：欲為蔽，惡為蔽，始為蔽，終為蔽，遠為蔽，近為蔽，博為蔽，淺為蔽，古為蔽，今為蔽。凡萬物異則莫不相為蔽，此心術之公患也。（《荀子・解蔽》）

當有物藏，就會有兩，有兩就會有分，有分就會有亂，有亂進而就會有爭，荀子在〈解蔽〉的開頭既以此「兩」所造成之「亂」的層面指出了種種不同「蔽」，其中的「蔽」皆以兩相對立的方式來做論述，如欲與惡相對、始與終相對、遠與近相對、博與淺相對、古與今相對。如果「亂」的根本在於「兩」，那麼對「亂」的「解」就不應該是消除、泯滅意義底下的「消解」，更多的卻應該是「和解」意義底下的「和」。故此，人就不僅要把這份因人之「知」所造成的「亂」給辨別出來，人同時還要進一步去「和解」這份因人所造成的之「兩」的「亂」。雖則荀子在

「壹」中並未提及「和」這個概念，然卻有提及了此「一」與彼「一」之間的「壹」，而此「壹」正好指出了兩「一」之間的「同」。當循著這份兩「一」之間的「同」而回到了「大同世界」中所提出之「和而不同」之「和」，正好對上了荀子在〈王制〉中所提及的「和」。

水火有氣而無生，草木有生而無知，禽獸有知而無義，人有氣、有生、有知，亦且有義，故最為天下貴也。力不若牛，走不若馬，而牛馬為用，何也？曰：人能群，彼不能群也。人何以能群？曰：分。分何以能行？曰：義。故義以分則和，和則一，一則多力，多力則彊，彊則勝物；故宮室可得而居也。故序四時，裁萬物，兼利天下，無它故焉，得之分義也。（《荀子・王制》）

荀子透過指出人比起禽獸可貴之處在於有「義」，因為人能「群」，而「群」在於人能「分」，「分」則在於人能在「義」的「和」中而能達致一份「兼和」。當以此「兼和」來對應荀子在「兼知」中的「兼」，正好也就呼應了後一段「壹」之對兩「一」的「兼和」。故此，荀子在「壹」中所強調的「同」就絕非是把事物之差異給消除而換來一份無差別的「相同」，卻是為了在一份「和」的「壹」中使得兩相差異的事物得以「同時」「兼容」彼此、而又不妨礙了彼此。

當回到「知」與「志」的脈絡，人對一物的「知」就不會是把某物一比一原封不動的藏納於心中，因為對每一物的「知」都是一次「拆解」之後的重組，都是一次又一次原有的「知」與新「知」的重新相「和」為「壹」。好比如在煮一鍋湯的時候在水中加入鹽巴，一鍋湯中的「和」就不只是鹽巴加到水中簡單無差別的加法，湯中的「和」卻是一種相互作用，因為水不僅稀釋掉了鹽巴的鹹，鹽透過自身的咸進而襯托出水的清

甜，而在這份「和」的相互作用中有一份彼此「拆解」之後的相「兼和」。故此，「壹」中的「和」就在此「和解」的意義底下呼應到了「解蔽」中的「解」，並在此「和解」中使得相差異的事物得以合於「義」、且又相「合宜」的被安置和藏納到心中而爲「壹」。「解蔽」的「壹」也就在此「和解」的安置和藏納中對「心生而有的知」落實爲一份「合宜」的「治理」，因爲「壹」之所「知」在於治理其中的「分亂」。

何謂衡？曰：道。故心不可以不知道；心不知道，則不可道，而可非道。（《荀子・解蔽》）

要能達致一份「均衡」，還需得先「知」──「道」，因爲在荀子的思想中人與人、人與事物、事物與事物，都在道中而相統「壹」，而「壹」之根本在於這份「兩」中的相「和合」。

肆、靜之通達的大清明

荀子的「道」作爲萬物運作的法則，把握了這份「道」，也就能以此「道」來應對萬物的變化，既能在事物自身的「道」中來看到事物，從而使得事物得以如期自身所是的成爲事物自身。就此而言，荀子在「解蔽」的「虛」和「壹」的兩種「知」中之所以格外的強調莫要因己之「知」而「害」了事物，因爲「知」的根本正在於讓事物得以合乎於其自身的「道」而成爲自身。在此並不是要指出人的「知」有能力讓事物脫離了「道」而不成爲自己，因爲不管人做出何種的錯誤的曲解，事物和「道」的形上關聯依舊不曾有絲毫的改變，而人之對事物的「害」指的卻是這份「大道」

在人的「知」中被「遮蔽」。故此，若要「知道」，首要的在於把這份「道」從「遮蔽」中給顯現出來，人也就能以此顯現出來的「道」去看待事物，事物同時也能在「道」中如期自身所是的顯現出來，「道」就在此顯現的脈絡中讓人與事物得以在沒有「遮蔽」的「妨害」中通達於彼此。

當透過詮釋學之「知」來解讀荀子在「解蔽」中的「知」，「虛」就扮演了「知」之對某物的「解釋」，首要的是對自身現有之「志」的「拆解」；而「壹」則扮演了「知」之對某物的「理解」，「兩」相「異」之物也就能在「和解」中相互通達於彼此。然則「解蔽」之「知」還不僅是對事物的「解釋」和「理解」而言，因為「虛」和「壹」之後還有一份「靜」的「大清明」。

> 心臥則夢，偷則自行，使之則謀；故心未嘗不動也；然而有所謂靜；不以夢劇亂知謂之靜。未得道而求道者，謂之虛壹而靜。（《荀子・解蔽》）

荀子直接指出「虛壹而靜」的對象是那些「未得道而求道者」。當「求道」之根本則在於要能「知道」，當「知道」的根本在於把「道」從「遮蔽」中給顯現出來、進而能以「道」觀萬物的變化，則一切事物的變動就在「道」中而能復歸於一份恆常不變，得道之人也就能在「道」之不變動的「靜」中而達致一份「不亂」的「大清明」境界。在此所指的「靜」指的不是事物不再變動了，指的卻是當人以「道」來應對事物的變動，心則不再受到事物變動之「亂」所帶來的「動」，故謂之「靜」。當人能達到以「道」觀萬物的境界，並在此「道」的觀照中而能無所「遮蔽」的通達於事物自身，在此所謂的「靜」就絕不是一份什麼都沒有作為的「靜」，卻是一份人與事物在往返中通順無阻之動態的「靜」。

虛壹而靜，謂之大清明。萬物莫形而不見，莫見而不論，莫論而失位。坐於室而見四海，處於今而論久遠。疏觀萬物而知其情，參稽治亂而通其度，經緯天地而材官萬物，制割大理而宇宙裡矣。（《荀子・解蔽》）

從以上舉的例子可以看出荀子在「虛壹而靜」中所強調的「通達」，如「室」與「四海」之間的「通達」、「今」與「久遠」的「通達」。此外，荀子也強調「疏觀」而能「通達」於「知情」，同時也在「治亂」中強調一個「尺度」的「通達」。故此，當一份「道路」得以彼此通達無阻，「大道」也就在此「通達」的無所「遮蔽」中顯現出來，因為「大道」在「解蔽」的顯現中給出了一份映照萬物的「大清明」。

由此，「解蔽」的顯現就不僅僅是把某個現成之物從「遮蔽」之中給帶出來，「解蔽」的顯現卻是在「虛壹而靜」的「大清明」中動態的去給出一份「光照」，既在「曲蔽不顯」的地方去給予一份照亮。故此，在人去「求道」、「知道」的過程中，就不是一味的強調對成見的去除，也不是一味的執著於把「大道」從其具體情境的一偶成見中給抽離出來；反而是，作為一份「實踐」的「知」，去這份「大道」給落實到每一個具體的情景，使得事物能夠合乎於自身的情景而成為自身，則在面對同一事物的不同情景時也就不會在此「兩」中而有「亂」。就此而言，當「大道」作為一份萬物變動的法則，「解蔽」的「知」則把這份「尺度」給落實到具體的情景之中而與事物有一份無所「遮蔽」之「大清明」的「通達」。

心如磐水，則能映照出事物，進而能從心去觀事物，同時亦觀自身，並在這份「觀」中持守一份清澈的「大清明」。水至清而能臧納一切，因為水與映像在「壹」中有一份「和」，而此「和」指的是映像的映照呈現出水的至清，水的至清也給予映像一份至清，兩者合一才構成彼此的「清」。故此，人心要能把大道給彰顯出來，心還需得能夠映照出來，而儒家的「誠」則蘊含了這份人心中的「大清明」。

伍、小結

　　道德的可能在於有辨有知之心，人如若不看見自身，又何談善惡？看見自身與萬物的不同還不夠，還需得要持守得住這份不同。同樣的，如若有「大道」，看見「大道」還不夠，重點在於在沒看見的地方，也持守和落實這份「道」。「道」，也就在此意義上指引著一份返回，既返身回到本心的「誠」。

　　如果儒家的核心離不開安身立命的問題，這個問題問的是，一個人何以能在千變萬化中把自己安身。不僅是被動的「順應」這份變化，同時也主動的參與到這份變化之中。

　　　誠者，天之道也，誠之者，人之道也。誠者，不勉而中，不思而得，從容中道，聖人也；誠之者，擇善而固執之者也。（《中庸・第二十章》）

　　如果「性惡」的提出是爲了強調人性的「起僞」，核心的是人有了一種變化，儒家的「誠」就構成了性惡論的基礎，因爲只有人轉變以後回過頭來看自己，人才能說自己是性惡的。由此，儒家的「誠」就不僅僅是把「仁義」給展現出來就結束了，卻是要讓人「眞心誠意」的去看見那些不仁義的地方，並且進一步讓不仁義的地方合乎於仁義，「誠」才在這份教化中而有一份無所「遮蔽」之「通達」的「大清明」。

參考文獻

荀況著，王天海校釋（2015）。《荀子校釋》。太原：三晉出版社。

李凱（2007）。〈試析《荀子・解蔽篇》中的詮釋思想〉。《青島大學師範學院學報》24卷4期。

潘小慧（1998）。〈荀子的「解蔽心」——荀學作爲道德實踐論的人之哲學理解〉。《哲學與文化》25卷6期，。

潘小慧（2007）。〈從「解蔽心」到「是是非非」：荀子道德知識論的建構及其當代意義〉。《哲學與文化》34卷12期。

吳祖剛（2018）。〈荀子「虛壹而靜」探釋〉。《鵝湖月刊》517期。

王楷（2009）。〈君子養心莫善於誠：荀子誠論的精神修持意蘊〉。《哲學與文化》36卷11期。

佐藤將之（2007）。〈荀子哲學研究之解構與建構：以中日學者之嘗試與「誠」概念之探討爲線索〉。《國立臺灣大學哲學論評》34期。

孤獨世紀 —— 道法自然的療癒

蕭麗芬

法鼓文理學院生命教育學程助理教授

摘　要

　　21 世紀是孤獨的世紀，網路社群連結前所未有，人與人間卻更加疏離；新冠疫情肆虐，在保持社交距離下，卻使人感受到內心的孤獨。人們在面對孤獨的自己是一種痛苦？還是自在？在痛苦中的孤獨，將會導致嚴重的身心受損。「孤獨」一詞遭人誤解，也使人難以啟齒，莊子內化老子的自然之道，而能「獨與天地精神往來」，他獨自陶醉享受在孤獨之中，感受到一股「連結」、「理解」及「支持」的力量，孤獨而不寂寞，是一種安身立命的孤獨。本研究以「道法自然」爲論述核心，欲擴展「孤獨」的新思維，反思人類在天地宇宙中的位置，重新與「道」連結，提出從「與自我」的眞實連結，「與他者」的感通理解，及「與天地萬物」和諧永續的支持中，達成可能的療癒之道。

關鍵字：道、自然、孤獨、疫情

壹、前言

在新冠（COVID-19）疫情的流行下，「我們正處在人類有史以來最『孤獨』的時代」（諾瑞娜·赫茲，2021）；然而，現代人的孤獨卻是一種日常生活模式，孤獨是一種病嗎？我們認識什麼是孤獨嗎？傳統社會的人們，透過群居方式過著以部落或家族為單位的生活模式，每一個人都在眾人的目光下共同成長。在社會文明進步下，因經濟發展需求而逐步演變成僅由夫妻及未成年子女所組成的核心家庭；目前又因不婚、離婚、單親、少子化及高齡化等種種趨勢，提倡不同年齡、性別及性別取向等自由組成的多元家庭。人為「萬物之靈」，與他類物種不同，也定義自己為「社會性的動物」，認為人類需要在群體社會中，才夠能活得下去，人類在家庭中出生，以至最後的死亡，整個人生旅程都是活在社會國家所組成的人際關係網絡裡；人類一面擁有最長的成長期，需要他者的協助以滿足生理及安全的需求，一面更需要在關係中得到歸屬感及被尊重以獲得他者的認同，以支持其生命能夠繼續安全的長大成熟。

阿德勒（Alfred Adler，1870-1937）曾提出，人類幾乎所有的煩惱，都是來自於人際關係的問題，亦即人際關係的好壞，是一個人能否過得幸福快樂的重要關鍵因素，而所謂的「孤獨」感受或課題，更是直指為人際關係的重大煩惱之一。「幼而無父曰孤」及「老而無子曰獨」，不論是「孤」或「獨」都說明一種與直系親人分離狀態的關係模式，後來「孤」與「獨」又合用為「孤獨」，有「孤單」、「寂寞」、「孤寂」、「孤立」、「孤僻」、「獨行」等同義詞，將「孤獨」一詞直接定義為一種負面的自我感受，甚者更認為「孤獨」是一個問題，甚至於是一個「人際關係的問題」。於是，專家學者在面對「孤獨」所產生的困境時，總是將「孤獨」視為一種需要「終結」的對象，主張「健康的人際關係才是復原

的良藥」（維偉克・莫西，2020：8）；或是提出一種強化人際連結的具體方案，要「站在彼此身邊，無論對方是誰」（諾瑞娜・赫茲，2021：388），以作爲對抗孤獨世紀的良方。然而，孟塔鳩（Ashley-Montagu 1905-1999）提出「人的性格之內在核心乃是有機體本身，它既有自我維護的傾向，也有社會性的本質」（卡爾・羅哲斯著，宋文里譯，2018：107）。說明在人性核心價值中，有維護自我生命發展成熟與人群社會連結的需求，是以能否在生命發展成熟與人際連結中達到一種平衡的可能性？安東尼・史脫爾（Anthony Storr，1920-2001）也質疑現代人耿耿於懷在人類所建立的各種關係，因爲他發現古代人只擔心「生存」與「避險」，卻不重視「關係」，所以，他主張「愛情」和「友誼」固然是人生價值意義的「重要來源，但絕非唯一的來源」，因爲不論愛情和友誼等之「人際關係」，都充滿著變化性與不確定性，所以不該「被過分理想化」，當然也不能夠被視爲「達到生命滿足的唯一途徑」（2021：15-16）。

　　是以，在「孤獨世紀」的時代浪潮中，當「孤獨」已成爲社會的一種常態時，能否重新檢視「孤獨」的內涵與價值，不被孤獨之負面感受所框限，轉化傳統思維之「孤獨」負面形象，而眞正認識什麼是孤獨？而能重新定義「孤獨」？再者，孤獨是人際關係的問題，還是一種人類存在的必然性？能否賦與「關係」一個新的詮釋？不再侷限於「人際關係」，而能「與自己」、「與天地宇宙」重新建立一種新的關係？最後，人們能否與孤獨同在而安頓在孤獨之中？達到莊子所言的「見獨」（《莊子・大宗師》）、「立於獨」（《莊子・田子方》）的境界，在眞正的孤獨中享受孤獨之「至獨」而「不獨」的可能？老子曾以「俗人」與「我獨」（《老子・第 20 章》）的分別，說明自己與一般人不同的生命狀態，《莊子・天下篇》更說明莊子雖然是「與世俗處」，但卻是「獨與天地精神往來」，使

人明白莊子並非如同一般人生活在「譴是非」或「敖倪於萬物」之中；他所追求的是「人的個性化並將其發展到極致」（陸建華，2016：148）的過程。老莊試圖將人類在「社會關係」中的「人際網絡」，重新拉回至與「天地宇宙」的眞正關係中的「物我連結」，其終極價値乃是以自己獨特的生命情調與宇宙根源之道，能夠有一種「往來關係」；他並不依賴於有形的功名德行，也不憑恃無形的自我框限，他只是專一於宇宙根源大道的運行不已，而實踐自然的生命之道，是以，沒有任何現象能夠限制束縛他，他能夠全然遨遊在宇宙萬象的任何變化中，達到一種「遊無窮」（《莊子・逍遙遊》）的生命境界。於是，老莊雖然身處於春秋戰國亂世當中，在人人自危下，他們並不直接轉向尋求他者的理解與認同，反而先以自己的本性之德「連結」於宇宙根源之道，因爲天地場域具有一種「自發的和諧性調節力量」（林安梧，2010：15），所謂「道法自然」（《老子・第 25 章》），自然即創造性本身，生命在天地宇宙的大場域中，能夠「自化」（《老子・第 57 章》）、「自定」（《老子・第 37 章》），創造出自己而然之生命價値實現的可能性；並以內在的天眞本德導引生命，在消解融化自我二元價値對立中，將開展出感通「理解」他者的可能性，使天地萬物在「道通爲一」（《莊子・齊物論》）中，都能感受到生命彼此的「支持」力量。

本文從老莊思想進行理解與詮釋，以「道法自然」爲核心的認知內涵，展開在「關係」中之「連結」、「理解」與「支持」的三個面向，企圖轉化長期以來人們對「孤獨」之僵化概念所造成自我與內在的疏離、人際關係的對立，甚至感覺與體驗外在世界的遲鈍麻木，目的在減緩或消除對「孤獨」之錯誤認知所產生的沮喪、悲傷、恐懼、無能、無力或無助等負面情緒的影響，而達到一種「心靈療癒」的功效。首先透過「道生德畜」（《老子・第 51 章》）所具備的內在天眞本德，以連結宇宙根源之

道,使人們在孤獨中有一種與自己真實情感的連結關係;其次,在「萬物得一以生」(《老子‧第 39 章》)的共感相通中,天地萬物只要恢復與宇宙根源之道的關係,便能夠「自己而然」、「如其所是」的生長成熟,並且在各自肯定並認同自己獨特的生命狀態中,在現實生活中達到與他者「莫逆心交」(《莊子‧大宗師》)之本質上的理解相知;最後,在各自實現生命存在的價值與意義中,天地萬物均在宇宙大化之流中,沒有任何的貴賤分別,在「物化」(《莊子‧齊物論》)中完成生命與生命間之自由流轉變化,並以「至德」(《莊子‧馬蹄》)的境界,實現一種合而為一的支持關係。

表一　論述內容

孤獨中的自然連結	孤獨中的自然理解	孤獨中的自然支持
在真實自我中的孤獨狀態	在人際關係中的孤獨世界	在天地宇宙中的孤獨境界
回歸獨特存在的孤獨過程	尊重獨立生命的孤獨過程	創造和諧永續的孤獨過程
孤獨中與內在的心靈連結	孤獨中與他者的感通理解	孤獨中與萬物的合一支持

貳、孤獨中的自然連結

在生命成長過程中,人們總是以社會價值標準為自己努力的目標,以利將來能為社會所用,從而實現自己存在的價值與意義,而此一「價值標準」多以符合眾人利益為基礎。然而,此最大「利益」是否為生命本身真正的利益?此利益真的符合大多數人嗎?其中是否有更多的少數人被犧牲了?是以,當人們不斷追求「社會化」的過程中,為了將來能夠在社會上佔有一席之地,或許已不知不覺的漸漸遠離真正的自己,失去了內在的「天真本德」(王邦雄,2019:79),甚至於扭曲了自己。

一、在眞實自我中的孤獨狀態

老子言「專氣致柔，能嬰兒乎」（《老子‧第 10 章》）、「常德不離，復歸於嬰兒」（《老子‧第 28 章》），要人能夠在「爲道日損」（《老子‧第 48 章》）中，回歸如嬰兒般保有初始的天眞與原有的德性；如同莊子提到「眞人」乃是「不以心捐道，不以人助天」（《莊子‧大宗師》），絕對不以人爲的心思智識，取代或放棄原本自然大道內在於人的本質德性。是以，保全及維護內在生命的眞實自我，是老莊思想的核心價值，是無法被任何人事物之價值所取代的，所謂「名與身孰親？身與貨孰多？得與亡孰病？」（《老子‧第 44 章》）老子強烈提出人們對於價值觀點及存在方式的錯亂，抗議社會世俗對於名聲財貨的無止盡追逐，呼籲著人們要重新回到生命本身的美好自在，才能眞正活出生命的價值與意義。然而，當莊子主張貼近眞實自我時，在放下社會價值標準的追求時，將如同南郭子綦「心如死灰」一般，乃呈現一種與內在心靈連結而表現於外的孤獨狀態。

> 南郭子綦隱几而坐，仰天而噓，嗒焉似喪其耦。顏成子游立侍乎前，曰：「何居乎？形固可使如槁木，而心固可使如死灰乎？……」子綦曰：「……今者吾喪我，汝知之乎？女聞人籟而未聞地籟，女聞地籟而未聞天籟夫！」……。子游曰：「地籟則眾竅是已，人籟則比竹是已。敢問天籟。」子綦曰：「夫吹萬不同，而使其自己也，咸其自取，怒者其誰邪！」（《莊子‧齊物論》）

當顏成子游發現南郭子綦仰天吐氣，表現出如同乾枯木頭的樣貌，儼然已經擺脫身體的束縛而完全不受拘限時，他進一步詢問南郭子綦是否也

能讓心思像死灰一般毫無生機而不受影響呢？南郭子綦回答自己是「吾喪我」，也就是他以「心靈我」或「心神我」消解轉化了對「心思我」及「形體我」的執著，而呈現出一種孤獨存活於天地宇宙間的狀態，彷彿已經失去一個人應該如何的社會價值標準，所以才有如枯槁木頭的樣態，而這是一種「真實自我」的境界。每個天地萬物的存在都是「道生德畜」，接受著根源之道以畜養著天地萬物的內在之德，均有其內在的「真性」（《莊子‧馬蹄》），此「德性」乃是「自然之性」，具有「自己而然」、「自己而是」、「自己而可」的本質，甚至是「自己如此」、「本來如此」、「通常如此」及「勢當如此」（劉笑敢，1997：27）的內涵。所以，只要展現原有的真實本性，真性就能以「真君」、「真宰」（《莊子‧齊物論》）般的居於統領地位而引導自身的形體及心思，莊子謂之「真人」（《莊子‧大宗師》），而南郭子綦其實只是將天地宇宙根源之道內在於自己之天真本德，作全然的發揮與實踐而已。

　　正如每個孔竅的聲音，因為有無聲之聲的「氣」在推動著「眾竅」，而眾孔竅又依著自己各別的獨特樣貌，發出自己獨特的聲音，所以每個孔竅都形成自己的聲音，謂之「天籟」。說明的是，每個存在都是通過「道」的創生，使天地萬物得以實現自己存在的價值與意義，所謂「咸其自取」，亦即每個存在都是自己「認取而有」（王邦雄，2019：68），沒有勉強刻意，「無物不然，無物不可」（《莊子‧齊物論》），天地萬物都只有自己的「是」、自己的「可」，沒有一物需要以社會所形成的價值標準，作為自己生命該追求的路徑。因為「道法自然」，所以宇宙根源之道已經賦予天地萬物自在的成長空間，天地萬物只要發揮自己而然的真實自己，便能夠連結於自然根源之道，融入天地宇宙之中而能自己如此的成長。

二、回歸獨特存在的孤獨過程

　　在多數人遵循社會價值以完成自己的一生時，若是活在「真實自我」的獨特性中，以實現自身存在的價值與意義時，多半是一個孤獨的過程。陶淵明從 29 歲的出仕，過程中的五進五出，最後終於在 41 歲棄官歸隱「復得返自然」（〈歸園田居‧其一〉），他所面對的是「他者懷疑」與「自身矛盾」的煎熬，這是一段他者難以理解而只能不斷與真實自我對話的孤獨過程。雖然人類具備「有目有趾」（《莊子‧田子方》）的「物類」特徵，但卻不能阻礙人類發揮人性的價值，以完成個體化的可能。老子言「古之善為士者，微妙玄通，深不可識」（《老子‧第 15 章》），為道之士深知內在本性，乃是涵蘊著宇宙根源之道的無限永恆，所以，生命是那麼的精微、神妙、深刻與普遍，在每個人的天真本德中具備無比的奧祕與豐富，是無法使用過往的經驗加以預期或判斷。是以，叔山無趾以後腳跟匍匐的方式會見孔子，雖然不符合社會正常標準，但他卻不因自己的「無趾」而在孔子面前低人一等，他超越「有趾」的類概念，反而因為具有「無趾」的獨特性，而發現生命有甚於「有形之趾」更重要的「無形之趾」的「尊足」（《莊子‧德充符》），尊足乃是真實自我的展現，是內在心靈的「不亡」（《莊子‧齊物論》）與「不忘」（《莊子‧田子方》），也不會隨著形體消逝與變化，更是生命最重要的價值擁有。因為，生命會透過存在於世之個別形體的獨特性，創造出真正自我的獨特性，如同鯤魚於北海中與眾鯤魚同遊，卻能超越魚類的概念，而走向完全不同的生命境界。

　　北冥有魚，其名為鯤。鯤之大，不知其幾千里也。化而為鳥，其名為鵬。鵬之背，不知其幾千里也。化而為鳥，其名為鵬。鵬之背，不知其

幾千里也；怒而飛，其翼若垂天之雲。是鳥也，海運則將徙於南冥。南冥
者，天池也。……野馬也，塵埃也，生物之以息相吹也。天之蒼蒼，其正
色邪？其遠而無所至極邪？其視下也亦若是，則已矣。……蜩與學鳩笑之
曰：「我決起而飛，槍榆、枋，時則不至而控於地而已矣，奚以之九萬里
而南爲？」（《莊子·逍遙遊》）

　　莊子以「鯤化爲鵬」的寓言故事，啟發每一個生命的存在，總是要
經歷一種孤獨的變化成長過程，這是一段試探生命的獨特性邁向個體化，
以完成獨立的重要生命歷程。北海中有眾魚子鯤魚，其中有一隻鯤魚超越
眾鯤魚之安於北海的舒適安全，相信自己有「不知其幾千里」的無限可
能，願意超越自己的限制，選擇擴大自己的生命視野，作「化而爲鳥」的
嘗試。此「化」非僅只於「物」與「物」的變化，乃是一種從原本活在安
全與他者認同的「自我」中，至開始冒險挑戰以貼近「眞我」的內在生命
啟動；更是一種從受限於「物類」概念的形體心思制約，至「本性」價值
的生命境界超昇。這是一種內在心靈的焠煉之旅。鯤魚要突破既有的習慣
環境，也要面對眾鯤魚的冷嘲熱諷，更要與自己的內在不斷的對話，沒有
掌聲，只有自己與自己同在，在不斷接納自己中，傾聽自己內在的一切，
在完全貼近自己中達到一種合一的狀態，雖然在孤獨的振翅飛翔中，有些
複雜的感覺，但也在不斷的經驗累積中，漸漸的熟悉順風之流而感到不害
怕，開始享受自己獨特的生命經驗。

　　當大鵬鳥飛越至最高空時，它發現並非如原本所以爲的天空爲蒼芒，
也發現地面之大也如同天空一般無遠弗屆，而且當從高空往下凝視時，更
明白了所有的一切現象都消融爲一個整體，不再有任何的差異分別。然
而，是什麼限制了生命展翅高飛的機會？當鯤魚願意貼近自己的生命本身
時，它發現因爲「自我」的虛假與拉扯，所以，阻礙了眞正自我的實現；

它意識到自己生命的獨特性，發現唯有願意展開生命意義與價值之冒險時，才有可能與自己內在的天真本德產生連結。莊子以鯤鵬之超越過程，目的在喚醒人們要突破「知效一官，行比一鄉，德合一君而徵一國者」的價值限制，其擺脫人們以外在社會標準所定義「智識」、「德行」為實現自我的目標，反而要人更深刻的去體會及順應宇宙自然之道，並在消解自我之功名德行中，能夠發現及發揮內在生命之德，達到一種沒有任何憑靠，無有任何限制的「無待」境界，唯有如此，才能使生命真正遊悠自在於現實生活的一切變化。

三、孤獨中與內在的心靈連結

常人對「孤獨」的負面評價，往往來自於將生命寄託依賴於他者，當無法取得他者的「理解」、「接納」與「認同」時，將產生對自己生命本身的「無安全感」，進而引發生活的「無能」與「無價值」的寂寞感受。因為他者具有不確定性與變化性的特質，所以，是無法使人寄託依賴於其中的；於是，老莊寄寓於「視之不見」、「聽之不聞」、「搏之不得」（《老子‧第 14 章》），甚至是「恍兮忽兮」、「窈兮冥兮」（《老子‧第 21 章》）的無限永恆的宇宙根源之道，目的在解決人類「有所待」，所造成終日悽悽惶惶的悲劇。當老子以「得一」（《老子‧第 39 章》）作為生命得以自由的核心價值時，莊子在〈大宗師〉中，說明了女偊「見獨」的得道經歷。

南伯子葵問乎女偊曰：「子之年長矣，而色若孺子，何也？」曰：「吾聞道矣。」南伯子葵曰：「道可得學邪？」曰：「……吾猶守而告之，參日而後能外天下；已外天下矣，吾又守之，七日而後能外物；已外物矣，吾又守之，九日而後能外生；已外生矣，而後能朝徹；朝徹，而後

能見獨；見獨，而後能無古今；無古今，而後能入於不死不生。殺生者不死，生生者不生。其爲物，無不將也，無不迎也；無不毀也，無不成也。其名爲攖寧。攖寧也者，攖而後成者也。」（《莊子・大宗師》）

　　當南伯子葵見到女偊外貌呈現出幼童之嬌嫩時，女偊回答說自己已經聽聞了道，而且自己在道的這條路上也不斷下功夫。首先是擺脫天下的名利權勢，其次是遺忘了生活的錢財物資，再其次是解消了對形體老化死去的恐懼陰影，他在一連串超越好生惡死的二元價值分別後，內在心靈則如同見到了早晨的太陽，光明照亮每一個角落，沒有任何黑暗恐懼。此時，眞正的自我完全朗現，並在眞我中「見獨」，與宇宙大道完成連接並合而爲一；而在眞我與大道的合一中，內在心靈則超越了時間限制，進入不生不死之永恆境界。因爲「方生方死，方死方生」（《莊子・齊物論》），生死同步、生死一元，不僅面對死亡時不會恐懼，在面對當下的生命時，也不再執著於永活長生。於是，在放下對死亡的原始恐懼後，便能夠完全坦然將天眞本德作最大的開放，不再侷限於現實人間之送、迎、成、毀的是非分別，反而能夠在紛擾的社會生活中，依然保存在孤獨中的內在安頓，在自由自在中朝向最眞實自我的樣子去成長變化。

　　莊子以女偊在孤獨的消解工夫過程中，以天眞本德與宇宙根源之道連結，一面肯定「總體」宇宙根源之道，已內在於「個別」內在生命之德中，一面也透過不斷的消解自我心知過程，而與內在天眞本德重新連結，將生命眞正的主權取回。此時，將不再以他者定義自己是否爲形單影隻之「人際孤獨」，或是自我無法踫觸內在心靈的「心理孤獨」，乃是回歸至最眞實自我的「遊心於德之和」（《莊子・德充符》）。雖然在個別差異下，有一種無法跨越的鴻溝，而感受到生命最原始的「存在孤獨」，但卻能夠在對生命本質的理解中，放下對他者的依賴，就此享受與自己同在的最極

致的孤獨；而在貼近最深層內在心靈中，體悟了「遊心於物之初」（《莊子‧田子方》）之宇宙根源之道，是「自本自根」（《莊子‧大宗師》）之獨一無二，與「獨立不改」（《老子‧第 25 章》）之無限永恆。於是，便能重新將自己的內在心靈安置天地宇宙之間，在「與造物者遊」（《莊子‧天下》）中，產生一種「身心安頓」、「安身立命」的孤獨。

參、孤獨中的自然理解

　　道生萬物，在「物形之」（《老子‧第 51 章》）的過程中，因形體不同而產生各別生命的差異性，人不僅因形體上不同，每個人也因社會文化環境之不同，產生各自不同的自我認知。當人類以追求群聚為主要生活方式，也形成一套共同的社會價值標準，便以符合此標準為正確的人類生活模式；於是，在獨自一人或與人差異時，便往往有孤獨的感受，而且當夜幕低垂或繁華落盡時，心理總是升起無法踫觸心靈的孤獨感受。莊子在〈德充符〉中提到，人一面雖然是「屬於人」而有人之形，一面卻又是「獨成其天」，因此既然「受食於天，焉用人」？因為人類的生命具備「天真本德」，所以能夠完全獨立自主而圓滿，他說明一個能夠「獨成其天」的「聖人」，在現實生活中根本不必去圖謀算計，所以也就不會遭受到破壞傷害，當然不會有任何的減損失去，更完全不需要向外界獲取得到什麼來滿足自己，而展現出一種「獨往獨來，是謂獨有」（《莊子‧在宥》）的生命樣貌，呈現出一種在人際關係中的孤獨世界，說明人永遠無法遠離自己的內在心靈，唯有天真本德能夠與自己的同在。

一、在人際關係中的孤獨世界

莊子的世界中，最好的朋友似乎是惠子莫屬，因為當莊子經過惠子墓時，其言「吾無以為質矣，吾無與言之矣」（《莊子・徐無鬼》），說明從惠子死去後，自己就已經失去一個最能夠談話的對象了。莊子與惠子從「大瓠之種」（《莊子・逍遙遊》）談「無用之用」，從「遊於濠梁」（《莊子・秋水》）談是否「知魚之樂」？甚至惠子曾經直接質疑莊子的主張是「無用」（《莊子・外物》）之論。倆人存在著諸多的差異性：莊子談生命本身的大用，惠子則以自我認知標準說明是否有用；莊子能通感理解魚本身的快樂，惠子則阻斷天地萬物能夠彼此理解的可能性。惠子是莊子能夠談論的夥伴，但卻一點也無法理解莊子，映現出人們在人際關係中只有自己能夠理解自己的孤獨世界。

> 惠子相梁，莊子往見之。或謂惠子曰：「莊子來，欲代子相。」於是惠子恐，搜於國中三日三夜。莊子往見之，曰：「南方有鳥，其名為鵷鶵，子知之乎？夫鵷鶵發於南海而飛於北海，非梧桐不止，非練實不食，非醴泉不飲。於是鴟得腐鼠，鵷鶵過之，仰而視之曰：『嚇！』今子欲以子之梁國而嚇我邪？」（《莊子・秋水》）

惠子身居梁國宰相時，莊子去拜訪他。但當有人傳遞莊子來此的原因是要取代惠子職務時，惠子心慌了，他派人在整個國境內徹底的搜尋莊子。莊子則自己前往會見，說明自己就如同鵷鶵一樣，要從南海飛到北海，一定要是梧桐樹才會休息，一定要是竹子的果實才會吃食，一定要是甘甜的泉水才會飲用；而當鵷鶵經過一隻剛好捕獲死老鼠的鴟鳥附近時，鴟鳥卻以為鵷鶵要和他搶奪死老鼠，而發出嚇阻的聲音要趕走鵷鶵。莊子

以為惠子就如同「鴟鳥」，因為要維護自己的宰相位置而要威嚇自己；而自己就如同「鵷鶵」，有自己的中心價值和目標，完全不會也不必去強奪宰相的位置；至於惠子所汲汲營營的宰相位置，就如同「腐鼠」，對自己而言根本就沒有任何的價值意義。

惠子若以此種方式對待莊子，莊子將是多麼的孤獨？惠子雖然是一個能夠和莊子論辯的對象，但卻一點都無法理解莊子，他自己所在乎的名位權勢，卻以為莊子也和他一樣是為了追求世俗價值，莊子生命的核心價值，根本無法在他與惠子的關係中得到一種理解感通，當然更無法獲得惠子的認同與尊重。莊子與惠子的人際關係是如此，即使是與自己最親近的妻子，也無法與其一同生死，因為生命是氣之聚集，乃隨著時間的運行變化而形成一種定數之命，就如同四季更迭變化一般。每個生命因氣之聚而形成差異性，莊子無法讓惠子理解自己，也無法理解妻子死亡之際的內在感受，似乎在自己與他者之間有一道無法跨越的鴻溝，於是將不得不產生一種「概然」（《莊子・至樂》）的孤獨情緒感受。後來，當莊子能夠理解生死乃是一個自然現象的變化時，才能無條件的接受「死亡」的真實現象，轉化而為「無情」（《莊子・德充符》），如同陶淵明言「不喜亦不懼」（〈形影神並序〉），是一種完全不受現象變化而作價值判斷，所可能引發的情緒起伏，而是一種純粹的與內在心靈同在的孤獨感受，莊子安頓在此現象變化的律則中，在「知常曰明」（《老子・第16章》）的生命境界中，開始「鼓盆而歌」，願意以慶典的方式回應面對妻子死亡的極致孤獨。

二、尊重獨立生命的孤獨過程

因為存在的差異性，所以，在彼此關係中存在著巨大的鴻溝。人們能否透過各自本具心靈，而形成一種自然的理解？莊子在〈齊物論〉中提到

「物無非彼，物無非是」，王邦雄教授詮釋人總是「將『彼是（此）』的『不同』直接轉換為『是非』的『不對』」（2018：87），也就是將「指稱詞」的「不同」直接轉變為「價值觀點」的「高下」。莊子欲超越此價值觀點所帶來的人生困境，而提出只有在道之「一體」（《莊子・大宗師》）中，才能消解「是非生死」的「價值分別」，而在回歸「彼是莫得其耦」的「道樞」中，清楚看見事件的發生只是一種變化的現象，而能真正從他者的角度來看事件，或接受對方的觀點，而不作任何評斷；或是能夠識別出他的情緒，而與對方一同感受，如此才能達到真正的理解，莊子謂之「莫逆心交」。

　　子祀、子輿、子犁、子來四人相與語曰：「孰能以無為首，以生為脊，以死為尻，孰知生死存亡之一體者，吾與之友矣。」四人相視而笑，莫逆於心，遂相與為友。俄而子輿有病，子祀往問之。曰：「偉哉！夫造物者，將以予為此拘拘也！……」子祀曰：「汝惡之乎？」曰：「亡，予何惡！浸假而化予之左臂以為雞，予因以求時夜；浸假而化予之右臂以為彈，予因以求鴞炙；浸假而化予之尻以為輪，以神為馬，予因以乘之，豈更駕哉！且夫得者時也，失者順也，安時而處順，哀樂不能入也。（《莊子・大宗師》）

　　子祀、子輿、子犁、子來四人雖然各具差異性，但共同的認知是以「生死存亡」為一體。因為他們四人都能夠回到「道」內在於人的「天真本德」中，以「道一」的生命境界看待現象界之生死存亡的不同變化，所以，並不會因為任何是非價值的分別與判斷，而產生悲傷的情緒。子輿生病時，他接受自己半個身軀隱藏在下肢中，而無法直視正前方的扭曲變形，他將整個全人生命安置在天地宇宙之間，所以，他認為自己身體的變

化現象，就是大道的運行變化，自己正是參與天地宇宙的整個運行變化。他說假設把我的左手臂變成一隻雞時，就可以拿來報時；把我的右手臂變成一枝弓彈時，就可以使用它來射鳥炙烤等，子輿只是順應自然變化的任何可能性而作變化而已。要順應變化是因為生命乃無時無刻都在變化中，而且得到生命與面臨死亡都是一種大變化，這是時間的開始與結束，要在生與死之逐漸變化現象中，安頓在現有的生命當下。

從生至死的任何變化，是一個自然的過程，子輿和其他三人雖然是好友，但子輿自身所經歷的身體變化，卻是在孤獨中體驗變化的生命獨立過程，因為沒有任何人能夠干預這個變化的發生。當子來生病而喘息將死之際，子來妻子在一邊哭喊，子來之莫逆好友子犁，便表達出對子來的最大理解，他制止子來妻子哭泣，要停止子來妻子干擾子來經歷生命最大變化的進行；他們一同讚美並欣賞生命的即將變化，不論要變化為何種模樣——「鼠肝」或「蟲臂」？都是四個好友所樂於接受的。因為，當四人以「生死存亡」為一體時，便能夠在超越對生死存亡的價值判斷中，達到一種內在心靈的感應相通，在同理中尊重彼此生命獨立的個體化過程，允許生命都能夠在孤獨中安頓，接受身體任何現象變化發生的可能性。

三、孤獨中與他者的感通理解

在自我的認知中，每個人因為天生氣質、成長背景及學習經驗不同，而具有完全的差異性。但莊子卻發現人們總喜歡「以是其所非，而非其所是」（《莊子・齊物論》），以自己認為的「是」指責別人的「不是」，以自己認為的「不是」指責別人的「是」，造成所謂雞同鴨講，這也是人與人之間疏離、分裂與仇恨的最大原因。而且人「皆喜人之同乎己，而惡人之異於己也」（《莊子・在宥》），人喜歡和自己相同的，不喜歡與自己不同的。亦即人們都以「自我」所形的認知價值觀點，來看待現象世

界，極力地想要追求「一致」的可能性；若與自己一致則爲「是」，與自己不一致則爲「非」，誤以爲「自我認知」是唯一的價值標準。如此，在關係中則將形成「命令」與「控制」，或「壓抑」與「犧牲」的可能性，前者過度發大自我而產生驕傲輕慢，後者則無限貶低自我而產生自卑無能。老子主張「致虛極」，目的在「歸根復命」（《老子・第 16 章》），也就是要人們消解自我心知，回歸至自然之道內在於天眞本德中；莊子言「眞者，精誠之至也」，只有專精至誠才能謂之「眞」，而且「眞在內者，神動於外」（《莊子・漁父》），說明唯有將天眞本德完全發揮至極時，開展出最眞實、最眞誠的狀態，內在心靈才能發揮無限妙用，主動自發的產生出感動人的最大力量，進而以心神與他人感通相應，如同王駘發揮影響力，因爲跟從王駘學習的學生，與孔子的學生均分天下，到底王駘有什麼地方能夠感動弟子呢？

> 魯有兀者王駘，從之遊者，與仲尼相若。常季問於仲尼曰：「王駘，兀者也，從之遊者，與夫子中分魯。立不教，坐不議，虛而往，實而歸。固有不言之教，無形而心成者邪？是何人也？」……仲尼曰：「死生亦大矣，而不得與之變，雖天地覆墜，亦將不與之遺。審乎無假，而不與物遷，命物之化，而守其宗也。」常季曰：「何謂也？」仲尼曰：「自其異者視之，肝膽楚越也；自其同者視之，萬物皆一也。夫若然者，且不知耳目之所宜，而游心於德之和，物視其所一，而不見其所喪，視喪其足，猶遺土也。」（《莊子・德充符》）

王駘是一個一隻腳的人，而且也沒像孔子般有明確的思想主張以吸引學生來和他學習，他不教導什麼，也沒有任何議論，但學生往往空空的來，卻是心滿意足的回去，常季問這到底是怎麼一回事？難道眞的有所謂

的「不言之教」，或是「無形而心成」的學習模式嗎？因爲一般的學習模式，有教導者、有學習者、有教材內容、有教學方法，甚至有教學目標，但王駘似乎完全打破既有的學習模式，他只在於自我生命的顯發流露，並且模糊上與下相對的師生關係，將大道融入生命之流中，由此而自然形成人際關係的整體和諧。因爲王駘所展現的生命情調，不會因爲面臨死亡的必然性而有所恐懼，也不會因爲環境的險惡困頓而若有所失，他只是掌握住宇宙根源之道，理解一切差異都是現象的顯出與變化而已，所以，他根本不會以感官耳目作爲與現實世界對接與回應的依據，進而產生可能的心知執著分別，最後造成種種的痛苦煩惱。

　　莊子在〈人間世〉中提到一面不能「聽之以耳」，一面更不能「聽之以心」，因爲心知、心思往往是因爲對形體之執著，而產生自我對價值認識的偏見，所以，需要不斷突破心知的阻礙，最後要「聽之以氣」，如同氣之「虛而不屈，動而愈出」（《老子・第 5 章》），當內在心靈沒有心知的限制時時，才能自由流動而永不枯竭，也就是王駘所謂的「游心於德之和」。專注貼近於道之內在於人之天眞本德中，達到一種自我內外完全合一的和諧狀態，因爲唯有內在心靈回歸至最眞實的狀態時，才能夠完成一個人的價值與意義。此時，才能以眞正的人性價值回應他者，與他者的內在心靈感應相通；不必命令、無須方法、沒有上下，更不必達成什麼，人與人之間只是一種自然的交流與影響力的感通而已。王駘雖然是一隻腳的狀態，但跟隨他的人卻看不到一隻腳的王駘與自己的差異性，更不會去遺憾王駘如何失去一隻腳？王駘自己只是將形體的有與無，視爲氣之聚散而已，他將生命現象融入天地宇宙大化之中，所以能夠「視喪其足，猶遺土也」，當然對應於他者亦是如此態度。可見，王駘完全不是以形體、權威、知識或智慧來感召他者，老子言「多言數窮，不如守中」（《老子・第 15 章》），他乃是守住宇宙根源之道，以全然生命之道的展現，

吸引一群人來和他「過生活」而已；莊子言「非愛其形也，愛使其形者也」（《莊子‧德充符》），王駘充分展現「使其形」的內在天真本德，而在人際關係中達到一種感通與理解。如卡爾‧羅哲斯（Carl Rogers，1902-1987）提到，當一個人能夠充分而且自由發揮的時候，人們「就不必害怕人是動物，也不必視人為獸而加以控制」（2018：124-125），因為我是人你也是人，沒有人歡喜被以「非人性」的控制方式對待，當然也不會將對象視為滿足自我需求或利益的工具，所謂「『你』便是世界，便是生命，便是神明」（布伯著，陳維剛譯，1991：頁 XV），一面每一個生命都是獨特且獨立的個體，是道之內在於德的完整呈現，所以，王駘沒有什麼要教導前來的人，而前來的人也不需要再學習什麼；一面生命與生命之間沒有任何分別，莊子言「彼出於是，是亦因彼」（《莊子‧齊物論》），已經化解「彼」與「是」（此）之間的差別對立，「彼」與「是」沒有任何界限而能夠完全融合為一，這是一種最細緻及最舒服的人際關係。

肆、孤獨中的自然支持

一、在天地宇宙中的孤獨境界

老子面對與孔子一樣「禮壞樂崩」的時代環境，孔子主張「攝禮歸仁」，使「禮樂真實化，使它有生命」（牟宗三，1993：61），但老子認為即使由外在的禮儀規範，回歸到生命本身在對應感受他者時，具有仁「愛」（《論語‧顏淵》）與「不安」（《論語‧陽貨》）之心，也一樣無法解決當時的社會困境，因為這完全不是「人」與「人」，而是「人」與「天地宇宙」的關係問題。於是，他認為唯一的解決之道，就是提醒人

類要重新與宇宙根源之「道」的連結，回歸至天地的大場域中，因為「失道而後德，失德而後仁，失仁而後禮」（《老子·第38章》），當失去根源之道時，人性便將不斷的向下沈淪。孔子雖然將流於形式化的客觀禮儀規範，提昇至主體生命的仁義道德，但終非究竟之道，因為若是把人的問題仍然放在人際關係中來處理，仍是一種「七年之病，求三年之艾」的作法，必將再一次的流落至「失仁而後禮」，甚至是「失禮而後法」的可能，君不見主張性惡的荀子，正是法家代表人物李斯和韓非的老師。是以，老子不從人與人的關係著手，他早已預知需要將人性價值重新定位，回歸至「天下萬物生於有，有生於無」（《老子·第40章》）的關係，也就是將人類生命重新安置於天地宇宙之中，建立人類與宇宙根源之道的最原始關係，進而與天地萬物有一個和諧的可能，於是，若認識生命具備「道生德畜」的內涵，而且能夠法道之自然（《老子·第25章》），那麼在「道之自然」將內在於「人之本德」的主體肯定下，將成為人類價值實踐的引導與律則。簡而言之，當重新連結宇宙根源之道，以豐厚之生命底蘊去回應生命意義之探尋時，才能夠再度喚醒生命本身，原來生命一直在接受著天地宇宙的豐富與滋養，進而與「天」、「地」並列而為三，如同庖丁解牛一般，透過手中的刀與牛體自然合一，展現一場生命之舞，享受著一種接受天地宇宙支持的孤獨境界。

　　庖丁為文惠君解牛，……文惠君曰：「譆！善哉！技蓋至此乎？」庖丁釋刀對曰：「臣之所好者道也，進乎技矣。始臣之解牛之時，所見无非牛者。三年之後，未嘗見全牛也。方今之時，臣以神遇，而不以目視，官知止而神欲行。依乎天理，批大卻，導大窾，因其固然。技經肯綮之未嘗，而況大軱乎！……彼節者有間，而刀刃者无厚，以无厚入有間，恢恢乎其於遊刃必有餘地矣，……動刀甚微，謋然已解，如土委地。……」（《莊子·養生主》）

　　庖丁與牛的關係，不以「殺」而以「解」來呈現，「殺」有主客二元的對立關係，「解」則代表一種自我與生命，自我與他者的化解融合。當文惠君看到庖丁的解牛方式時，發現這是一場眞正養生之道的示現，充滿著藝術的美感體驗。「養生之主」即「養心」、養「心性」（王邦雄，2019：149），庖丁說明自己經過前三年的學習養成，已經不以牛隻形體爲對象，而能夠完全進入洞察牛隻的內在紋里。他「以神遇，而不以目視，官知止而神欲行」，不用感官耳目來看待牛隻，而是以整個心神來引導自己，進入牛隻的內在世界。他超越牛隻的實體現狀，完全透視牛隻的肌理脈絡，發現在骨頭與骨頭、骨頭與肌肉之間有空隙，所以只要順著結構間隙去操刀，就好像是拿著一隻沒有厚度的刀子，進入有空隙的牛隻結構一樣，怎麼能夠不悠遊自在呢？

　　這把刀子就如同庖丁的心，前三年看似在練刀法，眞正的卻是在冶煉眞心；他將「自我的心知」練就成「眞我的心神」，達到「虛己以遊世」（《莊子·山木》）的境界。如同《莊子·人間世》中「心齋」的功夫，不以感官耳目執著於牛隻整體相狀的複雜結構；也不以心知受限於過去的經驗，或未來將達成的何種結果，他如同「氣」一般的「虛而待物」，從自我心知對「我」與「牛隻」之二元對立中，不斷超離出來以達到最極致的境界，在「極虛」中「道就在吾心虛靜的當下中臨現」（王邦雄，2019：195），「心神」在與「牛隻」的相遇中自由流動運行。此時，消解自我後的眞我與刀子合爲而一，眞我如同無厚之刀般的與有間的牛隻發生眞正的相遇。牛隻以等待已久、全然擁抱的姿態，迎接著無厚之刀的來臨；刀子以謹慎、細緻並緩慢的方式進入牛隻的世界。庖丁在操刀的孤獨過程中，全然專心並滿足安頓於牛隻以自己想要的樣子呈現，此時將開始模糊庖丁操刀與牛隻的界限，兩者融合爲一，牛體崩解就如同土塊掉落於地一般，自然而然。

二、創造和諧永續的孤獨過程

　　莊子將自我消解至最極致，所以能說出「不知周之夢爲胡蝶與，胡蝶之夢爲周與」（《莊子‧齊物論》），他化解人類與天地萬物的疏離與隔閡，從「以我觀物」之二元對立，走向消解自我而進入物的世界，達到一種「以物觀物」的物我合一境界，物與物之間沒有高下貴賤，萬物之間乃自由流轉，謂之「物化」，莊子徹底將人擺在天地宇宙之間，並沒有任何理由自高於他者。目的在超越人類以「自我」爲中心的限制性思維，更大的卻是要突破人們限溺於以「人類」爲中心的思維，因爲人類生命有限與短暫，卻以獨斷的認知觀點，造成「價值的錯亂顛倒，與存在的迷失困惑」（王邦雄，2011：201），爲要滿足欲望而無法好好的對待天地萬物與其共存共榮。至於痀僂在承蜩的過程中，則展現一種對天地萬物的細膩與尊重，他試著將自己完全投入蜩的世界，創造一種和諧永續的孤獨境界。

　　仲尼適楚，出於林中，見痀僂者承蜩，猶掇之也。仲尼曰：「子巧乎？有道邪？」曰：「我有道也。五六月累丸，二而不墜，則失者錙銖；累三而不墜，則失者十一；累五而不墜，猶掇之也。吾處身也若厥株拘，吾執臂也若槁木之枝，雖天地之大，萬物之多，而唯蜩翼之知。吾不反不側，不以萬物易蜩之翼，何爲而不得！」孔子顧謂弟子曰：「用志不分，乃凝於神，其痀僂丈人之謂乎！」（《莊子‧達生》）

　　痀僂以竿黏蟬，就像在拾取蟬一樣容易，蟬並沒有在痀僂靠近時飛走，反而安於痀僂的黏取。原來痀僂在進入森林以竿黏蟬前，在竿頭上堆疊兩個、三個，甚至五個丸子的練習，經歷五六個月的時間後，丸子終於

不會掉下來,就好像自由拾取一樣容易。而且,當自己進入森林中時,不僅將自己的身體視為枯木幹,更是將以臂執竿的樣子當成枯樹枝一般,雖然天地何其廣大,萬物何其眾多,但此時就只有將自己的整個心靈安置在蟬的翅膀上,呈現出一種最極致的孤獨過程,而其他的天地萬物對自己而言,已經完全失去意義與影響,因為痀僂已經完全達到專心一致、聚精會神的境界了。

　　看似「承蜩」的小事,莊子卻透過孔子的口中,提出以尊重天地萬物生命的一種修道的過程。因為一般人大可不必大費周章,只要帶著最完備的補蟬工具,進入森林多試個幾次,總能多少補抓到。但痀僂卻不選擇最快速、最便利的方式取蟬,反而以最耗費時間與人力的方式,進行一場與天地萬物共存共榮的美學活動。首先,他不斷的鍛鍊自己,在專心、耐心與穩定度下取得和竿子的平衡與和諧關係;再者他放下自我中心,不以宰制者的方式入侵或霸凌森林,而將自己完全融入森林中而為森林的一部分,與其說痀僂以竿黏蟬,倒不如說是蟬以自己想要的方式進入痀僂如同枯木身軀與竿子的世界,支持及成全了痀僂承蜩的必要性過程。最後,痀僂在最柔和的方式進入蟬的境界中,化解了我貴你賤之別,他超越了只為取得目標物 - 蟬,而犧牲他者以作任意的殺伐與破壞,更沒有為了制服他者而運用暴力,讓其驚恐不安。整個過程,展現一種天地大美之藝術境界,只有蟬的生命與自己生命的自然交會,各自生命都能在「功成身退」(《老子‧第 9 章》)中完成自我的意義與價值。而且「天道」在「損有餘」與「補不足」(《老子‧第 77 章》)方式下,創造一種天地宇宙間之動態平衡,以及和諧與永續的發展;「痀僂承蜩」中並沒有傷害或殺生之違背道德的指控,而是達到「夫物芸芸,各復歸其根」(《老子‧第 16 章》)之超越人文,天地萬物彼此支持共生的境界。

三、孤獨中與萬物的合一支持

老子發現「天下多忌諱，而民彌貧；民多利器，國家滋昏；人多伎巧，奇物滋起；法令滋彰，盜賊多有」（《老子・第 57 章》），人們一面迷失在經濟發展所造成「伎巧奇物」的物欲橫流中，一面習慣於社會制度所建構「法令忌諱」的限制束縛裡，人不僅與自己分裂，更是與整個社會環境疏離。老莊並不主張積極進入人際社會，也不主張獨善其身之隱世生活，卻以「抱一」（《老子・第 10 章》）的核心價值來面對現實世界中的一切擾攘紛爭。當老子發現「道」之具有「玄之又玄」（《老子・第 1 章》）之「無」與「有」的雙重內涵時，便不陷入現象世界之糾纏當中；因為道之「無」要透過天地萬物之「德畜」（《老子・第 51 章》），以彰顯宇宙根源之道；但天地萬物之「有」也要透過「無」的消解過程，才能真正以「內在之德」回應「根源之道」。於是，天地萬物就在「有」與「無」之間作自由的轉化與流動，欲以在回歸宇宙根源之道過程中，化解生命本身之內外，及他者的關係，最後達到與天地萬物的合一境界，莊子提到「應於化而解於物」的境界。

> 獨與天地精神往來，而不敖倪於萬物，不譴是非，以與世俗處。……彼其充實不可以已，上與造物者遊，而下與外死生、無終始者為友。……其應於化而解於物也，其理不竭，其來不蛻，芒乎昧乎，未之盡者。（《莊子・天下》）

莊子並沒有逃離現實，反而生活在社會世俗中，他「與造物者遊」、「與天地精神往來」，首先「齊『物論』」，能夠以「道」的生命境界，齊平對生死是非價值之分別判斷，所以，他並不自以為高於萬物，也不因

此而評論是非；再者「『齊物』論」，莊子順應宇宙根源之道的變化律則，並接受生、死及各種現象的自然發生，化解了人們與天地萬有之間的差異與隔閡，所謂「應於化而解於物」。最後，打破我與天地萬物之疏離後，能夠體會到一種從宇宙根源之道而來的滋養與支持，所謂「其理不竭」之永不枯竭態式，在此過程中，更不陷入執著於現象發生與變化，於是能夠在茫昧的空間與飄忽的時間中，顯現一種無有窮盡的孤獨生命意象。

　　當老莊將人類生命重新安置在天地自然中時，也在與宇宙根源之道連結時，化解了天地萬物因「物形」而產生種種「心知」的限制，因執著於「成形」而有「是非之分」，及因執著「形化」而有「死生之別」（王邦雄，1999：12），最後，因「是非之分」而有「死生之別」，「悅生」與「惡死」是二元價值之最大分別。二元價值形成了人類社會中最大的對立與仇視，人們將現象世界的一切發生，分為「好」與「不好」，亦即「是」與「非」，甚至定義「生」為「好」，「死」為「不好」，人們未能理解宇宙根源之變化律則，而以「自我中心」定義「宇宙大化」之變化現象的結果，以有限的心知，判斷目前現象為「是」與「非」，於是，在自然大道所展開之現象世界中，有一半將為人類所否定，甚至於忽略。《莊子·馬蹄》提到「一而不黨，曰天放」，當人們恢復「常性」之天真本德時，才能在宇宙根源之「道一」中，不偏私於任何的天地萬物，與天地萬物達到一種完全的和諧關係。如此，便可以「禽獸可係羈而遊，鳥鵲之巢可攀援而闚」，每一個人都能孤獨中，滿足於自己的獨特性，而專注於生命獨立之實踐過程，並且在與天地萬物的關係中彼此支持、共居安樂，而達到一種「至德之世」之物我合一的關係境界。

伍、結論

　　「孤獨」感受，若是人類生命存在的必然現象，那麼就不是只有在社會生活中，才會產生人際疏離的孤獨感受，或是在內心中無法貼近自己的心理孤獨；而是需要將孤獨感受加以特別正視，進而肯定孤獨感受的正當性。因為我與他者之間存在著極大的差異性，至於「孤獨」是人類意識到自我與他者的差異性時，所產生的一種自然而然的感受；人們可以在拒絕差異性中，產生一種「否定孤獨」的「寂寞」感受；也可以在接受差異性中，尊重生命的獨特性，與實現生命的獨立性中，產生一種「肯定孤獨」的「安頓」感受。在孤獨世紀中，人們是否能夠選擇不必逃離孤獨，也不必強迫自己走向人群，而能夠重新將生命安置在天地宇宙之間，透過與根源之道的連結，再次建立一種新的關係模式？

　　首先，在孤獨中需要回過頭來面對與自己異化。在過程中雖然對於孤獨的感受不習慣，但南郭子綦卻能在「吾喪我」的孤獨狀態中展現出真實的自己，而人們能否如同「鯤化為鵬」一般，在孤獨中啟動自己獨特性的生命歷程，並且在不斷與自己內在心靈連結，能夠像女偶「見獨」般，安頓在自然大道中，達到一種在極致孤獨境界中貼近自己，而愛自己的生命本身。

　　其次，在孤獨中需要面對人際關係的斷裂。因為生命各具獨特性，莊子在與惠子的交流中，因認知不同而產生極大的孤獨感受，而人們若能夠以「自然之道」化解現象變化所帶來的社會價值對立，如同子祀子輿子犁子來四個好友，能夠尊重彼此生命各自獨立的大化過程，便能將每個生命都放在天地宇宙之自然調節的場域中，達到一種「不言之教」與「無形心成」之彼此感通理解的境界，如同王駘與跟隨者，沒有教師與學生之關係地位差別，只有在生命之德的展現中，透過感通理解以分享愛生命的方式，自然形成一種共同生活的新關係。

　　最後，在孤獨中需要面對人類對天地萬物的宰制。天地萬物各具其性，但人類卻以自高於其他萬物，而以粗暴的方式入侵他物的世界。人們需要在孤獨的工夫過程中，如同「庖丁解牛」般的化解自己、刀子及牛隻的對立，並如同「痀僂承蜩」般，以最溫柔及細緻的方式進入萬物的世界中，也讓「我以外的世界」進入「我的世界」，在彼此合而為一的支持合作行動中，打破我與天地萬物之主客二元對立關係，完成最大的和諧永續關係。

　　研究發現，以「道法自然」為療癒「孤獨」的理論主張，主要是透過「孤獨」的必然性，以展開生命提昇、擴展與加深的過程。首先，是將人類生命往上提昇，以「道法自然」之「獨立」（《老子・第 25 章》），建立生命價值之自然而然的獨立自主；其次，是將人類生命往外擴展，在「道生天地萬物」（《老子・第 42 章》）中，將人類安置於與萬物一樣的天地宇宙之間，以化解人與人之間，及人與萬物之間的分別，目的在將「人際關係」擴展至「與天地萬物的關係」。最後，是將人類生命往下加深，在「常有，欲以觀其徼」（《老子・第 1 章》）中，使生命在獨特的差異性中經歷最深的孤獨過程，以完成獨立自主的可能。總而言之，孤獨不是一種病，更不是一個人際關係的問題；本研究乃是在認識及肯定孤獨的必然性中，運用「道法自然」的策略，透過加深自我與內在心靈，及與人之間更真實的關係中，將「人際關係」擴展至「與天地萬物的關係」，使人們能夠享受在一種自我選擇孤獨的自由境界中「安頓孤獨」。

參考文獻

劉笑敢（1997）。〈老子之自然與無爲 —— 古典意含與現代意義〉。《中國文哲研究集刊》10：25-58。

王邦雄（1999）。《21世紀的儒道：儒道兩家思想的現代出路》。臺北：立緒。

王邦雄（2011）。《老子道德經的現代解讀》，臺北：遠流。

王邦雄（2019）。《莊子・內七篇・外秋水・雜天下的現代解讀》。臺北：遠流。

卡爾・羅哲斯著，宋文里譯（2018）。《成爲一個人 —— 一個治療者對心理治療的觀點》。臺北：左岸文化。

布伯著、陳維剛譯（1991）。《我與你》。臺北：久大、桂冠。

安東尼・史脫爾著，張嚶嚶譯（2021）。《孤獨，是一種能力 —— 面對真實自我，探索孤獨心理的當代經典》。臺北：漫遊者文化。

牟宗三（1993）。《中國哲學十九講》。臺北：臺灣學生。

林安梧（2010）。《新道家與治療學 —— 老子的智慧》。臺北：臺灣商務。

陸建華（2016）。《新道家與當代中國新哲學 —— 以老莊爲核心的闡釋》。合肥：安徽大學出版社。

維偉克・莫西著，廖建容（2020）。《當我們在一起 —— 疏離的時代，愛與連結是弭平傷痕、終結孤獨的最強大復原力量》。臺北：天下雜誌。

諾瑞娜・赫茲著，聞若婷（2021）。《孤獨世紀：衝擊全球商業模式，危及生活、工作與健康的疏離浪潮》。臺北：先覺。

後疫情時期之倫理議題

生病的身體或危險的身體

王心運

高雄醫學大學醫學系醫學人文與教育學科副教授

摘　要

未來醫師除具備良好的專業知識與技術外，也需有良好的醫病溝通能力，強調富有同理、關懷等人際間的親近態度。病人為疾病所苦，醫師治療疾病，這是一種中性的處治，站在身後的仍是活生生的病人。然在疫情漫延，新種病毒不斷發展的同時，醫護人員面對的不僅是生病的身體，還是危險的身體；一方面有可能傳染到自己，另方面在醫學實證上，其治療方法與結果仍未明，也影響專業的自信心。

危險的身體將生成「非常規醫療」與溝通的不確定面向，也影響著當下的治療與安置病人的可能性。例如染疫而必須隔離的精神病人，照護人員如何能做到持續的精神疾病照護，又不至將自己曝露於雙重風險之下（傳染與失控的病人，如不戴口罩，亂噴體液等）？或者，照護者可能在不知覺的隱性心理影響下，形成抽象的退縮空間並導致扭曲人性的關係？本文試圖從生病至危險身體的額外維度中，分析因為疫情所可能帶來的醫學人文危險因子。

關鍵字：COVID-19、醫學教育、醫病關係、道德兩難、不確定性

壹、疫情在臨床教育與照護的影響

　　自從 2019 年 12 月 COVID-19 爆發以來，整個世界逐漸受到病毒之波及，而臺灣亦不能免於世外。在 2003 年東南亞國家已具有 SARS 流行傳染的經驗，故於疫情一開始時，於防疫工作上因有相對的警戒心而顯得較爲成功。但隨著此波病毒的特異性，其活性並不隨著季節到來而有所趨緩，並於發病無症狀前即可能具有傳染力，因此，很多國家將防治的重點放在疫苗的普及率，以及承認其流感化之趨勢。依衛生服利部與世界衛生組織之介紹，感染新型冠狀病毒 SARS-CoV-2（COVID-19）至發病之潛伏期爲 1 至 14 天，在可傳染期方面，依據世界衛生組織資訊，確診病人發病前 2 天即可能具傳染力，且依國內經驗與國際文獻得知，由確診病人上呼吸道所抽出之檢體顯示，其核酸測試爲陽性平均達兩週以上，且下呼吸道檢體檢出病毒的時間可能更久。至於其傳染途徑，由確診個案之檢測得知，藉由近距離飛沫、直接或間接接觸帶有病毒的口鼻分泌物、或無呼吸道防護下長時間與確診病人處於 2 公尺內之密閉空間裡，將增加人傳人之感染風險[1]。

　　呼吸道排出物以及身體上之接觸爲主要增加傳染之途徑，因而世界衛生組織建議分別採取適當防治手段，戴上口罩，並維持適當之社交距離（Ghosh 2020: 1）。此兩種方式爲維護社會大眾健康之必要與簡易之方式，同時也被證明是有效的方式，然而在醫療場域中此兩者方式的實踐，卻給醫病關係帶來重大的影響。Ghosh 認爲醫病關係中的情感溝通部分，很大部分屬於非語言性之溝通（non-verbal communication），這不僅從醫生了解病人，也是病人了解醫生時，顯示溝通是否有效，與其滿意程度

---

[1]　參考衛生福利部疾病管制署網頁：https://www.cdc.gov.tw/Category/Page/vleOMKqwuEbIMgqaTeX-G8A，於2021.11.04瀏覽。

時，相當重要的方式。面罩的使用基本上影響面部表情、語調變化與語氣調節等等，原本可供對話者於面對面的關係中可被偵測的細微變化，因而增加醫生對病人表達關心之困難程度（Ghosh 2020: 1）。至於社交距離除禁止如觸摸與握手等表達親近的方式，將醫病維持在 2 公尺以上之距離，對話時必須保持更為大聲因而喪失其語意之細膩程度，顯出某種侵犯，並拒於一公尺之合適親密距離之外。表達關心程度的身體動作，如身體微向前傾，看著對方的眼睛等似乎失去其意義。Ghosh 也認為，在如此情境下，談話將顯得不自然並變的短暫，同時也會因焦慮與害怕而影響醫病關係（Ghosh 2020: 2）。

事實上有更多醫學教育者關心防疫措施對於臨床教育的影響，例如大部分實習醫學生被取消夜診與重症的實習機會，也大幅度地減少參加臨床討論會的機會。因為上述許多教學活動因室內人數容留量的限制，採取線上即時或預錄之教學活動，不僅減少與病人接觸機會，甚至減少與臨床教師學習的親身體驗。雖然以醫院組織的方式看來，這種臨床教學活動的變動減少人員感染與接觸的風險，且對實際上的病人照護影響有限，然以醫學教育看來，對未來醫師們行醫的經驗傳承將有極大的影響。因為醫師臨床養成教育也是一種技藝的培育，特別在多變與複雜的臨床情境裡，需要的不僅是醫學知識，也是處理困難與維持關係的實踐智慧。臨床教育著重團隊合作經驗（collaborative experiences）的建置，特別在實習醫學生以及住院醫師開始的階段，無論在臨床知識與經驗上都不足以獨當一面時，其只能在實際經驗裡，受到指導者的指導下，才能逐漸熟悉技巧與關係的建立（Ferrel 2020: 1）。

因而，防疫作為不僅造成醫病關係的身體、情緒感受的困難外，也對整體照護關係起很大的負面作用。照護除了疾病的治療外，醫療人員也被教導為必須具備身心靈的整體安適照護的能力，而以「關係為基礎的照

護」（relationship-based care）即是滿足身心靈的照護能力。Gray et al. 定義「關係為基礎的照護」為「在照護的程序與結果中受高品質之醫病關係所增強的照護模式」（引述自 Marshall 2021: 4），因為「醫病關係模式為『情境脈絡創造』的原素之一」（Turabian 2020: 17），而醫病雙方都是照護品質的共同決定者，也維有在保持良好的關係中才能被雙方共同創造出來。甚至 Noddings 引用 Martin Buber 的「我－你」（I-Thou）關係，認為在人與人之間的每一次會合都是獨一無二的，也都保有其真實的主體。但就在直接的「我－你」關係中，自我從你的肯認中，從自己的世界走出來，而接受這獨一無二的你。因而在關懷的關係中，所謂的相互或互助的關係並不是達到兩者的同一或是共識，也不是由一方給予，而另一方接受的這種互惠性，因為這種互惠性仍停留在外部關係的交互主體性裡。Noddings 認為，one-caring 是在「我的你」（my Thou）當中，而 cared-for 則是在「我－你」關係中的回應者，至於 one-caring 與 cared-for 都在一個含有「你」的共同關係下以回應對方。即使不是透過知識或是言語，我們在「我－你」中都具有了最純粹的照護關係，因為「你（Thou）遠比它所知的豐盛」（Thou is more than It knows）（Noddings 1986: 74），因為「你沒有界線」（Buber 2008: 4）。

然而依作者長期的觀察，在非常專業化的醫療場域裡，對被照護的對象顯示出自己的主體性，並現身在上述「我－你」關係中，其實有相當程度之風險，因為「我－你」之關係如何不會變質為「他-他」的客觀評量關係？「我－你」唯有在關係中才能不斷維持與修補，同時也在一定的制度規範與允許下，才得到一些基本的保護。否則一般而言照護者仍會走向「趨吉避凶」的自我照護模式。然而在疫情的種種不利因素之下，如此現身的關係將大受影響，進而削弱照護的品質，或者我們可以稱之為「維持關係技能的困難」。

　　除上述「非語言情感溝通的困難」、「醫學實踐智慧養成困難」，以及「維持關係技能的困難」外，疫情的現實情境更造成醫療人員對「自身角色與自身照護的困難」。關於最後一點可以體認於當下疫情漫延，新種病毒又不斷發展的同時，醫護人員面對的不僅是生病的身體，還是危險的身體；一方面有可能傳染到自己，另一方面在醫學實證上，其治療方法與具體的醫療指引仍未明，於此同時，將影響到醫療人員們專業的自信心。Rathnayake et al. 利用 Colaizzi 之現象學方法，研究在疫情影響下突顯的五個照護主題：1. 身體與精神上受的苦惱，2. 工作的意願，3. 個人獲得支持的機制，4. 照護上所需的教育與資訊，以及 5. COVID-19 照護所需的現代科技（Rathnayake 2021: 1）。這些面向所共同呈現出來的情況為因個人沒有達到照護效果所引發的罪惡感、直面病人的受苦狀態、穿載防護裝備所引發的不舒適感、長時間的工作，以及身處感染工作環境而對家人所造成的負擔等等，皆造成個人無法認可自己專業角色，並無法合理照護自己與家人的苦惱感受（Rathnayake 2021: 1）。這些原本是工作上的壓力卻因其溢出尋常規範的特殊性，甚至導致「道德困擾」（moral distress）。Karunatilaka 指出，因為缺乏明確的診斷以及預後資料，醫療人員必須在缺乏實證基礎上做出醫療決定，以及他們被迫做出與自己個人意願相違背的決定（Karunatilaka 2021: 5）。

　　因疫情的不確定指引所帶來的道德兩難更加複雜，因為不僅涉及資源與人力調度的困難，也因指引的公共性與法律性，引發個人倫理意願的衝突。例如美國醫療協會（AMA）針對 COVID-19 而修正「緊急情況的醫療：依 AMA 醫學倫理規範之指引」指出，當資源稀少時，應在不同病人間，以最佳利益與避免死亡的方式進行分配，但在無法區別不同利益時，應採取客觀與透明的機制，例如隨機選擇或抽籤的方式決定資源的分配，

以避免先來先得的偏見[2]。以上雖然在緊急情況下不得以的選擇，個人對整體情況也無能為力，但目睹正常情況是可救回的病人，但因抽籤失利而不得不放棄其維生醫療，這不僅在個人道德理念上是嚴重的挫敗，在情感上也是種傷害。若以「自身角色與自身照護的困難」看來，上述分別呈現為個人專業角色的失能與處理自身道德情緒之困難。

此外另有「資源分配的困難」，例如在人力缺乏的狀況之下，其它重症也會因此被排擠，同樣也因為醫院管制人數的結果，孤單在醫院裡承受個人疾病之痛苦。甚至也有民眾對病毒感到非常恐懼而不願去醫院就醫，或是對疫情治療產生懷疑不願打疫苗，特別是一些資訊不足或生活條件較差的民眾，但因為延遲就醫而導致病情加重被迫入醫，包括陪病費、快篩檢驗費等等都是一筆額外的支出。醫院在疫情不明的狀況下，瞬間由疾病治療轉變成為危險的地方。

貳、現象學的分析

人文或哲學能在疫情的時刻進行何種分析？或人文到底在現實世界中能提點或是改變何種制度？上述所引述的多篇論文大致為醫療人員，或者教育學者進行的分析，但做為哲學研究者，或者現象學者，能在以上情境進行什麼樣的分析？人文如何成為療癒的一部分，或至少在醫療領域裡注入多一點人文思維？但這不是人文學者單方面的想像嗎？在充滿複雜人際關係與制度的臨床場域裡，不僅有醫療問題，同時也有社會、階級與種族等等人群的差異，其差異並非相對於標準而言，因為「差異」本身其實

---

[2] 見AMA網站https://www.ama-assn.org/delivering-care/ethics/crisis-standards-care-guidance-ama-code-medical-ethics.

就有其本質地位。像是所謂的「醫病關係」，此議題已成為照護的重要面向，醫學人文課程裡也不斷地強調其重要性。但本文所謂的「醫病關係」或「人際關係」，應偏向稱之為人的「物因素」[3]（Dingheit）彼此碰撞的關係。它是一種深陷於場景中的習性與慣性，決定人們運動的方式。習性可以體現為某種價值觀，但它並非單單以「認知」、「價值」或「語言」等精神或心理性所構成的東西。它是「物」，是在當下的「情境」中，感受到「存在」的衝撞，或生存的威脅，並留下其「存在」的軌跡。它更多地表達在莫名的情緒當中而難以被更動。同時，人也受到成長的環境與制度之制約，很難在不同的視野與詮釋當中建立，既符合當下物質條件基礎，又能深入內心的良好關係。那麼，上述的良好「醫病關係」該如何被建立呢？

因此，我們要進行的哲學分析不應只是基於認知的或倫理學理論上的分析方案，而必須進行路徑分析的動力學方案，亦即分析在醫療情境裡，到底什麼於此情境下，什麼是目前「有效的」（valid）與「有意義」（meaningful）的「實事」（Sachverhalt）在影響進行中的醫療決定與醫療行為。我們認為，在談到建立深度的醫病關係之前，在能夠以倫理原則進行醫療行為之推論以前，還有很多實際上的事實在發揮著不同的有效性，而這些因素必須於 COVID-19 的特殊狀況下得到考量。亦即在倫理關係之下，其實仍有病人以「離苦得樂」為主要冀求，而醫療人員則以「趨吉避凶」為行動依據的現實關係。

---

[3] 「物因素」（Dingheit）概念引用自海德格於〈藝術作品本源〉時談論物與作品關係時的概念，其意義為「（物）在其物性中的物就作為賦予尺度的存有者一再的突顯出來」，亦即人於不同的存有者中，依其物因素而於存有狀態中被突顯出來，此狀態較做為人之個人身分、或某種心理狀態更為貼近人之現實處境。請參考海德格（1994），〈藝術作品本源〉於《林中路》，孫周興譯，時報出版社，台北，頁4-5。

　　解除病人的痛苦本是醫學倫理的重要原則，同時依目前全人醫療照護原則，所解除的不止是痛人身體的痛苦，同時也要照顧到心與靈的安適。然以疾病診斷系統爲主的西方醫學思維而言，解除疾病在身體上帶來的痛苦仍是醫療最重要的任務。而且，醫療常常可以解除身體部分的痛苦，然而在治療的過程中，如被拘束的感受、被視爲處理與檢查的物、漫長與痛苦的治療過程、照顧家人與工作經濟上的心理壓力，等等這些困難一律被視爲此次生病帶來的痛苦整體經驗。然而在 COVID-19 的大環境下，個人的痛苦並不只被定義在身心靈的痛苦之上，因爲於大環境整體變動下，一些原本在身心痛苦下仍爲病人帶來最後慰藉的希望，如家人的探視與陪病，陪走完最後一程的希望，瞻仰最後的遺容，或者與亡者最終的告別或是關係的修補，很多被視爲人性的卑微要求都無法實現。一個看不見的手讓自己與熟悉的環境隔離、與自己的家人，甚至與自己的念頭隔離，被迫完成不得不也不明瞭的自我異化。在被隔離的狀況下，是不詳也是兇兆，是一生的不好歸宿與家人未來的陰影。

　　至於醫療人員方面，在 COVID-19 的威脅下，「趨吉避凶」勢必成爲更優先考量的因素。「趨吉避凶」聽起來有自利的傾向，然在醫療場域裡它不僅是個現實，也是種必要的技術，因爲它是種能力與情勢的經驗衡量。在現象學視野的分析下，我們毋需如同上述學術文章的泛道德與人文化，反而我們採取的是德勒茲對史賓諾莎倫理學的解釋：「在倫理與道德之間有一種根本的差異。斯賓諾莎並不致力於道德的建構，理由很簡單，他從未追問我們應該做什麼，而是始終追問我們能做什麼，什麼是我們能力所及：倫理是一個能力的問題，而絕不是一個責任的問題。在這個意義上，斯賓諾莎從根本上說是非道德的…。他所理解的，唯有適宜的際遇與有害的際遇，能力的增強與減弱。在這裡，他建構的是一種倫理，而遠非道德」（汪民安 2016: 15）。

　　我們知道臨床情景是複雜多變的，不僅是人際關係，病情與治療反應都影響醫療的行為。我們上述描寫的實踐智慧在臨床上特別表示為一種「短兵相接」式的來回過招。那麼在臨床情境裡，人文的能力應該是什麼？人文其實是在短兵相接的纏鬥之中，快速地分辨人性與自己的技能。有時將自身從情境中提取出來，與他人情態做比較，以便安置自己與他人的狀態。人文是在情境裡意識到可能性的意識，意識到自己人性的意識，並衡量自己能力與情況現實相符的程度，以便做出最好的回應與策略的方式。例如，當病人表示，「我可不可以只有初一十五時才來洗腎？」，那麼醫療人員該如何反應？從醫療效能、病人心理與家庭背景，以及隨之而來的對話應該如何進行，好讓彼此都能在某個軌道內不致相撞而無法前進？正是通過如是人與人關係性的相撞，是臨床人員獲取實踐智慧的必要條件，這種相撞的意外性遠超過教課書與人際溝通案例的內容。它如同是馬拉松訓練的最後一公里路，在沒有之前 40 幾公里的消耗與辛勞，則無法出現訓練所需要的情境與強度。但是 COVID-19 的關係，往往讓訓練繞道而行，且過於簡化，實習生很難在應對中得到相應的際遇。

　　所以，何謂德勒茲所謂適宜或有害的際遇呢？「當我體驗到愉悅，也即當我遇到一個與我的身體相合的身體／物體之時，我的承受情動的力量也同樣得到實現，此時我的行動能力就增強了，趨向於……什麼？在危害性遭遇的情形之中，我所有的存在之力被集中起來，趨向如下目標：傾注於施加情動於我的身體痕跡之中，拒斥這個身體的效應，以至於我的行動能力也相應減弱」（汪民安 2016：14）。在面對生老病死的醫療情境裡，我們的訓練與承受能力會相應留下身體的印記，亦即我們之前談過的人之物因素所留下的習性與慣性之強度。它們之所以能夠施展的行動力量，是與他所感受到情動的強度相關的，同時也與是否是適宜或有害的際遇相關。亦即，當他們欲與病人間建立良好的醫療關係時，絕非醫學倫理

教科書上所言的視病猶親與倫理推論法則的理想際遇與個人身體痕迹。如此深陷際遇與偶然性的關係下，身體與情動皆得到吸引與碰撞，適宜或有害的際遇成爲整體性的氛圍，而實踐智慧就在如是的情勢下，獲得短兵相接的行動能力。如同作戰一般，近距離的際遇並不只爲了維持醫病間可以得到親密的關係，事實上，短兵相接的技能才能確保本身能力的發揮，如何清理不良狀況並維持足夠的戰力，才能爲整體作戰計畫進行思考。

因而，「趨吉避凶」絕非個人利己主義，因爲臨床必須考量現實，考量自己與他人的物因素，那是種困難的考驗，有時甚至是無奈，爲戰場上所深陷的先天無力的形勢。然而，現實與應該之間的斷裂不該成本質，人性不能爲這種無法與無力的結構所耗盡，雖然在當時是無力脫身，且會有不良的意識，但良好的人性或人文教育應不是種教條式的規範，而是一種獲取活生生的存在智慧以及適宜的存在生活。

參、反思COVID-19的人文困難與案例分析

身體的痕迹與身體行動的能力並不是語言上的比喻，因爲它表示身陷情境裡維持存活的能力與反應，而在活生生的臨床情境裡，身體得到啟示、得到反對、得到困難、得到鍛練，而這些都與當下臨場反應與身體短接相交之戰略思考相關。這回到我們一開始所關心的問題：「生病的身體」與「危險的身體」。兩者對醫療人員而言，都是危害性的遭遇，而它們在醫病關係中留下的身體痕迹有著不同的架構。「生病的身體」是醫護長久以來訓練所處理的對象，在與病人接觸的境遇中，他們已留下種種適宜或有害的路徑之痕迹或者移動手冊，因而也有相應的行動能力與指南。但「危險的身體」帶來的幾乎都是危害性的遭遇，不止因爲其現實的危害

性，也因爲危害性本身無法被定位與管理，危害性本身的範圍也無法被辨視出來，甚至四周與回家後仍處於危害性的遭遇之中，那麼它對身體所留下的痕跡對行動力的減弱是持續且有效的。COVID-19 的危害就在身體肌膚與防護衣之外，其破口與上呼吸道排出物之間的辯證，正確的穿脫順序與接觸物之遠近都造成心理負擔：病毒就在現實的人力潰乏與防護知識不足的情況下，成爲無所不在的生存焦慮。

從上述現象學對臨床訓練的觀察，我們重新回來分析第一部分中，由臨床人員報告文獻所探討的幾項困難，亦即「非語言情感溝通的困難」、「醫學實踐智慧養成困難」、「維持關係技能的困難」以及「自身角色與自身照護的困難」。

關於面對面的缺失以致影響醫病關係之建立，已有部分科別自行發展出一些技術，大部分改採網路視訊的方式，例如探視親友、與往生者道別等等。也有部分醫療人員將自己個人相片掛在胸前，讓病人知道治療我的人的面容爲何。然而這些雖是很好與貼心的補足方案，但對疾病的知情同意與癒後的信心等等，並不能得到改善。所謂面對面的接觸並不僅僅是種善意或倫理的表現，在現象學裡它就是實事發生的場域，或是進入短兵相交的戰場。很多價值觀的碰撞，以及不同生活世界的溝通即發生在此場域。它不僅是關係性建立的倫理場域，更具有實質上促進醫療品質，以及共同建立生存領域的一次生命佈置。許多實際的問題只會在脈絡中產生，但也會在脈絡中達到較好的理解與解決，包括病人的順醫性，未來如何與疾病共存的能力都會有所增長；當然也會影響良好的醫病關係，甚至減少醫療糾紛的發生。但在疫情的狀況下，許多原本應該被討論的問題卻不知從何下手，問題其實是被掩蓋而非被解決，或許被更粗糙的對待。

此外，COVID-19 對醫學人文教育的影響也是顯著的。例如臨床倫理幾乎是未來醫師天天得面臨或大或小的問題，但令人意外的是，除在學校

獲得部分醫學倫理的討論外，他們大部分得依著自己的學習歷程慢慢觀察與歸納為自己之心得。成為主治後幾乎得自己一人處理類似的問題，很少得到與同儕共同討論的機會。因為升為主治醫師即代表其可獨當一面，也是醫學專業教育完成的象徵。然而在 COVID-19 影響下，實習醫學生幾乎沒有機會接觸重症病人，討論時也多以視訊方式進行，如此一來即喪失許多觀摩與個人揣摩為個人經歷的機會。據個人以及文獻的分析，在實習醫師的階段，於專業未滿，而對人的直覺仍未被疾病與系統化時，非常容易在跨團隊中得到較好的價值觀與多元視角的訓練。但是在 COVID-19 的非常規期間，在實習醫學生成長的階段會失去跨專業學習的最好機會。因為隨著專業的增長，他們會愈鑽進自己的同溫層與問題感中，並逐漸畫清自己專業與其它專業的分野。

近來在與新任主治醫師的對談，他談及在獨當一面後，主治醫師個人幾乎只能依靠自己判斷包括醫學倫理的問題，有時對其它醫師的作法蠻有意見，但也不會有公開討論的機會，只好依個人心證行事。久而久之，臨床醫師因為視野的侷限，有些人並不太相信所謂倫理或法律專家的意見，因為臨床的情況太多，自己的事情太忙。有些情況又包含著複雜的醫學實證或非實證的知識，總是溢出單純的人際或醫病關係太多而難以解釋。又或者在 COVID-19 的非常規時期，專業人員可能也無法處理個人內心的困惑，然這本是人之常情以及現實所迫。但如果連接觸這些困境的機會都沒有的話，學習者很容易在實習生階段，甚至 PGY 與住院醫師期間喪失學習與觀察這些實戰經驗的機會。以下我們繼續以一些實際案例討論這些困難。

案例一

例如感染 COVID-19 的精神異常病人被送往精神科之隔離病房，但

在病房期間除不配合醫療，吵鬧要出去，不要被束縛，同時看到人就亂吐口水。的確，在精神病房存在對病人進行保護性約束的規定，包括手、腳或全身的約束，然而病人亂吐口水會是被約束的條件嗎？在一般情況下其實仍是可控制的，基於一般人權，在病人並無傷於己以及他人的情況下是毋需也不應該被約束的。但在疫情的非常規狀況下，病人被約束彷彿更多不是爲了保護病人，而是保護照護的人員。精神病人在沒有家人與親屬的會面與勸說的情況下，面對層層保護衣裝扮的人員，更顯得無能爲力，而或許亂吐口水的方式只是他唯一可以抗議的方式。然而，病人總要進食或餵食，而病人更會藉機亂吐食物給接觸他的人，難道，連口鼻都要進行約束嗎？

案例二

　　甫由國外搭機回國的本國籍男子依規定必須隔離二星期，於防疫旅館期間疑似用藥而不配合防疫規定，情緒極度不穩，並有跳樓及破壞旅館的情況。經警察與衛生局人員送至醫院的隔離病房。然而身心科認爲於疫情期間，疑似用藥的案例並非是身心科所要處理的問題，並質疑衛生局的決定。期間護理人員必須冒著被傳染的風險強迫病人接受病毒檢驗，但病人不配合時，又無法判斷病毒檢驗是否爲必要的醫療手段，且質疑疑似染毒的「病人」是否足以被列入精神衛生法內的病人，以進行保護性的約束。

　　在上述兩個情況下都與常規的手段不同，因為 COVID-19 帶來的不僅是生病的身體，也是危險的身體。體液成爲象徵性的生化武器，而病人也善用此點，表達其唯一可以反抗的手段。但重點是後續如何？大家要如何平安渡過？這裡的治療目的是什麼？有治療目的嗎？還只是想讓情況得到控制？眼前的病人是病人嗎？還是個威脅者？另外疑似用藥而不配合防疫隔離辦法的男子，它是病人，還是個錯放在病房的社會破壞者？如果不是

因為居家檢驗的關係，不是因為疾病的控制扯上點關係，為何用藥或可能吸毒的不配合的現行犯會送到隔離病房呢？他生的是什麼病？生的是個危害公共與疾病管制的病嗎？

　　對上述的問題我們並無法回答，因為缺乏情境，也缺乏對每個當事人的情緒與身體情動力量的描述。但在 COVID-19 的影響下，可以看到多處在醫療場域裡非常規下的空白處。然而就只有在這空白處，不同行為人的應變與個人的性質才得到檢驗，而這些都與人文的能力相關。在臨床場域，人文能力是實戰經驗，並由經驗中累積得到檢驗的知識。它們並不與藝術、文學鑑賞能力直接相關，但在閱讀與解讀表情、情緒與面容的能力相關，並與情境中看到衝突並嘗試進入場遇的決心相關。維持對人的好奇心與熱情，但不缺少對情境吉兇的偵測能力；對人類受苦經驗保持敏感，但不對人類共同的苦樂過於樂與悲觀。人文的能力應是在實戰中衝擊出來的能力，以醫學實證知識為武器，在離苦得樂與趨吉避凶間做出臨場反應，偵測他人與情境的反應以做為適宜或危害的修正，而這些都是只有在具備脈絡的情境下，才能訓練出來的合理化能力。雖然以上能力的實踐，在 COVID-19 的危害因子下顯的格外困難，但也因為困難，人文的空白間隙得以出現，而人文實戰的能力才受檢驗。因此，雖然在疫情影響下，無形造成醫療人員退縮的心理狀態，然這或許也是檢驗人性與實踐智慧的好時機呢？

參考文獻

Eder, S. J. et al. (2021): *Securing Your Relationship: Quality of Intimate Relationships During the COVID-19 Pandemic Can Be Predicted by Attachment Style.* In Frontiers in Psychology, July 2021, Volume 12, Article 647956.

Ferrel M. N., Ryan J. J. (2020) *The Impact of COVID-19 on Medical Education.* Cureus 12(3): e7492. DOI 10.7759/cureus.7492

Ghosh, A. et al.(2020): *COVID-19 and physician–patient relationship: potential effects of 'masking', 'distancing' and 'others'.* In Family Practice, 2020, 1–2 doi:10.1093/fampra/cmaa092

Karunatilaka, KMAG. (2021): *Applying the code of medical ethics in the context of a pandemic: COVID-19 in Sri Lanka.* In Jaffna Medical Journal, 33(1):3-5, 2021.

Marshall, M.(2021): *The power of relationships: what is relationship-based care and why is it important?* In Royal College of General Practitioners, https://www.rcgp.org.uk/policy/general-practice-covid-19-power-of-relationships.aspx

Oswald, A.(2020): *Training disrupted: Practical tips for supporting competency-based medical education during the COVID-19 pandemic.* In Medical Teacher, (Online) Journal homepage: https://www.tandfonline.com/loi/imte20

Pereira Gray D. et al. (2020) *What are the benefits of relationship-based care and how can they be maintained when an increasing number of patient contacts will use alternatives to face to face consultation?*, unpublished.

Rathnayake, S. et al. (2021): *Nurses' perspectives of taking care of patients with Coronavirus disease 2019: A phenomenological study.* In PLOS ONE, September 3, 2021.

Turabian, J.(2020): *Post Covid-19 Doctor-Patient Relationship Model. Creation of Social Connection Contexts With Physical Distancing.* In ResearchGate, Vol-1 Issue 2 Pg. no.- 16.

汪民安，郭曉彥主編（2016）。〈德勒茲在萬塞納的斯賓諾莎課程（1978-1981）〉。《德勒茲與情動》。江蘇：人民出版社。英文版翻譯可見：http://www.webdeleuze.com/php/sommaire.htm.

海德格著、孫周興譯（1994）。〈藝術作品本源〉。《林中路》。臺北：時報出
　　版社。

衛生福利部疾病管制署，特殊傳染病疾病介紹，2021.11.08瀏覽：https://www.cdc.
　　gov.tw/Category/Page/vleOMKqwuEbIMgqaTeXG8A

生命教育議題

論《老子》存身防患之研究

林宣里

中國文化大學哲學研究所博士生

摘　要

　　本文藉由「存身防患」的問題意識，整理和梳理「無身說」與「貴身說」的觀點，且試圖闡發《老子》如何養身與防患的現代哲學意義。論述《老子》重身及「身之患」之意義，說明身之患從何而來、爲何而來，以及保身的重要，若沒有身體的生命形式，我們存在就不具有意義，以及生命也就無所呈現，其所表現的是一種重視生命以及無知無欲的生命態度；探討《老子》「身之患」與「道」之間的理論基礎；再以具體的實踐，來表現寡欲存身之方式；藉由「存身防患」進行當代反思的時代意義，並展現《老子》身體哲學的批判力與潛力；最後重新重視存身與防患對我們的重要性，因而才能對於有機的身體，有深一層的批判意識，相信《老子》身之哲學展示了其當代面臨 COVID-19（俗稱新冠狀病毒）意義。

　　本文基於《老子》與「道」之間的義理，闡析出的結論是：《老子》是存身與保身，不過《老子》是以一種「無欲」的方式達到「存身之患」的目的，尋求以「寡欲」之途徑和方法，化解生命遇到種種的「患」有以下幾種：見素抱樸、少私寡欲、善攝生者無死地、知止、觀無以及虛靜。

關鍵字：存身、防患、寡欲、知止、虛靜

壹、前言

　　本文藉由存身防患的問題意識，試圖闡發老子存身哲學的現代意義，若「身」有其歧義性，我們就應該承認在不同語境中，同一「身」字可能具有不同的義涵。依此「身」之歧義性，闡釋《老子》之基本思想，藉由原典應可得到恰當之理解。關於老子的身體論述與當代哲學問題意識的關聯，如臺灣學者黃俊傑、丁亮、王志楣等學者都有長期的關注。進入二十世紀九十年代之後，台灣興起一股研究身體觀的熱潮[1]，雖然這是西方學界所帶來的共振與迴響，但也不能僅僅視之為單純的反射，黃俊傑先生即言：更應該用心的是中國思想材料中所見的身體觀，是否具有中國文化的特色？並且任何議題的源起固有其地域性，但是否亦具有普世意義？不妨放在不同的文化脈絡下思考。[2]

　　「身」是《老子》思想中重要的概念，重身思想也讓後世學者，如韓非、河上公、王弼給予較多關注與影響。身在《老子》思想中的具體含義是什麼？身與道之間的關係究竟是什麼？老子是通過何種途徑來修養和保身？以及研究上述問題對我們從整體上把握《老子》「存身」與「無身」的關係，探究防患工夫，目前在此基礎上討論保身、修身思想還是罕見。究竟如何把握老子的整體思想，如《老子・三章》：「是以聖人之治，虛其心，實其腹，弱其志，強其骨。」此章節雖然沒有任何「身」一字，但所講的心、腹、志、骨等都離不開身，而心志則屬於精神生命的內容，

---

[1] 有關海峽兩岸身體觀之研究著作，本文不在此贅言，可參見黃俊傑〈中國思想史中身體觀研究的新視野〉，《中國文哲研究集刊》第二十期，2002年5月，頁五十五至六十六及周與沉《身體：思想與修行・第一章・中國身體觀研究述評》，頁22-54，中國社會科學出版社，2005年。

[2] 參見黃俊傑〈中國思想史中身體觀研究的新視野〉，《中國文哲研究集刊》第20期，2002年5月，頁65-66。

腹、骨則屬於物理生命的內容，這兩個方面的內容，統一於完整的生命體當中。

此外，學界探究《老子》身體觀卻有不同的見解，如《老子・十三章》中提到：「何謂貴大患若身？吾所以有大患者，為吾有身，及吾無身，吾有何患？故貴以身為天下，若可寄天下；愛以身為天下，若可託天下。」就有「無身」與「貴身」，其義前後不同，且歷來各家對於「無身」或「貴身」之解釋頗為分歧，甚至對立。但老子之本義為何？究竟是主張「無身」？亦或是提倡「貴身」？甚至另有他義？都頗值得後世深究。

然而「道」是《老子》思想中的最高範疇，從道的內涵上理解道與天地萬物的關係，道成就於萬物（包含了天、地、人）的生成和分解，成為萬物所遵循的原則，因此，《老子・二十五章》認為人與道、天、地並列為四大，「域中有四大，而人居其一焉。」所以老子說「人法地，地法天，天法道，道法自然。」人所效法的最終根據則是道，而道則以自然作為自己的總原則，換句話說，道本身就是自本自根地存在，而身所包含的精神生命與物理生命，同樣要以道為依據，以道為原則。

本文第一節首先論述《老子》重身及「身之患」之意義，說明身之患從何而來、為何而來，以及保身的重要；第二節探討老子「身之患」的理論基礎；第三節則以具體的實踐，來表現寡欲存身之方式；第四節通過「存身」與「無身」的辯證，並展現《老子》身體哲學的批判力與潛力；最後重新詮釋存身與無身之分別，我們才能對於有機的身體，有深一層的批判意識，意味著當《老子》「身之患」這新板塊與既有範疇擠壓、碰撞時，中國哲學將形成新變貌的可能，且重新詮釋中國哲學面貌的過程，相信「身之患」展示了其當代意義。

貳、《老子》「身之患」之意義：以重身為例

「身」有諸多種解釋：一指「有機體的軀體」，特別是人或動物，較爲普遍的用法。如「身強力壯」、「身輕如燕」、「身心安康」、「身體髮膚，受之父母，不敢毀傷，孝之始者。」等等之「身」皆是此義。二指「生命」，如言「捨身救人」、「招來殺身之禍」、「奮不顧身」，莊子言「危身棄生以殉物」（〈讓王〉）、「小人則以身殉利，士則以身殉名，大夫則以身殉家，聖人則以身殉天下。」（〈駢拇〉）諸如此類的「身」字皆作「生命」解。三指「自己、自身」，如「以身作則」、《論語》中的「吾日三省吾身」（〈學而〉）即是此義。四則是指「品格、修養」，如「修身齊家」等等。關於「身」的歧義性，在不同語境中，同一「身」字可能具有不同的義涵。因此，配合《老子》原典之理論基礎，應可得到恰當之理解與詮釋。

在《老子》一書中提及「身」之處尚有 23 次，其中「聖人後其身而身先」（七章）、「功成身退」（九章）、「欲先民，必以身後之」（六十六章）以上「身」字應作「自己、自身」之義解。[3] 其次，文中也提及「修身」之義，如「修之於身」（五十四章）但與儒家「修身」之義有所區別，儒家之「修」所指道德修養，《老子》之「修身」則是以身順之於道，此有無爲以及順應自然之意涵。此外，《老子》的「身」也有指「有機體的軀體」，故曰「以身觀身」（五十四章）之「身」，第一個「身」可作「修之於身」解，第二個「身」可作「自身」解，即「以己觀人」之義。此即河上公所謂：「以修道之身觀不修道之身。」[4]「修道之

---

[3] 以上「身」之義解根據河上公註解而得，〔漢〕河上公注：《老子道德經河上公章句》，王卡（點校）（北京：中華書局，1993年）。

[4] 同前註，頁208。

身」與「不修道之身」，孰存孰亡？河上公的結論是：「修道者昌，背道者亡。」換言之，若修道，則可以保身之外，亦能保住性命，若不修道，則可能無法保身，甚至可能引來殺身之禍。這結論似乎也符合老子意旨：「道乃久，沒身不殆。」（十六章）「不道早已」（三十章）與道合同，方能長存而久之。

根據《老子·四十四章》：「名與身孰親？身與貨孰多？得與亡孰病？」文中指出老子重視生命之價值，且告誡人們：「禍莫大於不知足，咎莫大於欲得。」（《老子·四十六章》）不知足的心態，必定會為生命帶來禍患：目盲、耳聾、口爽、心狂、行妨或者爭賢、盜貨、心亂等等。[5] 換句話說，重視生命亦即保身和存身，因「身為生之依託」，若沒有身體的生命形式，我們存在就不具有意義，以及生命也就無所呈現，其所表現的是一種重視生命以及無知無欲的生命態度。

本文或無法一一解析各個層面議題，然嘗試從道家《老子》切入，探討與身之相關內涵，因為身體與人一生相隨，可做為人們自我理解的起點，又是人與社會、自然聯繫網絡中交往、溝通的存在支點甚至價值支點。探究人的身體感、身體思維，可從不同的視界理解和發展自我，藉著身體的認知與實踐，可更好地調整自我與他者、小我與大我（自然）的互動關係，進而提出理想之自我建構論說。

歷來對老子說了「吾所以有大患者，為吾有身，及吾無身，又有何患？」（《老子·十三章》）之後，究竟是主張貴身、愛身還是輕身、惡身，往往有極端相反的看法，從表面上看，老子似乎認為造成眾多苦難的根源乃是來自於身體的存在，人又因為身體的存在而產生複雜多餘的人為

5　劉見成：〈貴身？無身？——《老子》十三章「貴大患若身」之闡析〉，《弘光人文社會學報》第6期，頁295。

造作，由此老子的話被誤會爲消極的感慨語，不過經由檢視《老子》中舉凡論身之處，多對其持肯定的態度，並且主張存之、保之、觀之、修之、愛之、貴之。

如此看來，老子將「重身」體現於「名與身孰親？身與貨孰多？」（《老子·四十四章》）的對比中，而老子的重身思想建立於「道」的宇宙論中，皆如王弼所注「萬物萬形，其歸一也」。眾所周知，《老子》盛讚「道」之玄妙偉大，「道」不僅無狀無象，還與人的關係緊密。比如《老子》首章即以「母」比喻說明道對萬物的創生性、先在性；子子還將「道」稱爲「玄牝」（《老子·六章》），以人們所知的雌性身體生殖器官做類比形容，讚嘆無形之道對有形萬物從出的奧妙功能，如「玄牝之門是爲天地根，綿綿若存用之不勤」。那麼，「道」何以能成爲萬物之母的本原呢？應是「道」蘊含潛藏著產生萬物的生機，《老子河上公章句》即將「道者，萬物之奧」（《老子·六十二章》）的「奧」解爲「藏」，正是取之不盡用之不竭的無限之道，才能是萬物之根源，故曰「道沖而用之或不盈，淵兮似萬物之宗」（《老子·四章》）。

顯然，「道」與「身」有密不可分的關係，且「身」依據「道」之理論，格外顯得重要，因此筆者以爲《老子》表達的是重身，而非去身。從自然之道立場觀之，人往往被是非、善惡、生死、成敗等世俗分別所迷惑障蔽，因此只有站在道之本體的高度才不會對萬物有所區分和差別。如「天下皆知美之爲美，斯惡已；皆知善之爲善，斯不善已。」（《老子·二章》）但《老子》又認爲對立事物間的區別與界限僅是相對而非絕對，所謂「唯之與阿相去幾何，善之與惡相去若何。」（《老子·二十章》）因此《老子》在採取弱化事物的差別對立、超越是與非之界限。例如在生死問題上，老子提出死而不亡者壽（《老子·三十三章》）、長生久視（《老子·五十九章》）觀點。對於每個生命來說，唯有與「身」並存才

有其存在之意義。若身體的衰老即是生命的存亡，其兩者是沒有區別的統一現象，換句話說，生命即是身，身即是生命。但如果身體的消亡並不影響生命之精神，其兩者為認知不同的相對概念。筆者較認同後者，死指是軀體機能的消亡，以及生命運動的停止，偏重於外在形軀；但身只是生命暫時的載體，消亡後仍可氣化流行於自然，超越時空侷限萬古長存，才是真正的「長生」。

參、「身之患」理論基礎

　　生命以「身」的方式存在，但不一定代表生命即是身。為此，老子說：「是以聖人之治，虛其心，實其腹，弱其志，強其骨。」（《老子·三章》）虛和實、強與弱皆為相對，因此其心和其腹、其志與其骨也應為相對性，若腹和骨為「身」，心與志應指「生命之精神」。由此可知，筆者以為「生命」與「身」兩者並不能畫上相同之義，而是相對不離之概念。例如面對「身」之生離病苦，乃順乎自然；但如果面對的是心亂貪欲造成的「身」之傷害，乃是間接地影響「生」之損害，此為「身之患」。如此看來，「身之憂患」似乎成為老子攸關自我生命存在所要解決的問題指標及討論起點。

　　《老子·十三章》中提到：

　　何謂貴大患若身？吾所以有大患者，為吾有身，及吾無身，吾有何患？故貴以身為天下，若可寄天下；愛以身為天下，若可託天下。[6]

6　〔魏〕王弼：《老子四種》，臺北：國立臺灣大學出版中心，2016年，頁10。

　　「無身」與「貴身」，其義前後不一，因此歷來各家之解釋頗為分歧，甚至對立。老子的身之患之本義為何？以及究竟是主張「無身」？還是提倡「貴身」？或者另有他義？值得探究。

一、無身說

　　主「無身說」之基調是「身」既是「生命」的依託，也是讓「患」有依存之機會，因此若有身則患必相隨之，若欲無患，解決之道即是無身，所以無身和去身的意思是否相同？仍然有對「無身」之義涵持不同看法，「無身說」又可分為三種不同的論點：其一以「無身」為「沒有身體」；其二以「無身」為「忘身」；其三以「無身」為「無私、無我」。以下分論之。[7]

（一）以「無身」為「沒有身體」

　　此說可以河上公為代表，《老子道德經河上公章句‧猒恥第十三章》注「吾所以有大患者，為吾有身。」云：

　　　吾所以有大患者，為吾有身。有身〔則〕憂其勤勞，念其飢寒，觸情縱欲，則遇禍患也。[8]

又注「及吾無身，吾有何患？」云：

---

[7]　參見劉見成：〈貴身？無身？——《老子》十三章「貴大患若身」之闡析〉，根據此分析梳理、整理後的資料，加以引用做延伸。

[8]　《老子道德經河上公章句》，王卡（點校），臺北：中華書局，1997年，頁48。

使吾无有身體，得道自然，輕舉昇雲，出入無間，與道通神，當有何患？[9]

河上公以「吾」因有身，故有憂勞、飢寒、觸情縱欲之患，換言之，身體乃爲諸患之根本。若要去患，「吾」應不要有身體，則「吾」即不受身體的束縛，也就無患。

關鋒對於「吾」、「無身」以及「吾無身」則有進一步的引申：

十三章「吾所以有大患者，爲吾有身，及吾無身，吾有何患？」這顯然是「靈魂不死」的觀念。身是身體，「吾」所以有大患是因爲吾有身體，及吾無有身體時，吾還有什麼患呢？身體不存在了，還有「吾」在，這個「吾」當然是不死的靈魂。[10]

由上述可知，關鋒認爲「無身之吾」即是指「靈魂」，「吾」則指靈魂脫離了肉身之束縛後，就可成不死之靈魂，自由自在地得到真正的解脫，因此也就沒有任何禍患了。但筆者以爲老子的「載營魄抱一」即是類似的靈魂觀念，情欲不分離、魂魄不分開之意，若靈魂與情欲分開，又該如何與「道」抱在一起？

（二）以「無身」爲「忘身」

丁福保《老子道德經箋注》將「無身」主旨爲「言學道者宜重道忘身，以怯名利之害。」[11]「重道忘身」的思想脈絡主要是受莊子「吾喪我」（〈齊

9　同前註，頁49。

10　《關鋒論老子》，收於胡道靜主編，《十家論老》，上海：人民出版社，2006年，頁337。

11　丁福保，《老子道德經箋注》，收於蕭天石主編，《道德經名著選輯》（七），自由出版社，1999年，頁613。

物論〉）、「忘其身」（〈人間世〉）、「墮肢體，黜聰明，離形去知」
（〈大宗師〉）、「墮爾形體」（〈在宥〉）、「墮爾形骸」（〈天地〉）
心齋坐忘等的影響。以「無身」爲「忘身」之義，茲引幾則以述其要旨。

1. 《唐玄宗御註道德經》：「能知天地委和皆非我有，離形去智，了身非身，同於大通，夫有何患。」[12]「忘身則無爲患本。」[13]

2. 《清世祖御註道德經》：「無身謂忘其身也。有身乃大患之本。能忘其身，而吉凶皆不得攖之。則身且若無，而患自不生矣。」[14]

3. 成玄英《道德經疏義》：「執著我身，不能忘遣，爲身愁毒，即是大患。只爲有身，所以有患，身既無矣，患豈有焉？故我無身，患將安託？所言無者，坐忘喪我，墮體離形，即身無身，非是滅壞，而稱無也。」[15]

4. 李榮《道德經註》：「有身滯榮悴之病，兼生死之災，故云大患也。虛己忘心，無身也。是非患累，起在於身，身苟忘也，則死生不能累，寵辱不能驚，何患之有。」[16]

5. 陳景元《老子註》：「夫人所以有大患者，謂其有身也。且人之身無毛羽以禦寒暑，必將資物以爲養性全生之具，而貪生太厚者動入死地，故大患隨之，是由封執塵累矜其有身也。若能外其身，不以身爲身；忘其心，不以心爲心；冥乎造化，同乎萬物，使行若拽枯木，坐

---

12 《唐玄宗御註道德經》，收於蕭天石主編，《道德經名著選輯》（二），自由出版社，1994年，頁28。

13 同前註，頁29。

14 《清世祖御註道德經》，收於蕭天石主編，《道德經名著選輯》（七），自由出版社，1999年，頁35。

15 輯校成玄英《道德經疏義》，收於蒙文通文集第六卷，《道書輯校十種》，巴蜀書社，2001年，頁401。

16 輯校李榮《道德經註》，收於蒙文通文集第六卷，《道書輯校十種》，巴蜀書社，2001年，頁508。

若聚死灰,則向之寵辱大患何緣及之。故曰及吾無身,吾有何患。……
無者忘也,外也。或以無身爲滅壞空寂者,失老氏之宗旨矣。」[17]

　　以上「忘身」之義,並非指捨棄身體、沒有身體,而是指摒除身體感官慾望之執求過度,正如陳鼓應所言:「不是拋棄形體,而是超脫形體的極限,消解由生理所激起的貪欲。」[18]「忘身」之義如是,顧歡《道德眞經注疏》中擴展「無身」之義而謂:「忘身而養神,謂之無身。」[19]但筆者以爲,若摒棄感官慾望,又該如何「愛」天下?「愛」本身是否就是一種「欲」呢?

(三) 以「無身」為「無私、無我」

　　蕭天石《道德經聖解》中斷言:「老子無身之教,即無我之教也。」[20]故「此章主旨,在示人以無我爲第一義教。」[21]「無我」即是「不自私其身」,換言之,無私是不以自身利益爲考量,而是以無私、無我之方式愛天下。此論以高亨註解「貴大患若身」:

　　　「貴大患若身」當作「大患有身」。「有」、「若」篆形相近,且涉上句而譌,下文云:「吾所以有大患者,爲吾有身,及吾無身,吾有何患?」正申明此意。且「有身」二字,前後正相應。七章曰:「聖人後其身而身先,外其身而身存。」後其身、外其身,即不「有身」也。《史

---

[17] 校理陳景元《老子註》,收於蒙文通文集第六卷,《道書輯校十種》,巴蜀書社,2001年,頁754。

[18] 陳鼓應,《老莊新論》,上海古籍出版社,1992年,頁176。

[19] 見蒙文通,《晉書《老子》古注四十家輯存》,收於蒙文通文集第六卷,《道書輯校十種》,巴蜀書社,2001,頁162。

[20] 蕭天石,《道德經聖解》,自由出版社,2003年,頁173。

[21] 同前註,頁174。

記・孔子世家》載老子告孔子之言曰：「爲人子者勿以有己，爲人臣者勿以有己。」有己即有身也。有身則自私，自私之極，則殺身覆家亡國，故曰「大患有身」。[22]

又註解「貴以身爲天下，則可寄天下；愛以身爲天下，乃可託天下。」：

貴者，意所尚也；愛者，情所屬也。「以身爲天下」者，視其身如天下人也。若猶乃也。視其身如天下人，是無身矣，是無我矣，是無私矣。如此者，方可以天下寄託之。[23]

此乃明確指出「無身」是不爲一己之私心，會尊重他者之人，其心胸寬仁崇尚的；會愛護他者之人，能將情意託付給他；能將天下人視爲自己，方可將天下寄託於他。雖說「無身」即「無我」，亦如「無私」，但筆者以爲若將自己家門無私地敞開，那讓外敵侵入且滅亡的速度是否也增快了呢？

二、貴身說

「貴身說」，即以身爲貴。王弼《老子注》曰：『無物可以易其身，故曰「貴」也。如此乃可以託天下也。』[24]由於「貴之身」的義涵有不同見解，「貴身說」亦可分爲三種不同的論點：其一以「貴身」爲「重視身體」；其二以「貴身」爲「重視生命」（貴生、重生）；其三以「貴身」

---

[22] 高亨，《老子正詁》重訂本，古籍出版社，1957年，頁29。

[23] 同前註，頁30-31。

[24] 〔魏〕王弼等著《老子四種》，頁10。

爲「重視自身」（貴己、重我）。以下分述之。[25]

（一）以「貴身」為「重視身體」

若以字面上看「貴身」二字，顧名思義爲「重視身體」，但爲何要貴身？則因所依之理不同而有異論；一以「全形養生」之義而言貴身，另一則以「身爲道本，藉假修真」之義而說貴身。

1. 以「全形養生」之義而言貴身，「貴大患若身」一詞，陳鼓應解釋爲「重視身體一如重視大患。貴，重視。身，身體。」[26]並引證王淮之說：「此言修道之士謹慎（擔心）自己之身體，就如謹慎（擔心）自己大患一樣。」解釋「吾所以有大患者，爲吾有身，及吾無身，吾有何患？」時說：「大患是來自身體，所以防大患，應先貴身。按老子說這句話是含有警惕的意思，並不是要人棄身或忘身。老子從來沒有輕身、棄身或忘身的思想，相反的，他卻要人貴身。」[27]陳鼓應也解釋何謂「貴以身爲天下」，以及爲何貴身就可將天下託付於他：

以貴身的態度去爲天下，才可以把天下寄付給他；以愛身的態度去爲天下，才可以把天下托交給他。」[28]

最後陳鼓應對「忘身說」作出總結以及批評：

這一章頗遭曲解。前人多解釋「身」是一切煩惱大患的根源，所以要

---

[25] 參見劉見成：〈貴身？無身？——《老子》十三章「貴大患若身」之闡析〉，根據此分析梳理、整理後的資料，加以引用做延伸。

[26] 陳鼓應，《老子註譯及評介》，中華書局，2003年，頁109。

[27] 同前註，頁110。

[28] 同前註，頁110。

忘身。一個「貴身」的思想卻被誤解爲「忘身」。造成這種曲解多半是受了佛學的影響，他們用佛學的觀點去附會老子。[29]

　　筆者以爲「忘身」之概念是受莊子影響，因爲莊子心齋坐忘，也可能會影響後世學者以同樣是道家背景的莊學觀點看老子的「貴身」。如果單方面過於注重貴身，而忘了另一句「及吾無身」。就好像是重視身體如重視大患一樣，天下仍然不是有大患之存嗎？這樣並沒有解決如何與「大患」並存。

　　2. 以「身爲道本，藉假修眞」之義以解「貴身」之說者，以清代黃元吉祖師所著《道德經精義》中極言身之爲重：

　　夫以此身也，不但自家性命依之而存，即一家之內，無不賴之以生。推而言之，爲天地立心，爲萬物立命，爲往聖繼絕學，爲萬世開太平，無非此身爲之主宰。雖然，主宰宇宙者此身，而主宰此身者惟道。道不能憑空而獨立，必賴人以承之。故曰身存則道存，身亡則道亡。[30]

　　由上述可得知，以身爲道本，即此身軀是與人的生命以及道相依並存，若無此身軀，則生命與道則無所依憑，進而無法展現生命之向度。雖說如此，此身又爲諸患之本：

　　倘一有其身，自私自重，與人爭名爭利，爲己謀衣謀食，逐逐營營，

---

[29] 同前註，頁112。

[30] 黃元吉，《道德經精義》，自由出版社，2002，頁47-48。

擾擾紛紛，爭競不息，攘奪無休，不旋踵而禍患隨之矣。[31]

　　身雖爲諸患之本，然而透過修道來去患，又曰：

　　人因有身，所以有患。若吾無身，患從何來。凡人當道未成時，不
得不留身以爲修煉之具。一到脫殼飛昇，有神無氣，何禍之可加哉。即留
形住世，萬緣頓滅，一眞内含，雖雲遊四境，亦來去自如，又何大患之
有。[32]

　　故當貴重其身軀，貴身以作爲修道成道之具也，黃元吉祖師認爲：
「人身自有良貴，不待外求，有非勢位之榮可比者。」[33]這種「藉假修
眞」，是藉由四大假合之凡俗肉身而修煉，以返還先天眞身。若通過修道
去患之方式，使軀體能脫殼飛昇，讓精神優游自在、來去自如，但並非是
老子眞正的想表達之意。身本質不是患，所以不需要用去身解患，大患從
何而來，由於榮必有辱，因此榮必有患，人著迷於榮寵，則返之於身。

（二）以「貴身」爲「重視生命」（貴生、重生）

　　此論指「身」爲「自己的生命」，且生命是重於一切的。老子的「吾
所以有大患者，爲吾有身，及吾無身，吾有何患？」馮友蘭盛讚爲「大徹
大悟之言。」[34]至於何以是大徹大悟之言，而所徹悟者又爲何，馮氏並未
明言，可能是指老子持「貴身輕利」之說，即以身貴於天下，即「不以天

---

[31] 同前註，頁48。
[32] 同前註，頁48-49。
[33] 黃元吉，《道德經精義》，頁49。
[34] 馮友蘭，《中國哲學史》（上），收於《三松堂全集》第二卷，河南人民出版社，2001二版，頁378。

下之大利，易其脛一毛」，「輕物重生」之義。[35]

（三）以「貴身」為「重視自身」（貴己、重我）

「貴身」顧名思義就是「重視自身」，以身作為「自身」之義，即「貴己」。高明注解「何謂貴大患若身？」：

> 此亦老子對前文「貴大患若身」所設之疑問，「貴」字在此為動詞，猶今言「重視」。義若何謂重視自身，猶如重視大患？經文「身」、「患」二字位置相倒。焦竑云：「『貴大患若身』，當云『貴身若大患』。倒而言之，古語類如此。」其說甚是。[36]

高明引焦竑之說，以「貴大患若身」是「貴身若大患」之倒裝，也就是說，重視自己就像重視大的禍患一般，強調以己為重。以己為重之義，在其注解帛書本經文「貴為身於為天下，則可託天下矣；愛以身為天下，乃可寄天下。」時，其言曰：

> 按此節經文今本多變易，舊注亦莫衷一是，義論紛紜。帛書甲乙本經文完全相同，誼甚暢明，當從之。「故貴為身於為天下，則可託天下矣」，「貴」字仍如前文作動詞，可釋作「重視」；「於」字介詞，用以表示重視自身與重視天下之不同。「貴為身於為天下」，猶言為身貴於為天下，乃動詞前置。即謂重視為自身甚於重視為天下，若此可以託天下矣。「愛以身為天下」，此節經文與王本同。「愛」字為動詞，亦置於句首，即謂以自身為天下之最愛者，如王弼注：「無物以損其身，故曰

---

[35] 同前註，頁376。
[36] 高明，《帛書老子校注》，中華書局，2004四刷，頁279。

『愛』也。」譯爲今語,則謂愛自身勝於愛任何物,勝於愛天下,如此,
可以寄天下矣。[37]

由此可知,把自己看得比天下還重要,即「貴己」之義。因爲高明
在最後引《莊子．讓王》之言:「道之眞以治身,其緒餘以爲國家,其
土苴以治天下。由此觀之,帝王之功,聖人之餘事也,非所以完身養生
也。」來解釋老子言「貴爲身於爲天下」與「愛以身爲天下」之最確切之
釋義。[38]筆者以爲若重視自己,爲己利益之事又如何不重視?天下又怎麼
能將天下託付於只重視自身,或重視自身利益的人身上呢?

綜合上述的梳理,大多視「身」爲禍患之根本,只解決無身和貴身
之問題意識,對於大患之本身沒有充分的釐清。《老子》十三章第一句提
及:「寵辱若驚,貴大患若身。」開宗明義地點出大患本身的原因,是來
自於「寵辱」,且根據王弼解釋:「榮必有辱,榮必有患。」換句話說,
辱與患爲等同之,且都與榮並存,而榮卻也依存於身,若無身則不存在榮
與辱,則無法以形軀之方式來愛天下。生命是以「身」的形式存在,吾因
爲有身所以一定有患,「身」與「患」勢必要互相共存共生,因爲身是聽
之於吾,若喪吾,即是摒棄有意志、心志的我,則身之運行合乎自然,亦
可以身愛天下,由此可知,生命不一定代表爲身,也不一定要用絕對的去
身達到去患之效,既然身如此重要,不就代表患也是一樣重要,爲何還要
去患呢?

---

[37] 同前註

[38] 高明,《帛書老子校注》,頁281-282。

肆、「防身之患」的意涵與途徑

　　「身」與「患」相互並存，如何在憂患中保全身，使「身」免受其害，在全身的情況下走完生命種種必須面對的問題。身之患來自於寵與辱，故老子言「復命曰常，知常曰明。不知常，妄作凶。」（《老子·十六章》）能認知「福禍爲合爲一體之常道」乃是萬物的常態，就是明白禍患存在之理由，不能明白萬物本是一體就容易胡搞妄作。老子在下一句提醒：「知常容，容乃公，公乃全，全乃天，天乃道，道乃久，沒身不殆。」（《老子·十六章》）知「常」便能「容」，胸襟可以包容千變萬化之物，就如同水與火能並存且不相害彼此，因爲萬物能將有差別的事物轉變爲沒等差之事物，就算沒身軀保護也不會有危險。因此，去患表示去身之意，反之，防患則指養身保全。

　　老子明確表示「沒身不殆」，沒有軀體也不會處於險境，顯然，「身」本質就不是「患」，但這並不代表老子認爲要「無身」，若將自身的身軀看作是不值錢的的皮囊，不畏懼天下亂事，就不存在有救國救民的憂心，更何況要將天下託付於他。「貴以身爲天下」是因爲寶貴天下人，願意摒棄「吾」之我執，此時的「身」去執行無等差的「愛」。

　　此時，已經釐清「身」之意義，接下來是要梳理如何防患發生？根據《老子·六十四章》說道：

　　其安易持，其未兆易謀，其脆易泮，其微易散。爲之於未有，治之於未亂。合抱之木，生於毫末；九層之台，起於累土；千里之行，始於足下。爲者敗之，執者失之。是以聖人無爲故無敗，無執故無失。民之從事，常於幾成而敗之。慎終如始，則無敗事。是以聖人欲不欲，不貴難得

之貨；學不學，復眾人之所過。以輔萬物之自然，而不敢爲。[39]

　　越安定的社會越容易維持治安，事情未發展至成爲現象時，還較容易籌謀；脆弱的東西容易扯開攪拌；細微的東西一吹就散。所以，要有所防患就要趁它未未發之時，就能防微杜漸，若等到亂象已成形時，才處理就已太遲了。應該如何做到「是以聖人欲不欲，不貴難得之貨」，也就是「寡欲」。第七十五章批判在上位者厚養無度，重視口體之福，使民不堪需索，所以輕死，說道：「夫唯無以生爲者，是賢於貴生。」「無以生爲」即是說不貴生命之厚養，這樣的生命態度，老子用「去甚、去奢、去泰」（《老子·二十九章》）、「知足」（《老子·三十三章》、《老子·四十四章》、《老子·四十六章》）、「知止」（《老子·四十四章》）、「嗇」（《老子·五十九章》）、「儉」（《老子·六十七章》）等觀念來表示。這是一種只要滿足生命之基本需求，但該如何降低心理欲望，最後還能達到與道合眞，使生命常存呢？老子提出「不尚賢、不貴難得之貨、不見可欲、虛其心、實其腹、弱其志、強其骨」（《老子·三章》）、「爲腹不爲目」（《老子·十二章》）、「少私寡欲」（《老子·十九章》），都是爲了達到「見素抱樸」（《老子·十九章》）的養身途徑，正如老子所言：「眾人熙熙，如享太牢，如春登台。我獨泊兮其未兆，如嬰兒之未孩。」（《老子·二十章》）達到像孩子一樣無欲，船過水無痕，鳥飛不留影，花落無聲，這也正是老子所謂的「深根固柢，長生久視之道。」（《老子·五十九章》）

　　由上述可知，從「身」出發，尋求以「寡欲」之途徑和方法，化解生命遇到種種的「患」，雖不可能將「患」去蕪存菁，但老子虛心知足之

39　〔魏〕王弼：《老子四種》，頁56。

教，如此方能長生久視，以及養身之道：「知足不辱，知止不殆，可以長久。」（四十四章）因此老子提出了長生久視之道的總原則：「爲道日損」（《老子‧四十八章》）。河上公注曰：「道謂自然之道也。日損者，情欲文飾，日以消損。」[40]日損，即是指除了滿足生命之基本需求之外，逐漸降低心理慾望，損之又損，最後達到合道自然之恬淡素樸的生命狀態。

達到合道自然，是因爲「以道保身」，道生成於萬物且成就萬物之存在，在成就中彰顯其特色與不同，而道自身所具有的屬性同樣會體現在萬物之中，也就是「德」。「身」爲萬物中之一物，所以「道」與「身」具有同一致性。老子言：「道之尊，德之貴，夫莫之命而常自然。」（《老子‧五十一章》）任何事物都應當順著它自身的本性去發展，不需要任何外力加以制約，任何外力的制約都是「有爲」，是對事物本性的傷害，因此天、地、人都應當以自然爲法，這種特徵貫通到天地人。[41]例如在自然界中：「希言自然，故飄風不終朝，驟雨不終日。孰爲此者？天地。」（《老子‧二十三章》）陣風沒有聽過整個早晨吹不停的，驟雨沒有聽過整天下不停的，順著自己的本性行事。蒼海桑天雖一直在不知不覺地變化，但終究會回復至常態，這就是天地自身的運行法則，就是在講大自然的眞理。

當人有「身」之形體起，就需要各種物質維持自己的有機生命。從「道」的角度來看，我們對於自然生命能夠做到基本的滿足來維繫「身」存在就足已，這種的需求並非爲欲，眞正的欲指的是使人脫離「自然本

40　《老子道德經河上公章句》，王卡（點校），中華書局，1997年，頁186。
41　根據王永燦「以道保身」之論點做引申：〈老子重身思想簡論〉，《周口師範學院學報》，第32卷第4期（2015年8月），頁10。

性」，不僅損害人的物質生命，也損自己的精神生命，轉而追求超出本身的自然之性。《老子》主張「寡欲、知足」，教導我們回歸人的自然本性：「見素抱樸，少私寡欲。」（《老子‧十九章》）是謂節制自己的欲望，做到「知足不辱，知止不殆。」（《老子‧二四十四章》）寡欲和知足是個體修身最基本的要求，體現在社會層面中，一是要做到爲而不爭，做任何事情要都要順自然而爲，不妄傲，不造作；二是做任何事情都不要抱有太強的目的性，如果做任何事情都帶著目的性的話，也就會變成了一己之私，而在沒有目的性的前提下做事，才可能成就於天下，進而眞正的愛天下，正是《老子》所講的「非以其無私邪？故能成其私。」（《老子‧七章》）

伍、「存身」與「無身」的辯證

「貴身說」重視身體如重視大患一樣，也就是肯定「存身」之重要，但「身」本是造成禍患之載體，天下仍然有大患之存，如何解決與「大患」並存？而大患對於人來說就是多慾，生命除了基本需求之外尙有過多的慾望。因此「及吾無身，吾有何患？」中之「無身」，則是指「貴生而無求生之厚養」，亦即，除了滿足生命之基本需求之外，盡除心中之貪欲，以一種知足儉樸之態度過生活。

如何實踐防患養身呢？從原本「有身」之患，再到「無身」之寡欲，再昇華爲「存身」能知止。「吾身有患」中的「吾」則指生活追求五色、五音、五味、馳騁畋獵，尙賢（名），貴難得之貨（利），最後導致老子所說的：目盲、耳聾、口爽、心狂、爭名、盜利等，凡此種種皆是害生之舉，這些都是「有生而求生之厚養」所帶來的禍患，此皆源於人之「不知

足」而產生「欲得」貪心，這就是為何「吾身有患」。若「吾」可以去甚、去奢、去泰、少私寡欲、知足、知止、見可欲而心不亂，那麼以上所說的種種禍患也就不及吾身了。

最近的 COVID-19（俗稱新冠狀病毒）徹底顛覆了我們所熟悉的世界；凡事皆可把握的確定性，不受拘束的自由移動，這些原本以為理所當然的事物，一夕之間都被擊碎了。我們要如何才能重新找到意義與安身立命的位置呢？在動盪不安、人心惶惶的疫情時代下，愛新覺羅毓鋆指出要學會「觀徼觀妙」，靜觀天下皆得知，即得常。得常指得常理、常道、常術、常法、常情。最低，得通常情。常則不索隱行怪。看天下事之妙、看天下事之徼，然後皆自得。察一切事物之所以然，下手才能做事。[42] 因此筆者認為能存身防患之方法，有以下幾種：見素抱樸、少私寡欲、善攝生者無死地、知止、觀無以及虛靜。

（一）見素抱樸

《老子》將天地萬物的大道，比喻成未曾被雕琢過的「樸」。「道常無名，樸雖小，天下莫能臣也。」（《老子・三十二章》真樸之物，渾然大和，自己沒有固定不變的形狀，因此它有著極強的可塑造性和可能性。因此道的真樸性是存在的，便生成了宇宙萬物萬象，如同老子所：「樸散則為器。」作為真樸之道在運化之後，才有形形色色的事物產生，其中也包括身之患。若我們也能清靜無為、見素抱樸的生活，則不須否定身之存，以及去身。

（二）少私寡欲

對於「欲」之節制，老子言：「罪莫大於可欲，禍莫大於不知足，咎

---

42 愛新覺羅毓鋆講述，吳克、劉昊整理，《毓老師講老子》，頁52。

莫大於欲得。」（《老子‧四十六章》）從「道」中體現出來的，養育萬物而不加以宰制；它不求名利，無私無欲，可稱它為「小」，萬物歸附它而它不自滿，可稱它為「大」，由於它從來不宰制，所以「道」的精神本是「無欲」，因此我們能「存身寡欲」是「返樸歸真」的立腳點。

（三）善攝生者無死地

「以其生生之厚。」（《老子‧五十章》）「生生」就是一種「德」，一種生命上的「德」，從生命角度看「厚德載物」，「德」就是生生華育，「物」則是我們的生命功能，也就是身之功能。當我們遇到禍患或傷害的時候，身之功能可以「反躬自身」，省思自己是否「德行有缺」，因為德行圓滿，禍患自然就會遠離。

（四）知止

「知足不辱，知止不殆，可以長久。」（《老子‧四十四章》）道生養萬物，卻極力隱藏自己，甘居萬物之下之後，就害怕被人知曉。生之育之，生而不有，為而不恃，功而不居，這是但求奉獻不求索取，只求利萬物而不自利。水滋養萬物，功於萬物，卻不爭居萬物之上，反而總是流向最低處。所以「功遂身退，天之道」，功業有成，反而身退而隱，這就是不欲盈，這就是知足、知止，換言之，知足、知止，才能不陷於災難。

（五）「觀無」與身之參與

《老子》首章即指出「道」的認知方法分「有」和「無」兩種，「故常無，欲以觀其妙，常有，欲以觀其徼。」以「有」的方式認識事物，有者，有立場，站在某一立場（人、時、地）去觀其徼—因為有形、有據，所以就有欲，這就是「觀徼」；若以「無」的方式識物，以觀其「妙萬物而為然」之妙，妙即是一切事之所以然。我們得察一切事物之所以然，求其生生不息之契機，求其玄牝之門，然後下手。以孔子之觀念言，觀徼者

執一以御萬物，觀妙者變一爲元。[43]「有」是透過感官經驗、名言概念來理解，是「可道」但卻非「常道」（無）[44]，本文即針對身之主題來理解「無」的識道方式，《老子‧十四章》有：

> 視之不見名曰夷，聽之不聞名曰希，搏之不得名曰微。此三者不可致詰故混而爲一。其上不皦，其下不昧，繩繩不可名，復歸於無物，是謂無狀之狀，無物之象，是謂惚恍。[45]

若以有、無方式區分對身體的認知，那麼視、聽、摸的感官知覺應屬於「有」，可是老子認爲「道」是無法僅從見、聞、摸等器官來掌握，但《老子‧十四章》的「無狀之狀、無物之象」，並非否定道的認知不可經過感官知覺，而是說明「道」沒有固定得形狀之狀，它才可以爲天下所有得形狀。若將身之整體參與及體驗，故能「混而爲一」，《老子河上公章句》注解此句即爲「混，合也。故合於三，名之而爲一」；由整體身心完成對「道」的認識結果是「復歸於無物」（《老子‧十四章》），如同「故貴以身爲天下，若可寄天下；愛以身爲天下，若可託天下。」（《老子‧十三章》）因將身心整體參與天下亂事，故能將重任託付於他。以觀無的取向識道，就不會向外界追求索取收穫，否則「其出彌遠，其知彌少」（《老子‧四十七章》），所以它是屬於一種回返自身、內化性的活動，展現出不爲而成、自然而然的狀態，這樣修爲的人才能具有「孔德之容」（《老子‧二十一章》）。

---

43 同前註，頁65。
44 王志楣：〈從有身到無身，論《老子》的身體觀〉。《國文學誌》第15期（2007年12月），頁44。
45 〔魏〕王弼：《老子四種》，頁11。

（六）虛靜的修養工夫

「惟道是從」正是《老子‧二十一章》的身體實踐，除了有「觀無」的身心思考方式，也要有內在修養的功夫，才能體悟「道」之境界，其途徑即是《老子‧十六章》所言：

> 致虛極，守靜篤，萬物並作，吾以觀復，夫物芸芸，各復歸其根，歸根曰靜，是謂復命，復命曰常，知常曰明，不知常妄作凶。[46]

如果用數字「0」表示「道」的層次，則 0（道）生一，一生二，二生三，三生萬物（〈四十二章〉）可以表示道生物的順向演化，而萬物→三→二→一→0，依據「反者道之動」的法則，可以解釋為由有（多、實）返無（0、虛）損之又損的逆向演化過程；逆向演化若從身體觀角度言，即是使物質精神的外求能收視返聽（塞其兌，閉其門〔〈五十二章〉〕）達到形神相守（載營魄抱一〔〈十章〉〕），最後歸根復命與道合一，其關鍵則在於虛靜工夫。[47]虛靜的修養工夫，非一蹴可幾，而是用「致虛守靜」的方式化掉一切人為造作，達到「靜觀自得」，不再受外在任何事物影響。「致虛守靜」不是物理學意義上的動靜，相反地，虛靜之中由於沒有任何意念干擾，從寂靜至守靜再到動得過程，人懂得「待」，就能在事情未發之前，提早防患未然，而與天地相貫通，萬物如其本身的存在被顯現出來，隨著人心之靜，萬物亦從並作而歸根，恢復其本來的自我（觀復、復歸於嬰兒），也就是「自然」，所以極盡為自然，是修養後踐成

---

46 〔魏〕王弼：《老子四種》，頁13。
47 王志楣：〈從有身到無身，論《老子》的身體觀〉。《國文學誌》第15期（2007年12月），頁45。

之道體流行。虛靜亦可由「無爲而無不爲」來詮釋，無爲是指「道」沒有用意識去創造支配一切，使萬物生意盎然各得其所，這是「道」的「無不爲」。老子的「致虛守靜」雖以道之宇宙論本體論爲基礎，惟虛靜的實踐工夫絕非以理性思辨刻意爲之，而是扣緊身體實踐爲起始，其整個過程乃是一身體與道體之間的辯證發展。

陸、結論

本文將最具有爭議的「無身說」以及「貴身說」做詳細的分析與梳理，最後發現「身」並非是最大之患者，而是「寵辱」導致「患」之引起。生命以「身」的方式存在，且「身」本質無欲無求，只需簡單的溫飽即可，因此不須讓「身」摒棄身體感官之欲，反而應該把焦點放置「吾」身上，「身」是聽於「吾」，因「吾」的欲望之執求過度，引發「身」之招來禍患。由於萬物皆是由相對的性質組成，如長短、高低、胖瘦等，因此「患」並無法從「道」的世界中消失殆盡。與其讓去患，不如用老子「防患」之方式，與其並存。從「有身」出發，尋求以「無身」之「寡欲」之途徑和方法，最後肯定「存身」能化解生命遇到種種的「患」：見素抱樸、少私寡欲、善攝生者無死地、知止、觀無以及虛靜。可從這上述方法中釐析出「身」與「吾」本爲一體，若是以無身體的方式養護安頓，易失去自我自然基礎，因此世人不僅要擁有良好的體能，更要透過個體身體參與悟道，以實現身體場域的交融；身體就在你、我、他交互關係中開放，任人與自然之道無限豐富的視野中開放，在身心宇宙交融的大身體場域裡潛移默化著，合道自然之恬淡素樸的養身之理。

最後從「道」的角度來看「以道保身」，當人有「身」之形體起，我

們做基本維繫自然生命就足已,這種的需求並非爲欲,眞正的欲指的是使人脫離「自然本性」,不僅損害人的物質生命,也損自己的精神生命,轉而追求超出本身的自然之性。因此《老子》主張「寡欲、知足」,教導我們回歸人的自然本性,寡欲和知足是個體修身最基本的要求,體現在紛亂的社會層面中,一是要做到爲而不爭,做任何事情要都要順自然而爲,不妄傲,不造作;二是做任何事情都不要抱有太強的目的性,在沒有目的性的前提下做事,才可能成就於天下,進而眞正的愛天下。

參考文獻

一、中文專書

丁福保（1999）。《老子道德經箋注》，收於蕭天石主編，《道德經名著選輯》（七）。臺北：自由出版社。

王卡點校（1997）。《老子道德經河上公章句》。臺北：中華書局。

李榮（2001）。《道德經註》，收於《蒙文通文集》第六卷，《道書輯校十種》。四川：巴蜀書社。

胡道靜主編（2006）。《關鋒論老子》，收於《十家論老》。上海：人民出版社。

陳鼓應（2003）。《老子註譯及》。臺北：中華書局。

高明（2004）。《帛書老子校注》。臺北：中華書局。

馮友蘭（2001）。《中國哲學史》（上），收於《三松堂全集》第二卷。河南：人民出版社。

黃元吉（2002）。《道德經精義》。臺北：自由出版社。

愛新覺羅毓鋆講述，吳克、劉昊整（2018）。《毓老師講老子》。臺北：養正堂文化。

蕭天石主編（1994）。《唐玄宗御註道德經》，收於《道德經名著選輯》（二）。臺北：自由出版社。

蕭天石主編（1999）。《清世祖御註道德經》，收於《道德經名著選輯》（七）。臺北：自由出版社。

二、中文論文

黃俊傑（2002）。〈中國思想史中身體觀研究的新視野〉。《中國文哲研究集刊》第20期：541 - 563。

劉見成（2007）。〈貴身？無身？──《老子》十三章「貴大患若身」之闡析〉。《弘光人文社會學報》第6期：283-299。

王永燦（2015）。〈老子重身思想簡論〉。《周口師範學院學報》第32卷第4期：9-12。

王志楣（2007）。〈從有身到無身，論《老子》的身體觀〉。《國文學誌》第15
　　期：31-49。

三、古籍

〔漢〕河上公注，王卡（點校）（1993）。《老子道德經河上公章句》。北京：
　　中華書局。

〔魏〕王弼（2016）。《老子四種》。臺北：國立臺灣大學。

〔唐〕成玄英（2001）。《道德經疏義》，收於蒙文通文集第六卷，《道書輯校
　　十種》。四川：巴蜀書社。

從生死觀論友誼——以《莊子‧大宗師》為例

饒忠恕

國立臺灣大學哲學研究所博士生

摘　要

　　疫情使得我們因為要減少染病死亡的風險，而選擇不與諸多朋友相聚，改變了我們習慣的互動模式，並且給予我們一個機會重新反思友誼之意義。西方的亞里斯多德早已對友誼有深入的反思，但是當民眾重新意識到死亡的必然性，以及朋友的重要性時，歷代中國哲學家可以提供甚麼樣的反思題材呢？以往的研究清楚指出《莊子》對於死亡有其獨特觀點，但卻尚未擁有研究者鑽研《莊子》的友誼觀，並且從中指出死亡在其友誼觀點中所佔的地位。於是，本文章藉由分析《莊子・大宗師》對於子祀、子輿、子犁、子來以及子桑戶、孟子反、子琴張兩組朋友之間的互動，試圖刻劃其友誼觀，並且指出其友誼觀的重點在於堅持「朋友是那些對生死有共識的人」。其朋友觀之核心在於擁有以下共識、態度或行為：「知生死存亡之一體」、「心閒而無事」、「安時而處順」、「故善吾生者，乃所以善吾死也」、「相忘以生」、「無事而生定」、「人相忘乎道術」等。由此可見，《莊子・大宗師》教導我們，即使死亡的發生是友誼的結束，死亡的意識可以是友誼的開始。這樣的研究不但會開展《莊子》研究中的新面向，也可以帶給現代人新的題材，反思友誼與死亡，以及兩者之間的關係。

關鍵字：莊子、友誼、生死

壹、前言

西方哲學自從亞里士多德開始，就對於友誼有深入的探討。相對中國哲學家，亞里士多德的探討十分不一樣，因爲他直接探討友誼，把友誼當作一個獨立探討的議題。於是當學者想要談論中國哲學的友誼觀，有的學者會先介紹亞里士多德的友誼思想當作參照，再提出中國哲學家的觀點。[1]

然而，我們仍然可以從早期中國哲學的傳統中找出談論友誼的學術，並且當作參照突顯出各個哲學家的特色。舉例來說，我們可以比較儒家與道家對於朋友的觀點。Blakeley 主張儒家與道家對於友誼的觀點皆有七個形式上的共識：(1) 一個建立於特定觀點與價值的關係、(2) 對於該觀點的共鳴、(3) 從最高價值全面重構對生命的認知、(4) 自願同意加入他者一起共享該觀點、(5) 一個平等的關係、(6) 彼此尊重與互惠、與 (7) 友誼是有條件的關係。當然，實際的內容有所差別。[2]舉例來說，孟子的友誼理想是「迭爲賓主」，[3]但是其特色是透過其他人論關係界定友誼的特殊地位：沒有上下，而是平等。如果儒家是以如何面對生活而界定朋友，莊子則是以如何面對死亡而界定朋友。這一點十分有趣也值得注意：莊子用「如何面對死亡」當作友誼最核心的考量。

莊子用死亡界定十分有趣，引起學者的注意。以往學者對於莊子的分析也有指出這樣的對比突顯一個深刻的張力：當人面臨死亡，我們會發現人有兩種直覺。一方面，我們看重深厚聯結；另一方面，我們看重超然平安。當親朋好友過世，我們不希望因此全然崩潰，但是這樣的崩潰卻又似

---

[1] 詳見Lee, Jung H. (2014). "Travelers on the Way: Friendship in the Zhuangzi." *The Ethical Foundations of Early Daoism: Zhuangzi's Unique Moral Vision* (55-80). New York: Palgrave Macmillan.

[2] Blakely, Donald N. (2008). "Hearts in Agreement: Zhuangzi on Dao Adept Friendship." *Philosophy East and West*, 58(3): 318-336.

[3] 《孟子‧萬章上》。

乎與我們關係的深度成正比：我們越在乎一個人，我們越容易感受到失去他們的痛苦。學者因此詢問：**感同身受的依戀**（deep attachment）與**不被動搖的安寧**（unaffected tranquility）可以共存嗎？[4]

Wong 提供三種答案：佛教、斯多葛主義、與莊子。[5]佛教認為兩者不可共存，以為我們對於他人的依戀正是人類最大的問題之一。我們的依戀正是阻礙我們得著安寧的理由。換言之，依戀正好是我們的問題。Wong 指出斯多葛主義也有兩種詮釋：一種主張根除依戀、脫離纏累（extirpation），而另一種主張保留依戀、產生耐力（resilience）。[6]最後，Wong 提供另外一個選項，也就是莊子哲學，並且在莊子哲學中，兩者可以共存。

根據 Wong 的重述，莊子基本上主張兩種意識。一方面，從人的角度而言，我們自然會為過世的親朋好友感到難過，因為莊子文本中有少數見到難過的敘述（秦佚為老聃哀哭三次）。這樣的敘述也允許我們保留我們對於親朋好友的依戀。但是在感到難過之後，我們便應該切換我們的意識，從萬物的角度看待我們親朋好友，而這樣的意識將會幫助我們雖然擁有依戀，仍然可以獲得安寧，而不過度感到難過。

Elder 認為使用這樣雙重意識的方式理解莊子其實並不理想，因為代表人會有某一種內部的張力，或是思想上的不一致。[7]他反而主張莊子對於依戀與安寧的態度其實是一貫之道，而就莊子而言，我們不必切換意識，

[4] Elder, Alexis (2014). "Zhuangzi on Friendship and Death." *Southern Journal of Philosophy*, 52: 575-592. doi:10.1111/sjp.12086

[5] Wong, David (2006). "The Meaning of Detachment in Daoism, Buddhism, and Stoicism." Dao 5(2): 207-219.

[6] Wong, David (2006). "The Meaning of Detachment in Daoism, Buddhism, and Stoicism." Dao 5(2): 207-219.

[7] Elder, Alexis (2014). "Zhuangzi on Friendship and Death." *Southern Journal of Philosophy*, 52: 575-592. doi:10.1111/sjp.12086

就可以保留依戀與安寧兩者，而這樣的態度是一致的。他的分析改變我們對於莊子文本的詮釋，並且有三個優點。

然而，連 Elder 也還是認為這樣的重述會使人不滿。我在本文中首先會指出 Elder 所提出的三種優點，並且質疑這樣的優點是否真的是優點。接著，我將會澄清我們在反思友誼時，其中最核心的三個問題，並且試著從莊子文本中提出莊子的回應，並且在最後的評估中點出我認為莊子哲學對於友誼反思的價值所在。

貳、兩種答案、兩種詮釋

針對「依戀與安寧互相矛盾嗎？」的問題，我們似乎有兩種基本答案，一種就是佛學與根除式的斯多葛主義（兩者矛盾），而另一種則是耐力式的斯多葛主義與莊學（兩者不矛盾）。佛學與根除式的斯多葛主義似乎主張依戀與安寧是爭鋒相對的，而且依戀反而使人無法得到真正有價值的安寧。換言之，依戀是問題，而根除依戀才能得到安寧。相對而言，耐力式的斯多葛主義與莊學則主張兩者並不矛盾，而可以共存。就莊學而言，Wong 與 Elder 各自提供解釋說明兩者如何在《莊子》文本中確實共存。Wong 認為失去的友誼可以藉由反思萬物必歸為無有，而得到安寧。Elder 則認為友誼的依戀來自於人類對於萬物的反思，亦即友誼的依戀是一種莊學世界觀的自然發展。

Elder 認為這樣詮釋莊子有三種優點。這樣的詮釋可以：(1) 保留悲傷、(2) 允許改變，以及 (3) 保持愛護。然而，連這三種所謂的優點都有其問題。

一、保留悲傷

首先，就保留悲傷而言，我們不得不質疑莊子哲學中，能否為悲傷保留一些餘地。在敘述其優點時，Elder引述《莊子》兩段敘述證成其優點。第一是老聃的朋友秦佚為老聃哀哭三次：

> 老聃死，秦佚弔之，三號而出。弟子曰：「非夫子之友邪？」曰：「然。」「然則弔焉若此，可乎？」曰：「然。始也，吾以為其人也，而今非也。向吾入而弔焉，有老者哭之，如哭其子；少者哭之，如哭其母。彼其所以會之，必有不蘄言而言，不蘄哭而哭者。是遁天倍情，忘其所受，古者謂之遁天之刑。適來，夫子時也；適去，夫子順也。安時而處順，哀樂不能入也，古者謂是帝之縣解。」指窮於為薪，火傳也，不知其盡也。（《莊子·養生主》）

雖然Elder指出這個段落允許一些符合人情的哀哭，老聃弟子的反應其實反應著一般人的直覺：若只有為朋友哀哭三次，真的算朋友嗎？換言之，採用這個段落中的「三號」證成莊子保留悲傷，似乎有一點勉強。

除了以上段落之外，Elder也引述孟子反與子琴張為子桑戶服喪證明莊子保留悲傷的餘地：

> 子桑戶、孟子反、子琴張三人相與友，曰：「孰能相與於無相與，相為於無相為；孰能登天遊霧，撓挑無極，相忘以生，無所終窮？」三人相視而笑，莫逆於心，遂相與友。莫然有間，而子桑戶死，未葬。孔子聞之，使子貢往侍事焉。或編曲，或鼓琴，相和而歌曰：「嗟來桑戶乎！嗟來桑戶乎！而已反其真，而我猶為人猗！」子貢趨而進曰：「敢問，臨尸而歌，禮乎？」二人相視而笑，曰：「是惡知禮意！」……（《莊子·大宗師》）

從表面而言，雖然孟子反與子琴張的服喪方式似乎十分合理。他們一方面使用符合一般禮儀的「編曲」、「鼓琴」、「相和而歌」，而如果單純看兩個朋友編曲之歌的歌詞，我們可以想像他們一邊唱著「嗟來桑戶乎！嗟來桑戶乎！而已反其眞，而我猶爲人猗！」，一邊哀哭嘆氣。然而，從子貢請教孔子的敘述，可見他們的歌聲應該是過於娛樂，因爲子貢的敘述是他們「臨尸而歌，顏色不變」。就算我們認爲服喪不必抱頭大哭，一般人大概還是會認爲在喪禮「臉色絲毫不變」地唱歌還是意味著這個人可能沒有做到眞正的服喪！換言之，若我們要說莊子保留悲傷，這個段落也似乎難以證成這個論點。

雖然 Elder 沒有特別引述莊子與惠施的關係支持其「保留悲傷」的論證，這個段落仍然值得關注，因爲莊子在經過惠施之墳墓時，似乎對於惠施的過世感到悲傷：

> 莊子送葬，過惠子之墓，顧謂從者曰：「郢人堊慢其鼻端若蠅翼，使匠石斲之。匠石運斤成風，聽而斲之，盡堊而鼻不傷，郢人立不失容。宋元君聞之，召匠石曰：『嘗試爲寡人爲之。』匠石曰：『臣則嘗能斲之。雖然，臣之質死久矣。』自夫子之死也，吾無以爲質矣，吾無與言之矣！」（《莊子‧徐無鬼》）

然而，就如 Blakeley 所主張，莊子與惠施的關係無法被視爲「志同道合」，而頂多只是「高尚對手」而已。[8] 莊子所引用的故事也告訴我們莊子與惠施就算是對手，也不能算是平等的關係，因爲若延伸郢人與匠石的故

8　Blakely, Donald N. (2008). "Hearts in Agreement: Zhuangzi on Dao Adept Friendship." *Philosophy East and West*, 58(3): 318-336.

事，可見只有莊子在耍花招，而惠施則是比較被動的參與者。由此可見，連這個段落也似乎難以支持莊子能夠「保留悲傷」。

二、允許改變

根據 Elder 的重述，莊子認為真正的友誼是允許朋友改變的友誼。由於人類一直都在變化，死亡也只不過是另外一種變化而已。也就是說，就像真正的朋友會接受他們朋友生活中的大小變化，我們同樣也應該接受他們最後的變化：死亡。

然而，這樣的觀點似乎面臨一個問題：我們不應該接受我們朋友所有的改變。有一些改變不是我們應該接受的改變，例如朋友如果開始變成殺人犯，我們應該積極地介入，而不只是消極地接受所有的改變。

三、保持愛護

Elder 也指出莊子的友誼關可以在面臨死亡時，保持我們對於朋友們的愛護，因為朋友們在世時，我們所珍惜的並不是朋友們，而是友誼本身。然而，就如 Elder 自己指出，這樣的觀點其實會違反我們一般的直覺。[9]一般人會認為朋友本身，而不只是友誼本身，擁有價值，而死亡不只是剝奪了我們的友誼，而是我們的朋友。

除此之外，我們也可以詢問我們可以如何繼續愛護我們已走的朋友，因為當一個朋友失去他們的形式（form），他們似乎不再是「他」了。即使我們把死亡認知為某一種改變，而我們的朋友已經成為擁有另外一個形式的東西時，我們難以解釋這樣的愛護如何可以繼續延伸下去。

[9] Elder, Alexis (2014). "Zhuangzi on Friendship and Death." *Southern Journal of Philosophy*, 52: 575-592. doi:10.1111/sjp.12086

參、檢驗友誼觀的兩個問題

以上討論提出對於莊子友誼觀的幾個疑慮，而這個段落則試圖再度退一步，從比較宏觀的角度再度檢驗我們對於友誼的反思到底有哪些最關鍵的問題需要考慮。以下探討兩個。

一、人類嚮往永久與持久的關係是一個自然且健康的事情嗎？

首先，人類嚮往永久與持久（permanent and enduring）的關係是一個自然且健康的事情嗎？[10]根據佛教，答案很清楚：這個嚮往是一種執著，而其執著會阻礙我們得享安寧。換言之，這樣的嚮往是一種扭曲、是一種執著、是一種不理想且不健康的事。從這種觀點而言，嬰兒對於他們主要照顧者（primary caregiver）的依戀（attachment）以及主要照顧者對於嬰兒的依戀皆為一種不健康、最終需要解脫的執著。比較尷尬的是，過往研究已經證明嬰兒若缺乏依戀關係，會順速死去，而若人類所有的關係都奠基於這樣的依戀關係，把這樣的依戀關係視為不自然或不健康似乎意味著對於嬰兒的依戀需要的平淡態度。然而，不積極肯定嬰兒的依戀嚮往，似乎意味著一些危險的觀點，包括對於嬰兒依戀的享受與耐心。

試問：莊子會怎麼回答這個問題呢？莊子雖然並沒有那麼直接地回答該問題，但是我們可以透過他的敘述勾勒出他對於這個問題的答案：由於萬物處於變化中，任何關係總有一天會面臨斷絕，而不理解此事會使人落入不必要的低谷，並且突顯自己的無知。這樣稍微圓融的答案，如果比較清楚的表達，似乎就是這樣的嚮往不可能帶來快樂，所以我們應當不被這樣的事實拖累，乃透過反思得著釋放。Wong 認為莊子主張「萬物奪取我

---

[10] Wong, David (2006). "The Meaning of Detachment in Daoism, Buddhism, and Stoicism." Dao 5(2): 207-219.

們所愛慕的」，但是同時也主張「我們把自己託付於萬物」。[11] 換言之，我們出生於這個充滿依戀的世界，但是應當服從於失去這些依戀的事實。我們之所以活著是因為別人回應我們依戀的嚮往與需要，卻應當放棄這些依戀關係，因為萬物不斷在改變中，而我們若執著於某一種形式，我們一定會遭受到無知所帶來的失望。

二、為朋友服喪有錯嗎？為朋友服喪為何有錯？

（一）為朋友服喪有錯嗎？

試問：為朋友服喪有錯嗎？莊子似乎這麼認為，可見於三段記載。首先，讓我們回到老聃的喪禮：

> 老聃死，秦失弔之，三號而出。弟子曰：「非夫子之友邪？」曰：「然。」「然則弔焉，為若此，可乎？」曰：「然。始也，吾以為其人也，而今非也。向吾入而弔焉，有老者哭之，如哭其子；少者哭之，如哭其母。彼其所以會之，必有不蘄言而言，不蘄哭而哭者。是遁天倍情，忘其所受，古者謂之遁天之刑。適來，夫子時也；適去，夫子順也。安時而處順，哀樂不能入也，古者謂是帝之縣解。」指窮於為薪，火傳也，不知其盡也。（《莊子‧養生主》）

當秦失去為老聃弔喪時，他在觀察老者、少者為老聃哭泣之後，嚴厲批評老聃「遁天倍情，忘其所受」，因為人的存在本來就是「適來」、「適去」的，因此我們應該採取的態度是「安時而處順，哀樂不能入也」

---

[11] 這兩句話是「the world takes away our loves」（Wong, David[2006: 219]）以及「(give) ourself up to the world」（Wong, David [2006: 218]）。

（《莊子・養生主》）。本段落對於老聃的評價顯得負面，也意味著對於服喪者的負面評價。

其二，在描述子犁與子來二人的相處時，我們看見子來接近死亡：

> 俄而子來有病，喘喘然將死。其妻子環而泣之。子犁往問之，曰：「叱！避！無怛化！」倚其戶與之語曰：「偉哉造化！又將奚以汝為？將奚以汝適？以汝為鼠肝乎？以汝為蟲臂乎？」（《莊子・大宗師》）

在本段落中，我們看見子犁對於子來的妻小所給與的責備：「去，走開！不要驚動將要變化的人。」換言之，子犁把在子來周遭哭泣的妻小趕出門外。從這個舉動，我們再度看見莊子對於服喪的負面評價。

最後，我們在子桑戶的「喪禮」也看見對於服喪類似負面的評價：

> 子桑戶、孟子反、子琴張三人相與友……莫然有間，而子桑戶死，未葬。孔子聞之，使子貢往侍事焉。或編曲，或鼓琴，相和而歌曰：「嗟來桑戶乎！嗟來桑戶乎！而已反其真，而我猶為人猗！」子貢趨而進曰：「敢問，臨尸而歌，禮乎？」二人相視而笑，曰：「是惡知禮意！」（《莊子・大宗師》）

子貢在故事中扮演著常理的角色：對著尸體唱歌符合禮儀的要求嗎？從孟子反與子琴張二人的「相視而笑」與藐視子貢的「是惡知禮意！」回應中，我們再度看見莊子對於服喪的負面評價。

（二）為朋友服喪為何有錯？

莊子對於服喪的態度顯然負面，但是我們必須檢驗他為何如此負面地

看待服喪，才能夠更深瞭解他的思想。理由似乎有三個關鍵步驟。第一：我們受造於天、命、陰陽。秦佚解釋：「是遁天倍情，忘其所受，古者謂之遁天之刑。」（《莊子・養生主》）或參考子來的 明：「父母於子，東西南北，唯命之從。陰陽於人，不翅於父母。彼近吾死而我不聽，我則悍矣，彼何罪焉？夫大塊載我以形，勞我以生，佚我以老，息我以死。故善吾生者，乃所以善吾死也……」（《莊子・大宗師》）莊子指出我們本來就不是自己創造的，乃是來自其他因素（天、命、陰陽）安排我們的生成。

第二：我們正當的反應是順服安排。秦佚解釋：「適來，夫子時也；適去，夫子順也。安時而處順，哀樂不能入也，古者謂是帝之縣解。」（《莊子・養生主》）子來則用人倫關係 明人類與命和陰陽的關係：「父母於子，東西南北，唯命之從。陰陽於人，不翅於父母。彼近吾死而我不聽，我則悍矣，彼何罪焉？夫大塊載我以形，勞我以生，佚我以老，息我以死。故善吾生者，乃所以善吾死也……」（《莊子・大宗師》）換言之，就像我們已經接受了我們的生成由命安排，我們同樣應該接受我們的死也由命安排。

第三：不順服帶來不吉祥，如子來所勸告：「……今之大冶鑄金，金踊躍曰：『我且必爲鏌鋣，』大冶必以爲不祥之金。今一犯人之形而曰：『人耳，人耳，』夫造化者必以爲不祥之人。今一以天地爲大鑪，以造化爲大冶，惡乎往而不可哉！」（《莊子・大宗師》）我們不但有積極的理由順服命運的安排，也有消極的理由避免不服命運的安排。

肆、莊子友誼觀的特色與價值

若莊子的友誼觀有以上的問題，那他的友誼觀到底有何特色與價值呢？以下分別討論這兩個問題。

一、莊子友誼觀之特色

莊子的友誼觀有三個值得特別提出的特色，都可以說是專屬莊子的敘述特色。

（一）首先，莊子用死亡界定友誼。若亞里士多德認為朋友最重要的貢獻是「幫助一個人得享幸福（eudemonia）」，[12] 那莊子則認為朋友最重要的貢獻是「幫助一個人面對死亡」。我們甚至可以說，對莊子而言，面對死亡的態度是友誼中最核心的考量。當我們搜尋莊子少數對於友誼的敘述，我們發現他幾乎每一次提到友誼關係，都一定會提到死亡！這樣界定朋友十分特別，並且可以透過另外參照儒家思想理清。

孟子用五倫來界定朋友的地位，因為對他而言，友誼是人與人之間相處的其中一個關係而已。如以上所提，若要濃縮孟子的友誼觀點為一個比喻，我們可以說他的友誼觀是「迭為賓主」：

萬章問曰：「敢問友。」

孟子曰：「不挾長，不挾貴，不挾兄弟而友。……舜尚見帝，帝館甥于貳室，亦饗舜，迭為賓主，是天子而友匹夫也。用下敬上，謂之貴貴；用上敬下，謂之尊賢。貴貴、尊賢，其義一也。」（《孟子‧萬章下》）

---

12 Lee, Jung H. (2014). "Travelers on the Way: Friendship in the Zhuangzi." *The Ethical Foundations of Early Daoism: Zhuangzi's Unique Moral Vision* (55-80). New York: Palgrave Macmillan.

就孟子而言，朋友相處之關鍵在於輪流當賓客與主人，必須輪流作客與招待，因為這樣輪流的關係才使得堯與舜不再是依照君臣關係相處，乃是真正成為朋友。若仔細分析孟子所提倡的五倫關係，我們也發現朋友之間的相處是唯一接近平等的關係，因為五倫中其他關係皆分別上下、前後。[13] 相對以上對於孟子友誼觀的簡短敘述，我們可以比較清楚地看出莊子界定友誼之特色，因為莊子並不是用「如何面對生命」界定友誼，而是「如何面對死亡」界定友誼。

（二）其次，莊子認為朋友應該順從命運如同順從父母。雖然莊子並不像孟子把友誼視為五倫之一，他卻認為朋友之間應該對於死亡有共識，並且在解釋人應當對於死亡擁有的共識時，他把命運視為父母以便於做解釋。在他看來，人類的生死皆由命運做妥善的安排，而無論我們生或死，皆是命運透過陰陽而提出的吩咐。

（三）最後，莊子將「相視而笑」歸類為友誼之間的關鍵互動。Galvany 指出「相視而笑」適用於生死、禮儀與友誼。[14] 就生死而言，當我們理解生死只不過是生命的不同變化，「相視而笑」是最適合的回應。就禮儀而言，當我們面臨過度挾制的禮儀，可以藉由「相視而笑」嘲笑它們。就友誼而言，當我們遇見罕見的友誼，可以藉由「相視而笑」而突顯擁有共同異象是如此罕見。透過 Galvany 的分析，我們發現「笑」的形容在儒家的經典中，幾乎沒有用來描述朋友之間的相處，因為儒家強調友誼是奠基於品德。

---

[13] 饒忠恕《「予豈好『譬』哉？」：孟子與譬喻》，花木蘭出版社，2021年。

[14] Galvany, Albert (2009). "Distorting the Rule of Seriousness: Laughter, Death, and Friendship in the *Zhuangzi*." *Dao*, 8: 49-59.

二、莊子友誼觀之價值

從以上的特色，我們也可以歸納出莊子友誼觀的價值所在。莊子的友誼觀一方面使人不滿，但是另一方面又仍有其特色，因此我們可以說莊子友誼觀的價值在於他幾個反直覺的啟發，這裡提出三個。

（一）莊子的友誼觀從一開始就認真認知改變，提醒我們不要過度執著於朋友不變。Elder 認為這個觀點是莊子友誼觀最大貢獻之一。[15] 若我們肯定友誼的價值以及嚮往友誼不中斷時，我們也同時很容易排斥改變，包括我們朋友在生活中的各種改變。莊子的友誼觀所蘊含的觀點 ── 死亡只不過是另外一種變化 ── 提醒我們每一個友誼一直都充滿著變化，而大多數的變化其實並不在我們控制內，我們也應該用同樣的態度面對死亡的變化。換言之，變化其實是生活的常態，而我們一般只是沒有清楚意識到此事實。當我們真正認知到此事實，我們就能夠用一樣坦然的態度面對死亡。這樣的友誼觀確實有它重要的提醒。

（二）莊子的友誼觀從一開始就對死亡有共識，提醒我們在生活中所交的朋友有助於我們面臨病痛與死亡。病痛容易使人懷疑自己的世界觀是否正確，但是我們看見莊子所敘述的朋友，正好是在朋友最軟弱的時候出現，並且透過他們的詢問與聆聽給予他們的朋友一種獨特的鼓勵：

子輿有病，子祀往問之。曰：「偉哉，夫造物者，將以予為此拘拘也。」曲僂發背，上有五管，頤隱於齊，肩高於頂，句贅指天，陰陽之氣有沴，其心閒而無事，跰𨇠而鑑於井，曰：「嗟乎！夫造物者又將以予為此拘拘也！」子祀曰：「汝惡之乎？」曰：「亡，予何惡！浸假而化予之

---

[15] Elder, Alexis (2014). "Zhuangzi on Friendship and Death." *Southern Journal of Philosophy*, 52: 575-592. doi:10.1111/sjp.12086

左臂以爲雞，予因以求時夜；浸假而化予之右臂以爲彈，予因以求鴞炙；浸假而化予之尻以爲輪，以神爲馬，予因以乘之，豈更駕哉！且夫得者，時也；失者，順也。安時而處順，哀樂不能入也，此古之所謂縣解也，而不能自解者，物有結之。且夫物不勝天久矣，吾又何惡焉！」（《莊子·大宗師》）

莊子記錄的友誼之互動，除了一開始交友的那一刻，只有記錄這些朋友如何支持他們的朋友面臨各種患難。透過文本脈絡，我們可以看見這些朋友的關懷，讓我們看見在面臨患難的朋友，經常需要的是有人詢問與聆聽。

（三）莊子的友誼觀從一開始就嚴肅看待死亡，提醒我們接受（甚至享受）生活中的所有變化。若莊子把死亡視爲一種分離，我們可能可以說這些朋友的典範鼓勵我們在相處中不要浪費時間，乃要把握每一個相處的機會，因爲我們知道我們這段友誼總有一天會結束。然而，由於莊子把死亡看作爲諸般變化之一，他可以提供的啓發則是：不要用一個著急的心態試圖把握每一刻的相處，而是透過全盤接受所有的變化，而脫離於你過度狹隘的知識。畢竟，就如莊子在其他段落中反思，誰知道我們的分離是否不好？[16] 莊子的友誼觀幫助我們重新檢驗我們對於生死知識的大小，因爲他讓我們重新意識到我們對於死亡的無知。這有助於我們不要對於生活中的任何變化太快地提出絕對的判斷，因爲很多看似正面的事，到最後是負面的，而很多看似負面的事，到最後則是正面的。換言之，透過提醒我們人類的無知，莊子的友誼觀鼓勵我們勇敢地接納生活中所有的變化。

16　參見《莊子·齊物論》。

伍、結論

　　莊子的友誼觀一方面有一些地方明顯地不符合常理，而即使提供解釋之後，也不見得應該被我們接受。舉例來說，人類的依戀關係似乎是必要也是寶貴的，而人類嚮往永恆不中斷的相處似乎也是應該被肯定的。但是我們的分析也突顯莊子友誼觀的好處，尤其是能夠突顯我們對於生死的無知，而鼓勵我們不要在與朋友的相處中不要太快地提出絕對判斷，而是接受命運所給予我們的一切遭遇。也許在這種意義之下，莊子的友誼觀確實是一種調和式的智慧（compensatory wisdom），[17]幫助我們彌補那些純粹按照常理生活之道會漏掉的小細節。

---

[17] Lafargue, "Hermeneutics - A Reasoned Approach to Interpreting the Tao Te Ching."

參考文獻

一、期刊論文

Blakely, Donald N. (2008). "Hearts in Agreement: Zhuangzi on Dao Adept Friendship." *Philosophy East and West*, 58(3): 318-336.

Elder, Alexis (2014). "Zhuangzi on Friendship and Death." *Southern Journal of Philosophy*, 52: 575-592. doi:10.1111/sjp.12086

Lee, Jung H. (2014). "Travelers on the Way: Friendship in the Zhuangzi." *The Ethical Foundations of Early Daoism: Zhuangzi's Unique Moral Vision* (55-80). New York: Palgrave Macmillan.

Wong, David (2006). "The Meaning of Detachment in Daoism, Buddhism, and Stoicism." Dao 5(2): 207-219.

二、專書論文

Galvany, Albert (2009). "Distorting the Rule of Seriousness: Laughter, Death, and Friendship in the *Zhuangzi*." *Dao*, 8: 49-59.

Lafargue, "Hermeneutics - A Reasoned Approach to Interpreting the Tao Te Ching."

三、專書

饒忠恕（2021）。《「予豈好『譬』哉？」：孟子與譬喻》。花木蘭出版社。

醫學的人文面向

COVID-19疫情下的臨床敘事與倫理療癒

林慧如

高雄醫學大學人文與藝術教育中心副教授

摘　要

　　COVID-19疫情為醫療專業帶來前所未有的挑戰：醫療人員或須執行超出範圍的職責、或目擊同事與學生在執勤中染疫，甚至感到自身生命面臨威脅。而持續數月的執業壓力，使醫療人員發生道德創傷的風險攀升。於此同時，許多臨床課題不再能由醫療常規提供指引，臨床倫理規範一時間似乎喪失了由上而下的指導能力。

　　在大流行疫情期間，醫療人員除了基本需求（飲食、足夠休息、個人防護裝備等）外，其他諸如工作角色變化培訓、領導溝通、減壓訓練、同儕與社會支持；以及精神健康支持等，幾乎均與敘事能力有關。疫情對醫療人員造成倫理衝擊，往往須從第一線人員的敘事中才得以窺見問題的複雜與嚴重。這些臨床敘事突顯了承認和解決道德傷害的重要性：唯當醫者有能力自我關懷，他們才有能力投入助人專業、應對臨床的困境與挑戰。而「敘事醫學」強調專注傾聽醫病敘事，正是培養倫理覺察能力的最直接方法。本文的目的在於：藉由疫情下的臨床敘事，指出倫理療癒的可能策略。

關鍵字：臨床敘事、倫理療癒、敘事醫學、醫學倫理教育

壹、緒論：常規之外的倫理

　　COVID-19 疫情爲國外醫事人員造成前所未有的挑戰，連續數月的巨大壓力，引發第一線人員道德創傷甚至精神崩潰；至於防疫超前佈署的國內，面對疫情的不確定性，同樣發現醫療常規可能失去指引作用。以下是 2020 年間一則由醫學中心的急診醫師在醫學倫理研討會上提出討論的案例（經改寫）：

　　從深圳回來的病人

　　50 多歲糖尿病男性患者，在深圳工作多年，血糖控制不規則，近 2 個月體重下降 10 公斤，又發現右腳第 3 趾有水泡及紅腫疼痛，無發燒、呼吸道症狀或腹瀉。在深圳就醫時發現右腳第 3 趾有感染，服用口服藥物治療，於 2020 年 X 月 X 日回台就醫。病人回台當日由衛生局轉介至南部某醫學中心急診就醫，在急診會診相關科別。

　　會診各科分別提出不同的見解：

　　整形外科：診斷爲右足感染併有膿瘍。因病人仍在檢疫期間，於床邊切開膿瘍後，建議病人出院，持續傷口換藥。

　　感染科：依院內防疫會議決議，國外回來病患，無 COVID-19 相關症狀，若不需住院，可回家自主隔離；若須住院，則收治相關科。因病患有清瘡需求，故請收治外科。疫情期間手術若非緊急，可等隔離期滿再行手術。手術若緊急，則聯繫感管確認。

　　急診：要安排病人住院嗎？若要，是否待檢疫 14 天結束再安排？該安排住整形外科？住感染科？或先住感染科，待檢疫期滿再住整形外科？

　　在一般時期常規醫療下，這位病人會由外科或整形外科收治，但如今

因加上大流行疫情疾病管制措施的特殊規定，病人原來的歸類似乎發生了問題：究竟哪一種疾病是眼下最爲緊急、需要優先處理的問題？在特殊疫情期間，常規醫療已無法提供明確指引，這案例的討論遂陷入僵局：與會人士中有人認爲應依專業醫師評估，讓病人回家自行換藥；也有人主張應依常規治療，以病人利益爲最優先考量，將傷口完全處理好再讓其出院。討論直到最後，恰巧由事發當日在現場診治的急診醫師發言，醫師回憶道：病人入院時傷口紅腫，目測患部比另一側的腳趾腫了 1-1.5 倍大；而病人自述在深圳就醫時，當地醫師曾說傷口嚴重時可能需要截肢，因此，這位病人可說是從深圳「逃回來」的。這段補充說明瞬間令人形成一個鮮明的印象：一位可能面臨截肢，倉皇從外地逃回家鄉求助的病人。

很特別的是，病人「逃離前一家醫院」的主訴，或「患趾腫大了 1-1.5 倍」的傷口評估，這些關鍵線索並不會出現在病歷記錄。討論會場更有資深醫師提出：敘事固然能帶給人深刻印象，但是必須注意不能過度渲染。而這些令人印象深刻的證詞就有過度渲染的疑慮。

這一案例討論引發筆者深思：何謂事實？怎樣的描述才算是臨床專業可接受的事實？實證醫學的觀點中，事實應可直接觀察而毋需多作解釋，然而，生活世界中是否真有毫無爭議、現成客觀的事實？如果臨床專業者只承認實證科學認定的事實，拒絕一切「非中立」的陳述，那麼一般民眾就醫求助的理由、包含每位病人的個別處境，恐怕均被排斥在醫療記錄之外，成爲實證醫學眼中的冗餘雜訊。

貳、醫學倫理的圖像

醫學的不確定性一直存在，疫情揭開了這潛藏問題，同時暴露了醫學

推理中某些結構性的認知缺口。在當代醫學專業化發展下，醫學倫理已是一門學科化的學問，目的是以理論原則輔助臨床工作。在以北美評鑑制度為標準的醫學教育中，醫學倫理的基本內涵包含醫學倫理理論與醫學倫理議題兩大部分：

一、醫學倫理理論

在 2015 年世界醫學會（The World Medical Association, WMA）所編纂的第三版醫學倫理手冊中，列舉了義務論、結果論、原則主義及德行倫理學（virtue ethics）等倫理理論做為醫師決策的主要參考方式。另外在美國生命倫理與人文協會（American Society for Bioethics and Humanities, ASBH）特別任務小組所發表的「增進臨床倫理諮詢能力：學習指南」[1]列舉了更多理論，包括：倫理原則主義、決疑論、德行主義、敘事倫理學、現象學，以及女性主義倫理學等。

二、醫學倫理議題

作為長期在臨床被奉為聖經的教材，《臨床生命倫理學》中列舉了同意、告知、決定能力、自願、代理決定、預立醫囑、告知實情、守密、兒童參與自身的醫療決定、研究倫理、安樂死及協助自殺、照護孕婦所產生的道德兩難、資源分配、醫學遺傳學的倫理議題、臨終生命品質照護、對「不適當」醫療要求的處理：「無效醫療」概念及其他方法、醫學研究、教育及照護病患的利益衝突、告知醫療錯誤、人工生殖科技等議題。另外，在世界醫學會的醫學倫理手冊中也將這些議題歸入「醫病關係」、「醫師與社會」、「醫師與同儕」，以及「醫學研究」等幾大範疇：

---

[1] 參閱網址：http://ethicist.kmu.edu.tw/institution1.php?Id=6

　　醫病關係：尊重與平等對待、溝通與同意、為無決定能力的病患作決定、保密、生命起始的議題、生命終末的議題。

　　醫師與社會：雙重忠誠、資源分配、公共衛生、全球健康、醫師與環境。

　　醫師與同儕：醫師同儕、教師及學生之關係、舉發不安全或不符倫理的醫療行為、與其它健康專業人員的關係、合作、解決衝突。

　　醫學研究：醫學執業中的研究、倫理要求－倫理審查委員會的許可、科學上的益處、社會價值、風險與利益、知情同意、保密、角色上的衝突、誠實報告結果、舉發、尚未解決的議題。

　　上述理論與議題勾勒了當前醫學倫理的兩大主軸。在理論基礎方面，由哲學倫理學者所提出的原則主義最廣為流傳（儘管實際臨床教學少有從理論思辨入手）。原則主義折衷調和了古典理論中義務論與效益論，以尊重自主、不傷害、行善、正義等初步原則指引倫理推論。因為其刻意略去倫理學傳統間的理論分歧，為非哲學專業背景的醫療人士顯得相對易於入門；但也因此，四原則很容易被醫學專業當成一套檢核標準的格式，倫理的思辨性反而被取消。儘管各種理論與議題在各學習階段不斷重複出現，醫學倫理卻變成一組工具箱，成為無關個人感受的一套外部規範。

參、臨床倫理的缺口

　　前述種種由健康照護專業與倫理學者共同發展的議題與倫理理論，確實為現代醫學提供了重要的實務指南。然而在醫療現場，仍有一道橫互於理論和實務之間的鴻溝，是以往醫學倫理教育很少被主題化的課題——認知缺口，包括**實證科學與敘事認知**之間的缺口，以及**醫學專業與病情世界**之間的隔閡。

一、實證科學與敘事認知的缺口

　　在以實證研究為依歸的醫學專業領域，從研究到教育都必須謹守既定規範，這是醫學作為一門專業必須謹嚴行事的紀律，醫學必須維護自身專業任務的品質；然而，在接觸病人身體病痛、碰觸病人心理恐懼的臨床工作上，實證醫學卻無法提出任何理論指導，因為每位病人的生病歷程或心理感受都是個別而主觀、模糊而不可證實的。相較於流行病學、統計學方法及龐大醫學資料庫，病人內心感受這類「內在決定因素」似乎成了微不足道的干擾或偏誤。無怪乎前述案例中，資深醫師擔心臨床敘事會流於誇大不實的渲染。然而，如果預先排除個別情境的特殊脈絡，醫師是否可能恰好排除了病情發展的關鍵？就像那位倉皇逃回就醫的病人，他的恐懼不會被記錄在病歷中，但這正是他強烈想住院的理由：他不是為了返臺享受較好的健保和醫療照顧，而是為了逃離可能被截肢的危機，病歷卻將這個合理的動機完全取消了。臨床情境的特殊性於是被隔絕在醫療事實的認定之外。

二、醫學專業與病情生活的隔閡

　　長期的專業訓練使醫學過度依賴實證科學，對於事實採取尤其固定保守的看法。這表現在病歷記錄只以標準化方式、甚至是固定順序呈現病人資訊，包含：主訴（chief complaint）、現在病史、過去病史、個人與家族史、系統回顧（review of systems）、身體檢查、檢查報告、可能診斷、評估、治療方案等。如果病人的敘述不依此「正確」順序，可能很快遭到打斷（1984 年一項研究指出平均為 18 秒）：「這症狀持續多久了？」。特別是，當問診內容超出身體問題時，往往使醫療人員感到不適，於是他們需要改變結構，重新按照標準流程，引導病人談論只與醫療

相關的訊息（Rita Charon, 2006,98）。

於是醫學語言與病人的生活世界之間出現了各樣認知隔閡（divides），敘事醫學前輩 Charon 醫師曾歸納臨床常見的各種隔閡的類型（Rita Charon, 2006, Ch.2）：

與死亡的關係：醫學方理解爲物理的現實或技術的失敗，病人卻經歷著疾病與無法想像的命運。

生病的脈絡：醫學方理解爲需要行動干預的生物學現象，病人卻是在個人生活的整體結構下看待他的問題。

對病因的想法：醫學方基於最新證據急於找出臨床最普遍有用的解釋，病人卻更在乎只適用於他獨特情形的解釋。

羞恥、歸咎與恐懼等情緒：情緒的表露在醫學領域中是最難克服的課題，疏於練習、難於啓齒與動輒得咎，爲醫病雙方豎起堅不可摧的隔閡之牆。

這些隔閡與缺口並不是人爲疏忽，實則源自更底層的知識論裂隙。以往醫學教育試圖以強化醫病溝通跨越這道鴻溝，卻只能在技術層面上局部補強，敘事醫學則希望從更核心的問題意識改變理解的意義結構。

肆、敘事的倫理：承認脆弱與依賴

麥金泰爾（Alasdair Chalmers MacIntyre）在《依賴性的理性動物：人類爲什麼需要德性》一書中指出，人類的生物學特有意義，是面對苦難時的脆弱性，以及對他人的依賴性，但是，道德哲學家卻總將這些問題擱

置，「而那些道德行動者卻好像一直是理性的、健康的、未受干擾的。這就導致我們在想到殘疾時，把那些『殘疾者』視為『他們』而不是『我們』，視為一個分離的群體而不是我們自己曾經是、現在有時是、將來也可能是的樣子。」（麥金泰爾，2013: 6-7）確實，在西方古典倫理學中，無論各家強調的是德行、自律或幸福，不受干擾的理性總被預設為人類學的基準，健康則被預設為生物學上的現實。

我們／你們與健康／殘疾等對立化、模組化的身分認同也出現在現代醫療裡：病人、個案、患者等稱謂稱呼的是弱勢、無助、失能的一群，與其相對的則是理性、健康、專業的一方，當這習以為常的稱謂被固化為兩組概念範疇，醫病雙方就形成一種角色錯覺，彷彿「醫師」和「病人」是本質性對立的族群。因為專業身分的認同，使醫者不能承認在專業的外衣下，自己同樣身為一個平常人，是一個同樣會受傷害、會受非理性因素干擾的一般人。專業者不接納自己脆弱一面，這不僅使得助人者看起來越發硬心腸，其內在也對自己更加缺乏同理；另一方面，若是一個生病的人完全認同自己「殘疾者」的角色時，他也已經放棄了自己作為正常人的可能性。

在《談病說痛──人類的受苦經驗與痊癒之道》中，凱博文（Arthur Kleinman）則以許多深刻的臨床敘事道出人類的脆弱與依賴。他從醫學人類學角度揭露了鮮為人注意的臨床經驗底層：大部分關於醫學的社會科學研究，無論是檢討醫師在醫學院或住院訓練期間活動、研究科技應用或是道德困境等問題，往往都只著墨於行醫經驗的表象，那些可以被化約為議題的研究課題，至於醫師與病人之間的關係，或是治療者內在的真切感受，卻往往遭受忽略，「我們沒有用來捕捉醫師經驗精華的適當科學語言」，因此對行醫最為關鍵的事物，那些真正困擾糾纏醫師的經驗，反而「從我們粗糙的分析表格中溜走了」（凱博文，1995: 230）。行醫是人

與人的相互面對，然而，關於內在人性卻沒有專業的語言能夠描述，這些經驗也就從專業知識中系統性地被排除了。

隨著科學真理觀的價值中立信念，人類的受苦也變得中性化，現代性讓我們對他人受苦趨於不痛不癢。人類受苦的問題如今已變成一種「科學問題」。學術界透過社會科學的調查技術、統計方法、專業術語，並且透過它的官方話語（official talk），一整個改變了社會受苦被再現的方式（Wilkinson, Kleinman, 2016），這種轉變在高度專業化的醫學領域更是徹底而全面。在疫情期間因不確定性和危險性攀升，才透過災難與困厄突顯出這些不可見或不被覺察的事實──受苦早已被平常化。原來醫者習於不承認脆弱、不主動求援的現象，也只是科學「去除意義」下的結果，背後存在盤根錯節的結構性因素，社會科學認知，或許需要從根本進行調整。若醫者能看見倫理受苦，他們才可能思考行醫的價值意義。以下我們將以疫情期間的一則報導，展示醫者在特殊時期遭受的倫理受苦之處境。

伍、疫情下的臨床故事

繼 2019 年底首例報告 COVID-19 確診個案之後，2020 年 1 月 31 日，WHO 宣布將疫情提升為「國際公共衛生緊急事件」，COVID-19 疫情幾為全球各地帶來空前規模的浩劫。在大流行疫情期初發間，國外醫療衛生體系瀕臨崩潰，首當其衝遭受威脅的即是第一線的醫療人員。至於國內，直到 2021 年 5 月的疫情爆發，國人才深刻感受醫療量能不足的恐懼。在疫情最嚴峻的時刻，一篇以「『我們願意賣命，但請給我們足夠人力、不只是給壓力』第一線護理師吐心聲」（陳蔚承，2021/06/01）為標題的報導，可謂說出了疫情下醫療專業背腹受敵的痛苦處境。

　　在前揭文中，主要敘述聲音來源是一位一般病房的護理師：在疫情剛爆發時，她所負責的一位三次採檢陰性的病人在出院當天下午突然發燒，又至其他醫院就診後確診，因此照顧到確診者的她也被框列為密切接觸者而需要隔離，但因護理人力不足，她被框列後依然被調派支援照顧其他病人。等了 3 天才開始隔離，而隔離天數也被縮短了，原本需要隔離二週，因為護理照護人力不足，才經過 4 天她就被解隔離出來，隔天又開始恢復正常上下班。在這篇短短的訪談報導中，我們看到了當時醫療狀況的縮影：

　　資源不足：口罩、防護裝備、隔離病房、防疫旅館均嚴重缺乏。

　　人力不足：從各科抓人支援、照護流程及自我保護未經完整訓練即上抗疫前線。

　　心理壓力：工時超常、無法休息、不確定性、病情變化迅速、擔心感染家人。

　　這些問題突顯了醫療專業在疫情下所承受的多重壓力：醫療專業者除了與病家、同僚或其他醫學專業者之責任關係，醫學專業對於社會更具有一種特殊的「社會契約（social contract）」的責任關係：當社會給予專業承擔特有責任，以便提供某些特定服務時，同時也讓他們享有高度自我規範及特出的社會地位；相對的，專業也同意將此特權優先用於提升他人之福祉，其次才會論及個人之益處。這一默契在一般時期運作得宜，但在 COVID-19 大疫情期間開始出現了各樣危機：醫者對於其病人、其醫療機構，乃至其國家社會，都有一定程度的忠誠義務，因此，不管是否受過相關訓練或有無基本防護裝備，他們被派任支援抗疫前線（從各科抓人），要求超出責任範圍的職責（賣命），這些要求專業者置個人及其家庭之安危於度外的超義務的道德要求，都構成 COVID-19 非常時期的特殊道德壓力。

在疫情期間，失去功能的不僅是太平時期的臨床指引或醫療常規，整個生活世界的驟然變化造成的生活失序，才是強烈沖擊人們身心的根本原因：當醫護人員說出「我們願意賣命」時，這種願意顯然不是欣然接受，而是承載著專業榮譽與使命的一種不得不的沉重心情。這一身分角色的壓力在一般時期尚堪以承受，但疫情中結合了不確定的生命風險與超負荷的責任義務，難怪使得醫護原已滿載的心理負擔瀕臨崩潰。

當疫情在全球肆虐之際，世界各國不約而同呼籲應提供一線醫療人員心理與道德支持：包括緊急特殊時期倫理守則的制訂、心理衛生專業的服務，倫理的支持團體等措施，都有助平衡疫情下醫療專業失控的精神壓力。然而，是否在疫情逐漸平息之後，這些曾經出現的呼求都可以拋諸腦後，不必再去思考，也不用記取教訓？在緊急時期過後，也許這些倫理受苦的印記不會那樣快消退，那麼，在後疫情時期，我們應把握時機，思考如何從醫學教育著手，協助醫療專業進行倫理的賦能與培力。

陸、臨床敘事與倫理療癒

關於「倫理受苦」，余德慧等人（余德慧，2004）曾經從心理學的研究中提出一項在地化的考察：

轉向生活世界後，我們發現華人生活苦痛的關鍵在於其所處的生活秩序，我們稱之為倫理。同時我們發現，此種倫理的重點不在於其秩序性，而在於其情感性，亦即，倫理是情緒的主體，是心理康健或困苦的維繫。人們透過倫理的勾連，使得各種療癒因子慢慢顯露。（余德慧，2004:254）

　　換言之，與其說倫理是價值理論或道德規範，不如說，這是一種生活世界的秩序勾連。當生活失序時，人們自然感到關係的困頓及情緒的困苦，這便是「倫理受苦」；而從令人受苦的失序生活中重新找出一道秩序，使受阻的關係重新勾連，從而促成倫理情感的安適，這即是「倫理療癒」：

　　倫理受苦的療癒並非在於重返人情倫理的調冶，而是相反地，又須去除有系統的人情倫理，揭露「臨在倫理」（ethical acts in presence）的深度，使得倫理性的情感本身不被宿緣結構（即原本的人情倫理形式）所擄……。（余德慧，2004:254）

　　那麼當疫情肆虐的高峰期間，如何能使失序的臨床重新找到關係的聯繫、讓受挫的倫理能恢復動能？「敘事醫學」的訓練讓臨床專業者能專注傾聽、再現表達臨床的故事，從而也能創造出醫病之間的倫理連結。

　　以下分享一則臨床教師在疫情期間書寫的故事：作者（負壓隔離病房的護理師）描述一位男性癌症病人，距離前次出院僅隔 2 週，此次因雙上肺葉肺炎，無法排除 COVID-19 感染，故需入住隔離病房檢查及治療。故事描述道：

　　在約定時間點，病人在身著全身型防護衣的急診護理師陪同下入院，病人一看到同樣全副武裝的我，往前邁進的腳步連忙停止，跟我搖搖頭，操著他沙啞的聲音，大聲的想讓我一下子就明白：「哪有這麼嚴重啦！我不是武漢肺炎的病人啦！」，「我跟妳說啦，我如果中吼，那全高雄的人一定都是啦！」

　　哇！看來又是一位因為害怕被貼上新冠病毒肺炎標籤的病人，他現在

看起來不僅擔心、緊張，對我更有著滿滿的排斥感，而他就站在隔離病房入口處，為減少病毒暴露，我連忙將他手上頗具重量的行李接手，並向他說的：「對！我也很希望你不會是！」，嘗試透過同理、認同的說法減少病人對我和病房的抗拒感，讓他放下戒心，慢慢跟著我到他的病房。

當病人到病房時，病人緊皺眉頭、氣憤的、眼角泛著血絲看著我，好像想要從我這裡找到答案，不斷大聲的問：「我怎麼會是武漢肺炎呢？搞錯了吧？那現在我該怎麼辦？我可以回家拿一下東西嗎？我吃飯怎麼辦？被關在這裡，我現在就好想從窗戶跳下去！

「目前因應疫情時期，所以醫生會比較嚴格啦。我也和你一樣，非常希望你一定不是武漢肺炎，但是我們也要等檢查報告出來之後才能很大聲的這樣說，對不對？」我嘗試同理他的心情，讓他知道，我也和他一樣，都不願意發生確診的事情。這時病人才坐下來，垂頭喪氣的說：「我說實在的。我根本不害怕生病，我怕的是傳染給其他人。如果我害到他們了，那該怎麼辦呢？」。所幸，在4個鐘頭後，第一次檢驗報告陰性，一得知報告結果後，我立馬拿起電話通知病人，讓他放心，同時我也大大的鬆了一口氣。

文末，作者反思道：「入住隔離病房的病人對於『被懷疑』即有非常大的恐懼及害怕，可想而知，確診病人被告知時，所需面臨的衝擊更是巨大。」身為負壓隔離病房的護理人員，作者感受到自己是最靠近疫情前線的戰士，但同時也是最靠近病患的「溫暖的戰士」。在這敘事醫學課程的分享活動中，作者不僅分享了病人的故事，也分享了臨床執業的壓力與意義，作者分享這則故事時，也受到參與課程的臨床專業學員們的熱烈回饋：辛苦壓力彷彿變得輕盈而可以承受，這正是敘事的倫理療癒功能。

柒、結語：以敘事賦能脆弱的助人專業者

在當代醫學專業化發展下，醫學倫理已成爲一門學科化的學問，目的是以理論原則輔助臨床工作、解決兩難議題。但疫情期間卻暴露此種倫理教育目標的限制與不足：常規醫療所賴以運作原則，在大流行疫情時期失去指引作用。COVID-19 疫情期間，醫療人員發生創傷後症候群的風險隨之攀升。

在實證醫學研究與成果導向學習的典範下，醫學教育更多著眼於疾病，較少關注受苦的病人，幾乎遺忘了醫者的自我照顧。而疫情期間，醫師的職業道德與社會義務常成爲報導核心。當利他服務的承諾需以犧牲個人福祉爲代價時，醫者遂淪爲疫情下的一個特殊易受傷害族群。

儘管危險因子在學理上顯而易見，但實務上，卻難以改變醫療人員不揭露道德傷害、不尋求協助的艱難處境。疫情對醫療人員造成倫理衝擊，突顯承認和解決道德傷害的重要性，更催化醫學人文教育的轉向：應該改變「永遠將他人的需求擺在自己的需求之前」的教育觀念；唯當醫者有能力自我關懷，他們才有能力投入助人專業、應對臨床的困境與挑戰。醫學倫理教育的重中之重，就在於啟發未來醫者「對人們（包含自己與他人）受苦的敏感度」。疫情對醫學教育者帶來一項重大的啟示：醫學人文的起點，應從傾聽脆弱的助人專業者開始。而「敘事醫學」強調專注傾聽、再現表達臨床故事，不僅能培養醫者的倫理覺察，更能創造出醫病之間的倫理連結。在疫情的艱難的處境下，敘事爲脆弱的臨床專業者帶來了倫理療癒的可能性。

參考文獻

余德慧、李維倫、林耀盛、余安邦、陳淑惠、許敏桃、謝碧玲、石世明
　　（2004）。〈倫理療癒作爲建構臨床心理學本土化的起點〉。《本土心理學研
　　究》22期，頁359-420。

凱博文著，陳新綠譯（1994）。《談病說痛人類的受苦經驗與痊癒之道》。臺
　　北：桂冠圖書。

凱博文著，劉嘉雯、魯宓譯（2007）。《道德的重量：不安年代中的希望與救
　　贖》。臺北：心靈工坊。

凱博文著，王聰霖譯（2020）。《照護的靈魂：哈佛醫師寫給失智妻子的情
　　書》。臺北：心靈工坊。

陶宏洋（2019）。〈醫院裡倫理教育的最佳方案〉，跨領域倫理案例討論會。
　　《澄清醫護管理雜誌》15:1 2019.01，頁4-7。

陳蔚承（2021）。〈「我們願意賣命，但請給我們足夠人力、不只是給壓力」第
　　一線護理師吐心聲〉。康見編輯部。參見：https://www.commonhealth.com.tw/
　　article/84356

謝博生（1997）。《醫學教育──理念與實務》。臺北：國立臺灣大學醫學院。

AAMC, *Behavioral and Social Science Foundations for Future Physicians*, Association
　　of American Medical Colleges, 2011.

Alasdair Chalmers MacIntyre著，劉瑋譯（2013）。《依賴的理性動物：人類爲何需
　　要道德》。江蘇：譯林。

Anne Hudson Jones, *Why Teach Literature and Medicine? Answers from Three Decades*,
　　J Med Humanity, 2013; Dec;34(4):415-28.

Beauchamp, Tom L., and James F. Childress，李倫等譯（2014）。《生命醫學倫理原
　　則》。北京：北京大學。

Kay Toombs, *The Meaning of Illness: A Phenomenological Account of the Different Per-
　　spectives of Physician and Patient,* Boston: Kluwer Academic Publishers, 1992.

Paul Ricoeur, *Time and Narrative*, 3 vols. trans. Kathleen McLaughlin and David Pel-
　　lauer. Chicago: University of Chicago Press, 1988.

Peter A Singer編著，蔡甫昌編譯（2004）。《臨床生命倫理學》。臺北：財團法人醫評暨醫療品質策進會。

Rita Charon, *Literature and Medicine: Origins and Destinies.* Academic Medicine, 2000; 75: 23–27.

Rita Charon, *A Model for Empathy, Reflection, Profession, and Trust. JAMA* 2001; 286: 1897-1902.

Rita Charon, *Narrative medicine: honoring the stories of illness.* New York: Oxford University Press2006; 179.

Rita Charon, *What to do with stories: The sciences of narrative medicine.* Canadian Family Physician August 2007 vol. 53 no. 8 1265-1267.

Wilkinson I., Kleinman A.: *A Passion for Society: How We Think about Human Suffering,* University of California Press; 2016.

當代墨者對後疫情時代之醫學人文的反思

蕭宏恩

中山醫學大學通識教育中心教授

摘　要

　　世界衛生組織（WHO）在歷經自 1976 年伊波拉病毒病（Ebola Hemorrhagic Fever，伊波拉出血熱）爆發以來，處理疫情爆發當中出現的種種倫理問題之後，於 2016 年出版「*Guidance for Managing Ethical Issues in Infectious Disease Outbreaks*」（中文暫譯：《傳染病爆發處理倫理議題之指引》）一書，其中整理出「正義、行善、效益、尊重自主、自由、團結、互惠」等七項倫理原則，於今面對新冠肺炎（Covid-19）的疫情上，各國防疫政策，亦可作為應對。作為一名當代墨者，本文即以此為基礎，由醫療的角度，結合國內情況，企欲在墨學義理內作一醫學人文的反思，並試圖對後疫情時代給予具體作為之建議。

關鍵字：倫理原則，當代墨者，墨學義理，醫學人文，後疫情時代

壹、前言

2019 年 12 月 30 日中國大陸武漢市衛生健康委員會發布〈市衛生健康委關於報送不明原因肺炎救治情況的緊急通知〉之內部通知，隔日（12 月 31 日），武漢市衛健委首次公開通報疫情情況，稱該市目前發現了 27 例「病毒性肺炎」病例。2020 年 1 月 8 日，中國國家衛生健康委員會確認「新型冠狀病毒」為疫情病原[1]。2020 年 1 月 30 日，世界衛生組織（World Health Organization，簡稱：WHO，以下簡稱「世衛組織」）將新冠病毒（coronavirus）的爆發列為「國際關注的突發公共衛生事件」（Public Health Emergency of International Concern，簡稱：PHEIC），將此病症定名為「2019 新型冠狀病毒病（Coronavirus disease 2019，簡稱：COVID-19，以下稱「新冠肺炎」）。（張穎，2021b：87）時至今日（2021 年 9 月 11 日），全球已有 2 億 2381 萬 1182 人確診（臺灣 16074人），461 萬 6456 人死亡（致死率 2.07%；臺灣 839 人，致死率 5.22%）[2]，死亡人數尚不包含注射疫苗後死亡者。筆者整理，此新型冠狀病毒可怕的地方有四：

一、不斷的變種，適應力極強[3]。

從最早的武漢病毒株，幾經變種為：英國 Alpha、南非 Beta、巴西 Gamma & Zeta、印度 Delta & Kappa、多國來源 Eta、美國 Lota & Epsi-

---

[1] BBC NEWS｜中文（2020-12-28）武漢新冠疫情爆發一週年，關鍵節點回顧：https://www.bbc.com/zhongwen/trad/chinese-news-55433966

[2] COVID-19全球疫情地圖：https://covid-19.nchc.org.tw/dt_owl.php?dt_name=3
COVID-19全球疫情地圖──臺灣疫情報告：https://covid-19.nchc.org.tw/dt_005-covidTable_taiwan.php

[3] 再生緣生物科技──再生醫學新知（2021-08-06）新冠變種病毒侵襲全球！病毒種類、傳染力、疫苗效力一次看懂：https://www.sinocell.com.tw/health-column/2021080601/

lon、祕魯 Lambda、菲律賓 Theta、哥倫比亞 Mu 等。其中：

（一）強度層級最高，必須關注的有四種，包含 Alpha、Beta、Gamma、Delta 和 Mu。

（二）強度層級中等，感興趣之變種有五種，包含 Eta、Lota、Kappa、Lambda 和 Epsilon。

（三）強度層級第三等，未來指標性變種有二種，包含 Zeta 和 Theta。

　　而如今已通報，但尚未定義的變種仍有 12 種，目前侵襲全球的主要病毒株為 "Delta"。

二、疫苗的發展及注射跟不上病毒株的變異。

　　如今全球某些先進國家疫苗（已接種 2 劑）覆蓋率雖已達五成以上，如覆蓋率最高的以色列更達至六成以上，卻仍成新冠肺炎熱區[4]，以致這些先進國家已開始接種第 3 劑，甚至作第 4 劑的準備。然而，實際會產生多少效力，卻誰也說不準？況且，疫苗打多了，亦會增加重大副作用及疫苗注射致死的風險。

三、致死率不見高，於宿主體內生存、變異，不易消滅。

　　直至今日（2021 年 9 月 11 日），前文已提及，全球新冠肺炎致死率平均為 2.07%，遠低於其他病毒，如：伊波拉（Ebola，約 50%），Mers（約 36%），SARS（約 10%），季節性流感（約 10%），即使臺灣新冠肺炎致死率 5.22%，遠高於全球平均值，卻也遠低於其他病毒。所以，新冠病毒是一種相當「聰明」的病毒，能常保其生存及其成長（變異）。

---

[4]　聯合新聞網（2021-09-02）疫苗覆蓋率雖高　以色列卻成新冠熱區：https://udn.com/news/story/121707/5718616

四、染疫痊癒後遺症多，需長期觀察及治療[5]。

感染新冠肺炎痊癒後，可能有的後遺症為：神經與肌肉相關的疼痛、呼吸喘、身體或精神上的疲勞、記憶變差、注意力不集中等。另外，也有一些人出現憂鬱、焦慮和睡眠障礙等[6]。而且需要長期的追蹤、觀察及治療，讓患者痛不欲生！目前臺灣已有臺大醫院、臺北榮總及臺北醫學大學附設醫院設立「新冠康復特別門診」[7]，以及在臺大醫院、臺北榮總、北醫附醫和北市聯合醫院推出「新冠肺炎長期追蹤特別門診」[8]，以期對新冠肺炎後遺症患者有更全面的照護。

新冠肺炎除了上述疾病上的可怕之外，更帶來歧視、個人隱私的被破壞、個人自由及患者自主權的被限制等等，以致造成人與人之間的疏離，而欲有效解決這些問題，我們必須有相關的人文（尤其是「倫理」）思考。而人文（倫理）思考必須有相關原則的指引，否則有如無頭蒼蠅。那麼，又有哪些原則適合於指引此等疫情情況下的人文（倫理）思考呢？世衛組織根據 2014-2016 年在西非爆發的伊波拉疫情，在疫情結束後，於 2016 年擬定出《傳染病突發處理倫理議題之指南》（Guidance for Managing Ethical Issues in Infectious Disease Outbreaks，以下簡稱《指南》），

---

[5] HEHO（Health & hope）——COVID-19／新冠肺炎長期後遺症多！張上淳建議國內要持續觀察（2021-08-15）：https://heho.com.tw/archives/186612
健康醫療網（2021-07-08）染疫痊癒之後　近四成者有後遺症：https://www.healthnews.com.tw/news/article/50647

[6] 康健雜誌——康健記者醫聊站Podcast（2021-07-20）新冠肺炎病人康復後，可能的後遺症有哪些？https://www.commonhealth.com.tw/article/84643

[7] 鏡周刊（2021-07-13）【染疫痛苦後遺症1】「不知掛哪科」　3醫院籌設新冠康復特別門診：https://www.mirrormedia.mg/story/20210712inv002/

[8] 蘋果新聞網（2021-08-05）別輕忽7大染疫後遺症！　4大醫院設「長期追蹤特別門診」　確診康復不必反覆篩：https://tw.appledaily.com/life/20210805/WOTQK6UDRFHTVAIBTZSLLNXCH4/

其中提出：正義（公平，Justice）、行善（施益，Beneficence）、效用（效益，Utility）、尊重（Respect for Persons）、自由（Liberty）、團結（Solidarity）、互惠（Reciprocity）等七項基本倫理原則，作爲制定公共政策以及瘟疫控制和管理的指導方針，（2021b：88-91）自然亦爲人與人之間於此等疫情相處之準則。

然而，我們當如何恰當地掌握此等原則之內涵，否則人云亦云，莫衷一是，又如何可能達致人與人之間彼此的融洽呢？筆者以爲，必要有一理念的撐持，而此一理念正是墨家之「兼愛」，因爲墨子於其所處戰國時代，爲弭平戰亂而提出「兼愛」，且集結當時最爲弱勢的平民百姓組成「墨家團體」，儼然成爲一股對抗強權的力量。而如今，人人在新冠肺炎前皆是弱勢，需要集合大家的力量，集思廣益，共同對抗這看不見的「敵人」，方得以弭平疫情以及人與人之間因疫情而產生的紛爭及疏離。如此，在進一步以墨學觀點詮釋此七項倫理原則之前，先得對何謂「後疫情時代」作一番了解。

貳、何謂「後疫情時代」？

新冠肺炎疫情爆發約一年後，各國積極研發的疫苗陸續出現，似乎意味著後疫情時代的即將到來。無奈，天不從人願，不斷變異的病毒，詭譎難料，疫情卻是不若人們所設想的那般似有止息樣態，卻是方興未艾，一波接著一波地不斷侵襲人類！一般僅需打兩劑的疫苗，不得不追打第三劑，並有作第四劑的準備，甚而恐怕得繼續、每年皆必須接種疫苗的打算。本以爲可藉由疫苗施打的普及，產生抗體，以形成群體免疫，或是人類經過感染獲得自然的免疫能力。可是，如今看來，恐怕得作最壞的打

算，亦即，人類必須學習與新冠病毒共存，直至有另一「更強」病毒的出現將其接替。（方旭東，2021a：69）

這種人類無能為力，只能靠著大自然相生相剋而有的結果，在人類抗疫的歷史上不乏此等案例。就以 1918 年爆發的 H1N1 新型流感（1918 flu pandemic）來說，在三年（1918-1920）間的三波疫情中，造成全球 5 億人的感染，以及 5000 萬至 1 億人的死亡。直到自然感染（natural infections）的康復者獲得免疫力，才結束這場大流行。此後，H1N1 成為地方性的傳染病（endemic），以比較不嚴重的程度與人類共生共存，並以季節性病毒的形式傳播了近 40 年。直至 1957 年 H2N2 的大流行，H2N2 病毒才撲滅了 H1N1 的大部分病毒株。而實際上，H1N1 仍於 1977 年在俄國（1977 Russian flu，1977-1979）以及 2009 年 H1N1 新型流感疫情（2009 H1N1 Pandemic，也稱「2009 年豬流感大流行」"2009 swine flu pandemic"；2009-2010）。於本質上而言，一種流感病毒會取代原先的病毒種類，也就是說，人類經由幾十年努力消滅不了的流感病毒，被另一種流感病毒消滅了。這種大自然的運作，科學家至今尚無法給予很好的解釋。如果以史為鑑，新冠病毒應該會和很多病毒一樣將持續存在，而不會再成為一種席捲全球的瘟疫。（方旭東，2021a：69）只是，從新冠肺炎的爆發直至如今的發展看來，新冠病毒恐怕要創造新歷史了！因此，「所謂後疫時代，就不是疫情結束之後的時代，不是去除了疫情的時代，而是疫情作為一種新常態而存在的時代」（2021a：70）。

墨家「兼愛」，關注的就是共同存在情境內，人與人之間彼此互動的動態和諧，難道墨家不明白人與人之間的「紛爭」是一種常態？墨家明白並非人人都是「會愛」之人，但肯定人人都有「愛的能力」（能愛），所以墨家兼愛強調的是愛的「主動性」以及「互動性」（投我以桃，報之以

李）[9]，「愛」需要學習，才能將愛的能力真正落實於具體情境而得以實現。
那麼，誰要先去愛呢？墨者即是先去愛的人（主動性），以期達致人與人
之間的彼此相愛（互動性）。（李賢中，2003a：127）如今，由於新冠
肺炎的肆虐，人們因著歧視、隱私的不保、自由與自主的受限等等，所產
生的後果已非僅僅人與人之間的「紛爭」而已！卻是足以造成社會動盪之
紛亂再起。此刻，企需有理念的行為準則，導引著人們逐漸走向新的常態
生活。

參、墨學觀點下的七項倫理原則之內涵及其權衡

　　《指南》提出了七項倫理（人文）原則，也針對其各自之內涵進行了
一番詮釋，但是，那畢竟是在於西方文化背景下的倫理（人文）思維，是
否適於我等所處中國文化內涵而得以確切落實？如西方在強調「個體」的
思維下，將「個體」和「群體」（社群）對立了起來，如同張穎所論：

　　……西方社會在強調個人主義的脈絡下，造就了生命倫理學長期以來
偏重「個體」的傾向。針對這種現象，西方的「社群主義」（communi-
tarianism）思想家以及美德論（virtue ethics）的倫理學家都對自由主義孤
立的「原子式個體」（atomistic individuals）所反思和審視。他們認為自
由主義錯誤地將「個人觀」與「群體觀」對立，導致對「社群之善」、「社
會合作之美德」以及「共同體意識」的忽視。顯然，社群主義重視共善和
共享價值，認為社會需要的是個體與群體的平衡。（2021b：98）

9　出自《詩經‧大雅‧抑》。

　　然而，在極端個人主義的質疑下，這個「平衡點」始終沒有找到，而在我等所處中國文化思想內並未有此等對立之思維。張穎認為：「由於社群主義關係個人利益與群體利益的關係問題，這與儒家思想以及整個中國文化傳統有相似的考慮……」（2021b：99）筆者以為，墨子以「兼愛」為理念組成「墨家團體」的運作（吳進安，2003b：232-242），更能與社群主義聯繫起來。墨家團體內，不但重視共善和共享價值，而且強調「社群之善」、「社會合作之美德」以及「共同體意識」，同等對待「個人觀」與「群體觀」，達致個體與群體的平衡，更勝於西方社群主義與個人主義的分判。所以，筆者認為，由墨家思想充實七項倫理原則之內涵，在醫學人文的反思下，落實於新冠肺炎之疫情而至後疫情時代，更能達致後疫情時代之和諧。

一、墨學觀點下的七項倫理原則之內涵

（一）正義（公平）原則：「有子十人，一人耕而九人處，則耕者不可以不益急矣。」（《墨子‧貴義》）

　　筆者認為，就以疫情之向度觀之，與其說為正義原則，更好說是「公平」原則，因為所謂「公平」是指「給予他人應得的部分」（蕭宏恩，2004：109），重點在「他人」而非「我人」。「公平」作為一項原則，在疫情以至後疫情時代，最重要的就是「分配性公平」，尤其是（稀有）醫療資源的合理分配，還有染疫者與未染疫者的資源分配等等。臺灣曾於疫情期間，在口罩尚不充足、疫苗尚不及時，流行一句口號「我 OK，您先請」頗為符合墨家「兼愛」主動性之實踐，而墨家肯定人人天生即有（兼）愛的能力，能主動地「為義」：「現在這裡有一個人，背著小米在路邊休息，想再站起來時卻起不來了，君子見了，無論是老少貴賤，都一

定會幫助他站起來。爲什麼呢？因爲這就叫做『義』呀！」[10]而墨者並不僅於此，更進一步主動爲天下謀福利，「現在假使此地有一人，他有十個兒子，但只有一個兒子致力耕種，其餘九個都閒散著不事耕作，那麼，這位致力耕種的兒子就不能不更加努力了。爲什麼呢？因爲吃飯的人多，而耕種的人少。」[11]

（二）行善（施益）原則：「兼愛行，行兼愛」（爲義）

行善，就是履行仁愛、善良的行爲及做有益於他人的事，即是要施加利益在他人身上，使他人獲得福祉及營造他人的幸福，因此，行善更可說是「施益」。（蕭宏恩，2004：104）張穎說：「就公共衛生政策而言，社會有滿足個人和小區基本需求的義務，特別是人道的需求，譬如營養、住所、身體健康和安全。」（2021b：88）爲墨家來說，光是如此是不足夠的，因爲行善不就是必須要做些什麼，而是能做些什麼，個人不是等著國家、社會、他人來爲我做些什麼，卻是在社群內，我人能做些什麼，以達共同存在情境之幸福、和諧。那麼，在疫情以至後疫情時代，無論是否爲公共衛生或醫療專業人以及一般民眾，最起碼可配合公共衛生政策及醫療措施，做好自身的安全防護，不歧視且彼此扶持，「爲義」即在其中矣。

（三）效用（效益）原則：「用不可不節也」（《墨子·七患》）

「效用」講求的是「產生最大益處與／或引起最小損害」，張穎指出，效用原則「考慮的出發點是效用的最大化和比例性（益處與風險的評

---

[10] 今有人於此，負粟息於路側，欲起而不能，君子見之，無長少貴賤，必起之。何故也？曰「義也」。（《墨子·貴義》）

[11] 今有人於此，有子十人，一人耕而九人處，則耕者不可以不益急矣。何故？則食者眾，而耕者寡也。（《墨子·貴義》）

估），及效率（達到最大效用但花費最低的費用）。」（2021b：89）而墨家指明了一達致效用的關鍵，即必要有所「節」。「節」不就是節用、節省，不知節用自容易浪費，太過節省亦可能造成囤積，皆無所效用。必要有所「節度」，除了制定「制度」之外，更要依於人、事、時、地、物的轉變而有所節制調度，才能在最小損害下，獲致最大效益。另一方面，「節」亦非固守著既有資源的節度，在疫情以至後疫情時代，更是有效調整（調節）醫療資源的研究與開發，例如：公衛、醫療專業人的教育與訓練，輕、重確診新冠肺炎病人分別收治之病房（床）的設立，疫苗的研究或購買等等，更是需要有積極的作為。如同墨子所說：「五穀是人民所仰賴以生存，也是國君用以養活自己和民眾的東西，所以如果人民失去了生存的仰望，國君也就無所供養，人民一旦沒有吃的，就無可使役，所以糧食不能不加緊生產，田地不能不盡力耕作，財用不可不有所節度。」[12] 而此刻，更需要各種專業的跨領域合作，如同在墨家團體內，成員各按其經歷、知能而法定其工作之分擔，但也要求其循環各部門而熟習之，彼此學習、合作，朝向既定目標努力不懈，共同營造團體之福祉。（吳進安，2003b：234）

（四）尊重（自主）原則：「……君子自難而易彼，……君子進不敗其志，……彼有自信者也。」（《墨子・親士》）

尊重原則主要講的就是尊重「自主」（autonomy）原則，所謂「自主」係指，自我選擇（意願）、自由行為（行動）、依照個人思維（思想）做自我管理與決策，但是，如此而言之「自主」強調的是以「理性」為基礎的論述，那麼，理性（尚）無法彰顯、因疾病或其他原因而理性

---

[12] 凡五穀者，民之所仰也，君之所以為養也，故民無仰則君無養，民無食則不可事，故食不可不務也，地不可不力也，用不可不節也。（《墨子・七患》）

受挫的人，其自主性即可能被忽視、甚而忽略，這些人又將如何受到尊重呢？墨子曾說：「我嘗聽聞：『並非沒有安定的居所，而是自己沒有一顆安定之心；並非沒有足夠的錢財，而是自己沒有一顆滿足的心。』所以君子嚴以律己，寬以待人。而一般人則寬以律己，嚴以待人。君子仕進順利時不改其素志，不得志時心情也一樣，即使雜處于庸眾之中，亦終究無怨尤之心，因為他們是有著自信而得以自主之人。」[13] 如此，不難明白，真正的尊重自主，即是在墨家兼愛理念觀照下，在他人，是表達對人之尊嚴的敬重；在己，是自處於任何情境內的自律、自持（自信）。因此，封城（區）、染疫後的隔離（治療）、強制全面篩檢（尤其為找出無症狀感染者）、強制施打疫苗[14]、居家檢疫、居家隔離、自主健康管理等等防控疫措施，多少都會抑制個人自主性，有人因此耐不住而不顧病毒的可能擴散，而我行我素，造成防控疫破口。由以上墨家的觀點可知，遵循這些防控疫措施，不僅是保護自己、保障他人，更是對他人的尊重，對我人自主性的肯定。

　　另外，筆者要特別一提的是，新冠肺炎疫情的爆發，突增醫護人員的工作量及工作處境的危險性，而且受到各種歧視，甚至連家人都禁止其回家[15]，或自己不敢回家[16]，讓醫護人員無論在工作及生活上都處於非常大的

13　吾聞之日：「非無安居也，我無安心也；非無足財也，我無足心也。」是故君子自難而易彼，眾人自易而難彼。君子進不敗其志，內究其情，雖雜庸民，終無怨心，彼有自信者也。（《墨子‧親士》）

14　國家衛生研究院電子報（2021-7-22）我ok、你先打！為何年輕人更猶豫「打疫苗」？https://en-ews.nhri.org.tw/health/5913/

15　元氣網（2021-6-7）醫護人員爆離職潮　蔡壁如曝護理師心酸：婆婆不給回家：https://health.udn.com/health/story/120953/5515309

16　健康2.0（2021-7-5）T老師信箱／醫師怕傳染家人不敢回家住　真的好想念家人、小孩怎麼辦？https://health.tvbs.com.tw/medical/328766

壓力，引發醫護人員的離職潮[17]，有人即以倫理／道德的大帽子扣在醫護人員頭上，筆者以為，這是對醫護人員的極度不尊重，尤其是身為非醫護專業人的大眾，對醫護人員的處境有多少的感同身受？在墨家的觀點下，這是絕不容許的寬以律己而嚴以待人，更是缺乏自信而無以自主之人。

（五）自由原則：「今用執有命者之言，是覆天下之義，……百姓之諤也。……是滅天下之人也。然則所為欲義在上者，……曰：『義人在上，天下必治，上帝山川鬼神，必有幹主，萬民被其大利。』……」（《墨子・非命上》）

　　此中文所言之「自由」，在英文為「liberty」，意在集體性地不受干預或由羈制中解放出來，而不僅僅是個人行動的不受束縛。墨家「非命」，反對「執有命」（宿命）之觀點，主張「強力破命」（努力破除宿命觀），將戰國時代處於戰亂而朝不保夕之眾人由苦難、災禍中解放出來，「如果現在採用『執有命』之人的說法，就是顛覆天下的道義，顛覆天下道義的人，就是那些確立『執有命』的人，是百姓所憂心的，把百姓所憂心的事看作樂事，也就是毀滅天下的人。然而都想講道義的人在上位，…講道義的人在上位，天下必定能得到治理，上帝、山川、鬼神就有了主事的人，萬民都能得到很大的利益。……古代湯受封於亳地，絕長補短，百里之地，湯與百姓兼相愛、交相利，財物多了就分享出去。率領百姓向上尊奉天帝鬼神，所以天帝鬼神使他富裕，諸侯親附他，百姓親近他，賢士投向他，有生之時就已成為天下的君王，盟長諸侯。從前文王封於岐周，……前之言：『講道義的人在上位，天下必定能得到治理，上

17　「鏡」媒體（2021-6-29）【醫護心理壓力】護理師靠意志力與信念苦撐　離職潮可能從這裡爆發：https://www.mirrormedia.mg/story/20210625pol009/
　　聯合新聞網（2021-6-5）護理人員爆離職潮　4個月流失800人：https://udn.com/news/story/120940/5510374

帝、山川、鬼神就有了主事的人，萬民都能得到很大的利益。』就是這個
道理。」[18]

　　在歐美，有人或團體抗議政府強制篩檢、強制接種疫苗、疫苗護照的
施行、甚至抗議強制戴口罩，為了爭取所謂的（個人）自由而走上街頭，
無論他們是熱愛自由，還是痛恨被主宰而爭取自由，都是為能在其對生命
中的既定認知（執有命）解放出來，社會中其他人對這些人自是擔心不
已，恐形成防控疫破口。另外，英國的佛系防控疫，在不做任何防禦的情
況下，要人民學習與病毒共存[19]，人民樂得好似恢復了「正常生活」，可
是，這可能潛藏著莫大的隱憂，去年（2020）英國佛系防控疫的後果還沒
得到教訓嗎？東方社會固無此問題，可是，日本政府今年（2021）在疫
情仍嚴峻下，仍堅持舉辦東京奧運和殘障奧運，一時之間疫情爆發難以收
拾，後因急速施打疫苗，才形成暫時的群體免疫，以致疫情迅速趨緩，卻
仍有相當隱憂。[20]

（六）團結原則：同於上，義人在上，下情上達，體恤下情，形成
　　　共識。

　　張穎指出：「該原則意指一種社會關係，在此群體、小區、國家或
潛在的地球村聯繫在一起。團結原則讓面對共同威脅的集團行動有了正當

---

[18] 今用執有命者之言，是覆天下之義，覆天下之義者，是立命者也，百姓之誶也。說百姓之誶者，
　　是滅天下之人也。然則所為欲義在上者，……義人在上，天下必治，上帝山川鬼神，必有幹主，
　　萬民被其大利。……古者湯封於亳，絕長繼短，方地百里，與其百姓兼相愛、交相利，移則分。
　　率其百姓上尊天事鬼，是以天鬼富之，諸侯與之，百姓親之，賢士歸之，未歿其世，而王天下，
　　政諸侯。昔者文王封於岐周，……鄉者言曰：「義人在上，天下必治，上帝山川鬼神，必有幹
　　主，萬民被其大利。」吾用此知之。（《墨子·非命上》）

[19] The News Lens關鍵評論（2021-7-6）確診恐飆增一日5萬例，還是要解封？英國防疫不只靠「佛
　　系」：https://www.thenewslens.com/article/153257

[20] ETtoday新聞雲（2021-10-19）日本疫情趨緩眾人驚呆！專家分析「2大關鍵」　警告年底前不可
　　鬆懈：https://www.ettoday.net/news/20211019/2104542.htm

性。」（2021b：90）然而，如何可能？即需有義人在上，形成共識，帶領眾人，共患難、共享利，「所以就選擇天下賢能的人，立之為天子。……又選擇天下賢能的人，設置三公之位。……又把天下劃分為萬國，設立諸侯國君。…又在他們國內選擇一些賢能的人，立之為行政長官。既已設立行政長官，天子就向天下的百姓發布政令，……」[21]僅僅如此尚是不充足的，在上者必要能體恤民情，民情必須能上達，上、下通達，人民方能認同在上者的施政，上、下一致、同心，「居上位主政的人，能通達下情則得治，不能通達下情則混亂。……居上位主政的人，通達下情，就是對人民的善與不善都得到了了解。」[22]如此由下而上層層認同必得治，又天子一統天下之義而認同於「天志」，「天下已經治理了，天子又統一天下的道理而上同於天」[23]，天志即「兼愛」，眾人就在兼愛理念之下團結一致。

團結如何可能？必要先有共識。而共識又如何可能？由上所論墨家「尚同」思想告訴我們，必須賢者在上，體恤民情，下情能上達、通達下情，藉以施政，人民方得以認同，團結一致，共同防控疫。前任美國總統川普（Trump）政治意識形態作祟，自以為是，不體民情，無視專家，如白宮冠狀病毒工作組成員及總統首席醫療顧問佛奇（Fauci）之警告，使得美國一度成為國際上疫情最嚴重之國家。如今川普雖然下台了，但其鼓動的意識形態眾人仍抗拒著當今拜登（Biden）政府的防控疫政策，造成社會的分裂。只有賢者在上，上下通達的（國家）政府，方得團結一致、上下一心，稍有疫情，即刻弭平，不致造成破口，一發不可收拾。

---

[21] 是故選天下之賢可者，立以為天子。……又選擇天下之賢可者，置立之以為三公。……畫分萬國，立諸侯國君。……又選擇其國之之賢可者，置立之以為正長。正長既已具，天子發政於天下之百姓，……（《墨子·尚同上》）

[22] 上之為政，得下之情則治，不得下之情則亂。……上之為政得下之情，則是明於民之善非也。（《墨子·尚同下》）

[23] 天下既已治，天子又總天下之義，以尚同於天。（《墨子·尚同下》）

（七）、互惠原則：「投我以桃，報之以李」

張穎說：「該原則對於人們做出的貢獻給予『適當和成比例的回報』。鼓勵互惠的政策有助實現上述的提到的正義原則，因為互惠的政策可以矯正分配過程中的不公平差距，減輕社會面對流行病的重擔。」（2021b：89）前文論及正義原則時，強調墨者兼愛的主動性，而如果墨者先受了他人的好處，會更進一步「投我以桃，報之以李」，不但化被動為主動，更希冀促成人與人之間愛的互動與和諧。

儘管世衛組織不斷呼籲世界發達國家或地區將疫苗分給貧困國家或地區，然而，不但沒得到相當的響應，而且還對之作出嚴厲地反駁和批評，甚至囤積疫苗到過期而丟棄。[24] 如此，不僅世界貧困國家或地區的疫情難以控制，而且會拖延整個世界疫情的緩和。[25] 富裕發達國家或地區將疫苗分配給貧困國家或地區，好似無法有什麼「互惠」之可能？而實際上，新冠肺炎疫情不斷爆發以來，已嚴重影響國際政治的往來、經濟的發展、人類的正常生活等等，只要世界上疫情一日不得緩和，這些都無法獲致緩解，遑論復甦、恢復正常！況且，疫情愈是拖延，其間的變數愈是難以預料。因此，發達國家或地區將疫苗分配給貧困國家或地區，看似施惠，而實則受惠的卻是發達國家或地區。

---

[24] BBC NEWS｜中文（2021-8-5）新冠疫苗：世衛呼籲暫緩加強針　美國稱「錯誤選擇」：https://www.bbc.com/zhongwen/trad/world-58097696

BBC NEWS｜中文（2021-1-19）新冠疫情：世衛警告發達國家囤積疫苗　將造成「災難性的道德失敗」：https://www.bbc.com/zhongwen/trad/world-55717593

人民網（2021-7-15）美媒批美國囤積疫苗致嚴重浪費　數百萬疫苗將被扔進垃圾桶：http://usa.people.com.cn/BIG5/n1/2021/0715/c241376-32158374.html

BBC NEWS｜中文（2021-9-23）新冠疫苗：富裕國家庫存過多，2.41億劑恐被浪費：https://www.bbc.com/zhongwen/trad/world-58652958

[25] 經濟日報（2021-10-21）全球疫苗分配不均　世衛：疫情恐拖至2022年底：https://money.udn.com/money/story/5599/5833322

二、倫理原則衝突下的權衡

　　從墨家觀點探索了此七項倫理原則之內涵後，還有一個嚴重的問題是，此等原則與原則之間出現了衝突，該當如何解決以作出合理的倫理判斷？在墨學，有其一套權衡利害的道德實踐方法，即為所言之「權」。「權」的思想主要出自《墨子》〈大取篇〉[26]，李賢中指出：「『權』不是知識中的是非判斷，而是人在現實情境中的適宜性抉擇，對於情境中的不同事態衡量其輕重利害。」因此，「權」有以下之特性：（2003a：150）

(1) 對於未來事態發展的可能性加以認知把握。情境中至少有兩種事態，一者實現，其相對者必不實現。

(2) 對於未來事態發展的可能性予以評估。如果是正向的，即朝利大的方向衡量；如果是反向的，即朝害小的方向衡量。

(3) 比較評估之後的利害關係。就整體觀視，各部分對整體利害關係的影響如何。

(4) 依「利之中取大，害之中取小」之原則做出取捨。害之中取小乃不得已，而利之中取大非不得已，卻是必然的。

　　李賢中指明：「『權』的作用是在一種周全的思慮之下做成的抉擇，

---

[26] 「於所體之中而權輕重，之謂權。權非為是也，非非為非也。權，正也。斷指以存腕，利之中取大，害之中取小也。害之中取小也，非取害也，取利也。其所取者，人之所執也。遇盜人，而斷指以免身，利也；其遇盜人，害也。斷指與斷腕，利於天下相若，無擇也。死生利若，一無擇也。殺一人以存天下，非殺一人以利天下也。殺己以存天下，是殺己以利天下也。於事為之中而權輕重，之謂求。求為之，非也。害之中取小，求為義，非為義也。為暴人語天之為是也而性，為暴人歌天之為非也。諸陳執既有所為，而我為之陳執，執之所為，因吾所為也；若陳執未有所為，而我為之陳執，陳執因吾所為也。暴人為我為天之以人非為是也，性。不可正而正之。利之中取大，非不得已也；害之中取小，不得已也。所未有而取焉，是利之中取大也；於所既有而棄焉，是害之中取小也。」因篇幅的關係，於正文中即不似前文另作白話的書解，下文乃依於此段原文進行論述。

是在行事作為過程中的思慮…」而「慮，求也。」（墨子‧經上）那麼，又有那些因素影響在行為之中權衡輕重之「求」的擇取呢？（2003a：151-152）

(1) 陳執：依照舊有的、習慣的價值信念（陳執）去做，如果仍是有效的，那就如此做去。

(2) 天志（兼愛、為義）：權求並非不顧是非的隨機選取，其背後有「天志」作為是非的衡量標準。

(3) 客觀情勢：客觀情勢中有不得不取捨之處，如「害之中取小，不得已也」。

綜上，筆者作一歸結，解決倫理原則之間的衝突，其核心在於對具體倫理情境中之事件的明認；而所謂「情境」，即是指個體在現實經驗的客觀認知環境中，加入個人主觀性因素之思維所構成的關聯。（李賢中，2003a：153）。倫理原理既是在實踐面於現實倫理／道德個案之判斷的應用，那麼，在每一個案中，必須清楚個案情境中的每一事件及其之間的關聯，如此才能掌握個案中的關鍵事件。如此，直接相應於此關鍵事件之倫理原則即為此個案之倫理判斷的首要考量原則。可是，如果個案中關鍵事件所涉及之倫理原則不止一項呢？那麼，在倫理原則上亦需「權」與「求」了，如同張穎於其文中所舉，由於突發疫情而致使醫療資源（尤其是稀有醫療資源）匱乏時，該當如何進行分配？孰應當優先獲得醫療服務？並未染疫而原先即長期接受治療的慢性病患又當如何？等等，（2021b：90）很清楚地，其關鍵事件即為健康保全，其相關為正義、效用、尊重等原則，但一時之間很難判定關鍵事件直接相應之一原則，需要在「權」與「求」的思慮下進行更細緻的考量。而進一步地來說，首要原則的確認，倫理判斷之後的道德實踐，更是需要「權」與「求」的思慮，方得以在現實上有適切的具體作為。而這一切之所以可能，必要有一具超越根據（倫

理價值之根源）之理念的指引，在墨家，此理念即「兼愛」，其超越根據即「天志」，落實下來即「爲義」，也就是說，「墨家強調抉擇在於權衡輕重，權衡在於趨利避害，而利害的承受者乃天下人。…一件行爲當行不當行，以是否有利於天下人爲判準。」（李賢中，2003a：151）

肆、成為常態的「防控疫」

　　就前文所論，所謂的「後疫情時代」，不是疫情完全去除之後的時代，而是疫情作爲一種「新常態」而存在的時代。那麼，又該如何防控疫呢？

一、對疫苗的倚賴

　　新冠肺炎有可能流感（influenza）化嗎？目前看起來並不樂觀，前文論及新冠病毒的變異，難以捉摸！筆者撰寫本文至此的當兒，Delta 雖爲主流病毒，但已又出現英國 AY.4.2 及泰國 AY.1 之 Delta 的變種病毒株[27]，來勢更是凶猛，至今尚無疫苗可應對。當今世界上現有的疫苗雖尚足以防範既有之病毒，國際上已產生對疫苗的倚賴，多處二劑疫苗覆蓋率達 60-

---

[27] Yahoo！新聞（2021-10-24）比Delta更可怕！「AY.4.2」傳染力太強　英國展開調查：https://tw.news.yahoo.com/%E6%AF%94delta%E6%9B%B4%E5%8F%AF%E6%80%95-ay-4-2-%E5%82%B3%E6%9F%93%E5%8A%9B%E5%A4%AA%E5%BC%B7-032717658.html
中央通訊社（2021-10-26）泰國發現首起Delta亞變異株AY.1　政府密切觀察：https://www.cna.com.tw/news/aopl/202110260272.aspx
Yahoo新聞（2021-10-27）泰國發現首起Delta亞變異株「AY.1」　憂傳染力再升級：https://tw.news.yahoo.com/%E6%B3%B0%E5%9C%8B%E7%99%BC%E7%8F%BE%E9%A6%96%E8%B5%B7delta%E4%BA%9E%E8%AE%8A%E7%95%B0%E6%A0%AA-ay-1-%E6%86%82%E5%82%B3%E6%9F%93%E5%8A%9B%E5%86%8D%E5%8D%87%E7%B4%9A-022339501.html

70% 的國家或地區即逕行全面解禁，然而，即使打完兩劑、甚而三劑疫苗，對病毒的突破性感染（breakthrough infection）仍防不勝防！[28]再者，各國或地區政府亦不斷地呼籲，即使打完二至三劑疫苗，仍不能鬆懈一般的防控疫措施，如戴口罩、勤洗手、儘量避免群聚等等，而即使解除了口罩禁令，勤洗手、進入密閉式場所仍須戴口罩等等措施仍不能輕忽。可是，這些國家或地區的人們似乎不以為意，認為疫苗即足以保護他們，讓自己回復以往的「正常生活」。殊不知，再強大的武器（疫苗）仍有其缺憾處，病毒悄悄地在人們間滋長變異中。兩千多年前，戰國時代的墨家，科學（技）昌明[29]，所發明之武器及戰術、戰略，當時代無出其右者。可是，墨家團體之所以能成為當時代一足以撥亂反正之力量，卻非在於其強大武力用以對抗天下，卻是墨子發覺天下的紛亂起自於人們最虛弱的那一塊，即有所「別」而表現出來的「不相愛」，因而提倡「兼愛」（兼以易別）。兼愛使得墨家團體內每一成員在彼此互惠的情況下，凝聚在一起，團結一致，再逐漸推擴出去，融合天下人，營造一幸福天下。

另一方面，前文亦有論及，疫苗的分配不均，造成貧困國家或地區的人民無疫苗可打，而富裕國家或地區卻在浪費，在墨家看來，嚴重違反正義（為天下人謀福利）、效用（用不可不節）、互惠（投我以桃，報之以李）等原則。再者，強迫不願施打疫苗的人接種疫苗，形成尊重（嚴以律己，寬以待人）、自由（強力破命）與團結（尚同）等原則的衝突，而依墨家所提倫理原則衝突下的權衡，可由兩個面向來說明。

28　早安健康（2021-9-14）打兩劑疫苗還確診！醫：3種人是突破性感染高危險群，風險達5倍：https://www.edh.tw/article/28616
　　元氣網（2021-9-30）打第三劑就能避免突破性感染嗎。研究曝有無接種疫苗風險差異：https://health.udn.com/health/story/120951/5781962
29　參閱：蕭宏恩（2017）。〈墨家之科技思想及其科技〉，《通識在線》，72：40-45。

　　一者，對於律己甚嚴，待人以寬的人來說，不願施打疫苗必有其考量，斷不致任性而為，依循著疫苗產出前的防疫措施（陳執，強力破命），小心謹慎地照顧好自身的健康，亦不致影響到他人。基本上，這是極為「正向」的防控疫態度及作為，雖不接種疫苗，好似有違政府（在上者）政策、法令（團結原則），但實際上，由上文所言新冠病毒的不斷變異以及疫苗的限度，這是最好的防控疫。

　　另者，關於那些我行我素，完全不顧及他人，只想著自己的「自由」（實際上是「放縱」）的人來說，以法令逼迫其接種疫苗並沒有倫理原則衝突的問題。

　　然而，一項政策、法令的施行乃無所分別的適用於「每一個人」，如此，顯然在這裡首要考量的倫理原則即為「團結原則」。由之，依照墨家所提之「權」與「求」，以及依天志所指有利於天下人為判準，依政府政策、法令強迫每一個人接種疫苗，正是符合「利之中取大，害之中取小」之原則，且符合社群之利益。

二、防控疫策略

　　接種疫苗利多於弊，固然可以倚賴，但根本的防控疫更是不但不能輕忽，反而當更加謹慎實施，否則疫情恐怕會在不經意間反彈再爆發。依據雷瑞鵬與邱仁宗（2020）所提，一般而言，防控疫策略有三種，即：消除性、抑制性或減緩性、以及放任性策略。以下筆者結合《指南》提出之七項倫理原則，針對新冠疫情加以說明。

（一）消除性策略

　　新冠病毒僅能在人體內生存和繁殖[30]，在人體外存活時間不長[31]（但仍有威脅性，不得輕忽），因此，「消除性策略（elimination strategy）的目標是阻隔病毒與人的接觸，切斷病毒的傳播鏈，最終迫使病毒死亡。」（雷瑞鵬、邱仁宗，2020）此策略是通過強硬措施的採取，如：封城封國、廣泛的檢測和接觸追蹤、關閉公共場所並禁止聚會、禁止旅行、強制性社交距離和戴口罩等等，以弭平新冠病毒的感染，至少達至可控制之範圍。此策略之優點爲：減少感染、住院、死亡人數，可使經濟復甦、社會生活早日恢復。缺點在於：由於不得不停市停業，迫使許多人失業，社會生活及經濟運作受到相當的抑制，相對付出的代價可能比較大；亦可能因輸入病例增多或無症狀感染者數量增大而再次爆發。但由於這種策略使患病和死亡人數大爲減少，因此更容易復工復業復市復學，恢復日常生活及經濟運作。（雷瑞鵬、邱仁宗，2020）有國家認爲此種策略有違人權，而雷瑞鵬與邱仁宗指出：「在人權和人留（human right vs human left）這一兩分法中，如果人都留不下來還談什麼人權呢？唯有人留下來才有人權可言。這就涉及到公共衛生中一個基本的倫理問題：當一個人所屬人群（包括這個人本身）的健康和生命受到威脅時，暫時地、適度地限制這個人的自由和權利，是完全能夠得到倫理學的辯護的。」（2020）就墨家的觀點而言，消除性策略雖然可能與尊重及自由原則相牴觸，但此策略是符合行善以及團結原則，且就整體客觀情勢看來，行善以及團結原則於此應該是首要被考量的倫理原則，因爲個人做好自身的安全防護，不但保護自己也

---

[30] 傳言新冠病毒來自於動物，動物亦可能感染新冠肺炎，但至今尚未得到科學證實。

[31] 健康2.0（2021-6-1）病毒可在物體表面可存活9天？醫師提醒「這件事」傳染風險更高！https://health.tvbs.com.tw/medical/328332

保護他人，不歧視且彼此扶持，就是最起碼的「為義」。再者，能配合公共衛生政策及醫療措施，才能達成共識，團結一致、上下一心，共同防控疫情的擴散。雖然這是一種強制性策略，但新冠病毒的可怕，只要有極少部分人的疏失，即可能導致大規模的災難。權衡的結果，消除性策略的確是具正向且符合大眾利益之策略。由國際上之實例即可見，中國大陸及紐西蘭在疫情的起始即採用此策略，有相當好的效果，後國際各個國家或地區紛紛起而仿效。（雷瑞鵬、邱仁宗，2020）

（二）抑制性或減緩性策略

抑制性或減緩性策略（suppression or mitigation strategy）是指，政府採取一些建議性的限制性措施，如：提倡自願戴口罩、自願保持社交距離、自願家庭隔離等等，但並不強制嚴格執行，希望藉由民眾自身自動自發的防控疫行為，逐步減少感染人數以減輕醫療壓力，一旦感染人數減低到某種程度，就逐步放鬆限制性措施，恢復正常生活。此策略之優點為：社會生活不會受到太大影響、公眾容易接受、經濟損失較小等等。而缺點在於：如果遷就公眾錯誤的陳舊觀念，不嚴格執行戴口罩、保持社交距離、禁止聚會等等措施，患病率和死亡率就會激增，並容易復發。（雷瑞鵬、邱仁宗，2020）以墨家的觀點看來，抑制性或減緩性策略縱使似乎符合行善、尊重及自由原則，卻有違效用及團結原則，因為，新冠病毒傳播、感染力極強，只要有極少部分人的疏忽，即可能導致大規模的災難。因此，於此考量的首要原則應該是效用及團結原則，那麼，權衡的結果，抑制性或減緩性策略並不符合大眾之利益。由國際上之實例來看，新加坡採此策略防控疫情，剛開始的確有相當成效，可是不消多少時日，可能是因為民眾有些倦怠而放鬆了，疫情突然大爆發，迫使新加坡政府不得不收緊防控疫措，實施消除性策略方才使得疫情獲致緩解。（雷瑞鵬、邱仁宗，2020）

（三）放任性策略

放任性策略（laissez-faire strategy）亦稱「自然群體免疫策略」（natural herd immunity 或 natural community immunity），即所謂的「佛系防疫」。此策略之思路為：「當人口中有足夠比例的人感染特定病毒並擁有免疫力，就會延遲或阻止疾病傳播，保護高危個體。通過自然感染可以產生免疫力，使身體對病原體產生免疫反應。」然而，此策略必須通過個體染病後來產生免疫力，以致未來不致感染，或者是使用人工免疫接種，將處於某種狀態的病原體導入體內，使接種者不致染病，而仍能使個體產生免疫力，對未來的感染產生免疫保護反應。（雷瑞鵬、邱仁宗，2020）但是，需要多少百分比的人口染疫（甚至死亡）才能形成群體免疫？依據研究統計，大概需要 60% 的人口染疫痊癒之後，方有可能形成群體免疫。如果就以新冠肺炎死亡率 2% 來算，會造成 1.2% 的人口死亡。就以英國來說，英國人口數 6722 萬（2020 年），如果需要 60% 的人感染新冠病毒，即為 4033 萬，再以 2% 的死亡率算來，則需有 81 萬人死亡的代價才能換來群體免疫。這樣一個數字的「犧牲」是令人難以承受的，況且，所換來的群體免疫到底能維繫多久？也是未知！就國際上看來，英國、美國、瑞典等國家疫情剛開始的佛系防疫終歸難以繼續，不得不朝向消除性策略看齊。（雷瑞鵬、邱仁宗，2020）但是，英國並未因此而得到教訓，2021 年 7 月 19 日，英國政府自行認為憑藉著 80% 的人口已接種第一劑，尚有許多人未接種第二劑疫苗的情況下，宣布全面解禁，重回佛系但較偏向抑制性或減緩性策略的實施，令許多專家擔憂不已！[32]果不其然，2021

---

[32] The News Lens關鍵評論（2021-7-19）英國悍然面對COVID-19「散場波」，7/19解封啟動大型人類自然實驗：https://www.thenewslens.com/article/153815
蘋果新聞網（2021-8-20）英國防疫解禁滿月結果如何？每天平均死90人800人住院：https://tw.appledaily.com/international/20210820/GMELS5KBORCAHCKZSPZRQS36XM/

年 10 月英國疫情再爆發，迫使英國政府不得不再次反省，思考防控疫策略。[33]就墨家的眼光，放任性策略似乎符合行善、尊重、自由、團結等原則，而僅僅違反效用原則，但實際上，此策略如其名，根本是放縱、不負責任的措施，看似在防控疫，卻要犧牲數十至上百萬（如果以美國人口 3.295 億來算的話），完全未顧及人民之生命，即使存活下來的人，也必定得不到適宜的生活。如此，實在很難說放任性策略符合行善、尊重、自由、團結等原則，亦無法符合正義原則，更遑論互惠原則了。

由以上的討論，不難見得，從新冠疫情而至後疫情時代，除了疫苗之外，最重要的就是防控疫策略的實施，而只有消除性策略才是真正有效的防控疫策略。在此策略之下，人民遵循政府措施，才能真正做好防控疫，享有正常的社會生活及經濟發展。

伍、結語：照護因新冠疫情而出現的弱勢者

墨家「兼愛」強調無差等地愛每一個人，可是，於此新冠疫情且可能即將進入後疫情時代的當兒，有一群因疫情而出現的弱勢者，也一直被人們所忽略。筆者以為，這些弱勢者有三種，即：無（充足）疫苗接種之國家或地區人民，染疫治癒後之產生後遺症之患者的治療與療癒，以及因罹患重症或慢性病而不適宜、甚而無法接種疫苗者。前二者於前文已有所論述，第三者，也是人數最少，鮮為人所提及者，可分為兩種情況來說：

---

[33] BBC NEWS｜中文（2021-10-12）新冠疫情：英國防疫政策「公共衛生嚴重失誤」 評估報告的四個看點：https://www.bbc.com/zhongwen/trad/uk-58883519

其一，身罹重症或慢性病暫時不適宜接種疫苗的患者。這種情況較為單純，只要好好調理身體，待身體狀況經醫師認可後，即可進行疫苗的施打。

其二，罹患非實體癌症，如：淋巴癌、血癌等病人，不適宜接種新冠疫苗，[34]雖然有專家（醫師）認為在某種條件下，仍鼓勵此等病人接種疫苗[35]，只是，面對此等重症病人的評估困難，且接種疫苗後的情況更難以估量及掌握，一般醫師，尤其是病人的主治醫師，仍建議不施打疫苗較好，甚至有主治醫師建議病人自身小心防疫，等待群體免疫的到來。[36]然而，依照目前新冠病毒的不斷變異，而且確診治癒後又再次確診之案例不斷出現，「群體免疫」似乎遙遙無期！[37]

---

[34] 大紀元——健康1+1（2021-3-20）癌症病人能打新冠疫苗嗎？醫師：一類癌症要謹慎：https://www.epochtimes.com/b5/21/3/18/n12818954.htm

[35] 康健（2021-5-31）癌症病人可打新冠疫苗嗎？醫：要，唯有一種狀況要討論：https://www.com-monhealth.com.tw/article/84348

[36] 蘋果新聞網（2021-8-20）獨家｜動靜樂團主唱罹血癌每兩周入院檢查　頸部穿刺驗血不打疫苗苦等「群體免疫」：https://tw.appledaily.com/entertainment/20210820/F5PXQ34N-Z5GLJGUGQQK2J4KCH4/

[37] BBC NEWS｜中文（2020-10-13）新冠肺炎：美國患者二次感染後症狀更重　群體免疫說再受質疑：https://www.bbc.com/zhongwen/trad/world-54521340

參考文獻

方旭東（2021a）。〈後疫時代與人工智能應用的倫理思考〉。范瑞平、張穎編著，《大疫當前——建構中國生命倫理學》，67-83。香港：香港城市大學。

李賢中導讀、題解（2020）。《墨子》（上）、（下）。臺北：五南圖書。

李賢中（2003a）。《墨學：理論與方法》。臺北：揚智文化。

李漁叔註譯（2002）。《墨子今註今譯》。臺北：臺灣商務印書館。

吳進安（2003b）。《墨家哲學》。臺北：五南圖書。

張穎（2021b）。〈新冠瘟疫蔓延時的「知情同意」——原則與情境的博弈〉，范瑞平、張穎（編著），《大疫當前——建構中國生命倫理學》，87-102。香港：香港城市大學。

蕭宏恩（2004）。《醫事倫理新論》。臺北：五南圖書。

雷瑞鵬、邱仁宗（2020）。〈防控新冠疫情的倫理和政策問題〉，2020年2月11日。《科學與社會》，楊叔子、曹效業主編，第10卷。http://www.xml-data.cn/KXYSH/html/86be0301-72ae-47d6-9d05-09823ef4c128.htm

墨子。中國哲學書電子化計劃：https://ctext.org/mozi/zh

科技應用對社會生態的影響

人工智慧系統應該內建倫理嗎？
人工道德行為者之探討

甘偵蓉

國立清華大學動力機械工程學系副研究學者

摘　要

　　為確保人工智慧（artificial intelligence，簡稱 AI）在涉及人類生命等重大事項上的決策是安全的，或輔助與引導人類能做出更佳決策，越來越多人倡議 AI 系統應該要內建倫理，而內建倫理的 AI 系統可稱為人工道德行為者（artificial moral agents, AMAs）。本文在第一節先說明 AMAs 這個議題的重要性之後，第二節則檢視目前主要支持 AMAs 的倫理行為進路之文獻，並指出這種進路的消極與積極論述有哪些問題，以及最重要地是沒有提供確保 AMAs 一定產出倫理決策的規範論述。接著本文在第三節藉由重新反省人類做倫理決策的特徵後，提供研發 AMAs 如何可能的規範說明，企圖以非行為進路來說明 AMAs 研發如何是可能的。第四節則檢視 AMAs 不應該研發的二類主張，並指出 AMAs 即使應該研發，既不意味我們應該賦予它們道德地位，也不意味 AMAs 應該加入人類的倫理價值體系而讓人類對它們承擔道德責任。不過，對於能做出道德行為的 AMAs 是否應該承擔道德責任，本文則主張 AMAs 雖然應該承擔可歸因的責任，但只有人類應該承擔道德責任。

關鍵字：人工智慧、人工道德行為者、倫理行為進路、倫理決策、道德責任

壹、人工智慧行為者的議題重要性

目前有關人工智能（artificial intelligence，以下簡稱 AI）或機器人（robot）的倫理行為規範研究，主要可分為兩大類（Winfield，2019）。一是針對 AI 或機器人的研發、製造、使用者所涉及的行為規範，通常稱為 AI 或機器人倫理學（AI or robot ethics）。舉凡近年各種層級、國家或商業組織所公布的 AI 倫理準則（ethical guidelines），基本上皆可歸屬這類，而此類倫理規範出現背後可說基於一種直覺且流行看法：人類終究必須為所製造的 AI 這種科技人造物負責，不應推諉給 AI 負責，也就是電機電子工程師學會（Institute of Electrical and Electronics Engineers，簡稱 IEEE）所倡議的「符合倫理的設計」（ethically-aligned design）。

另一種則是針對 AI 或機器人的系統／機器本身如何內建倫理的討論，通常稱為機器倫理學（machine ethics）。拜 AI 軟硬體相關技術進步之賜，機器倫理學近十幾年逐漸熱門起來，但早在三十幾年前如 MIT Media Lab 研發機器人開始，其實就有如何讓機器人表達情緒、情感甚至倫理行為的資訊工程、認知心理學、哲學[1]等研究。更別提科幻小說家艾希莫夫在 1950 年所提出著名的機器人三大法則、2016 年歐洲議會擬訂的機器人民法規則草案、2017 年阿西洛馬人工智慧原則部分條文，都算是針對 AI 或機器人的倫理規範。因此，機器倫理學的「機器」是廣義用法，可以指機器（machine）、機器人（robot）或是作業系統（system），內建其中的程式則可以是預設固定，也可以是有一定程度自主學習且能隨外在環境適當調整的演算法。

AI 與過往新興科技的主要差異在於，它作為執行預先設定的目標導

---

[1] 相關哲學的探討，過去多偏向心靈與自我意識等相關主題的心靈哲學，倫理學方面較為少見。

向（goal-directed）系統，不但能計算、推論及選擇達成目標的最佳化路徑，且能根據外在環境變化、輸入資訊差異或是與人互動結果來調整後續行為表現。[2]換言之，AI 不只是執行預先寫入的程式，而是有一定程度的自主判斷及決策能力，且其決策結果總是展現出達成（預定）目標的最佳化。這使得越來越多人認為，既然 AI 的決策結果並無法事先被人類所完全掌控及預測，那麼光是要求 AI 研發與使用等所有利益關係人（stake-holders）皆遵守倫理似乎不夠，如何確保AI的決策結果總是符合倫理，或至少不傷害人類且安全，也就是能作為人工道德行為者（artificial moral agents，簡稱 AMAs），而不僅是理性的行為者（rational agents）而已。[3]

但對於 AMAs 的探究，也不只涉及技術研發，還涉及相關概念的釐清。在哲學上，通常只有人能作為道德[4]主體（moral agents）[5]，因為主體性（agency）蘊含了當事者能依照其自主意願進行思慮、判斷、決策、

2　請參考歐盟AI高階專家群於2019年提出的AI定義（High-Level Expert Group on Artificial Intel-ligence [AI HLEG], 2019a: 6），以及筆者與許漢在2020年文章中對該定義所做的整理如下：「AI 是在『人類設計的軟體（或兼具硬體）系統』這個框架下，不論是採取機器學習、機器推論、還是機器人技術，都能以下列程序達成研發團隊給定的目標：(1)能知覺環境或解釋（非）結構化的資料，(2)做知識推論或訊息處理，(3)決定達到目標的最佳行動，(4)以符號規則、學習數字模型、或先前與環境互動結果來調整後續行為。簡言之，AI就是執行人類所給定的目標導向（goal-directed）系統，但不同演算法會決定它在達成目標上有多少的自主決策空間」（甘偵蓉、許漢，2020：頁238）。

3　當代人工智能的開發主要是以能達到行為/表現最佳化（預定）結果的rational agent為主軸，請參見Russell & Norvig說明（2016：p. 7）。

4　在哲學上討論行為規範通常使用「道德」（morality）一詞，應用倫理學或其他研究領域則使用「倫理」（ethics）一詞，而在AI或Robot此領域相關議題的英文文獻，這兩詞則多被視為同義，互換使用，甚至不因為筆者是哲學背景就有所區分，因此本計畫以下論述亦將這兩詞的中、英文皆視為同義詞。

5　哲學上通常將agent 翻譯成主體，agency翻譯成主體性，主要是因為這兩個詞不論是依據哪種哲學理論，基本上都是指擁有自主性的人類，而這種自主性基本上蘊含了要有意識及意向性的存在，但這與目前AI或AMAs研究領域者是將「看起來」能做決策判斷者稱為agent顯然不同，因此筆者認為將AMAs中文翻譯成「人工道德行為者」會比較合適。

以及採取行動。但這麼一來，似乎無可避免得預設意識及意向性（intentionality）的存在。不僅如此，當人在做倫理推論與決策時，還必須敏於察覺所處情境的道德相關因素，並評估該因素所提供的理由或類比過往經驗後，進而採取適合該情境的倫理回應。而這意味 AI 若要有資格被稱為 AMAs，似乎就得表現出像人一樣能做倫理的推理與決策。

但 AI 有可能像人一樣做倫理的推理與決策嗎？若以哲學目前多數論述，對於這個問題的回答幾乎是否定的。AI 的表現或行為，說穿了就是將所接受的資訊輸入系統後，進行判斷、比對、分類、分析、歸納或推導，然後產出結果。所以對 AI 技術研發人員來說，思考如何研發 AMAs 的問題或許是：**如何設計演算法並建立適當的模型，以確保 AI 每次的任務執行或結果產出都符合倫理**，簡言之，就是透過演算法讓 AI 模擬人類做決策，而不預設 AI 有無可能擁有意識或意向性（Cave et al.，2019）。

所以，我們即使不確定 AI 未來有無可能擁有意識、意向性、倫理敏感度等（涉及哲學形上學問題），也不確定是否知道 AI 能夠擁有這些特徵或能力等（涉及哲學知識論問題），仍然可以有意義的提問：**AI 如何彷彿（as if）在做倫理的推理與決策**（涉及哲學倫理學與心理學問題）？AMA 究竟能否像人一樣真正在做倫理推論與決策，還是彷彿在做而已，人類或許永遠不知道，但我們仍可將 **AMAs 視為「彷彿在做倫理的推理與決策」這種弱意義下的倫理行為者**（Winfield et al., 2019；Wallach, 2007，pp. 463-75；Allen & Wallach，2011，pp. 55-68）。

若以這個角度來看，AMAs 研發不一定是為了設計會做倫理行為這種獨特功能的 AI，也不一定是想研發人工的倫理學專家，而是所有 AI 某程度上都應該是 AMAs，或至少都擁有這類「性格」特質或傾向，便是探究 AMAs 很重要的理由，也是機器倫理學的研究目標及期待。儘管在資訊工

程或機器人研發領域，AMAs 尚處於理論建構或初步嘗試階段，[6]頂多只能視為執行有限的倫理行為之自動系統或機器人，距離機器倫理學所討論的 AMAs 還頗遙遠。

不過此處有二項釐清。首先，所謂 AI 彷彿在做倫理的推理與決策，不一定是指如人一樣可回應各式各樣倫理情境之一般性的 AI（artificial general intelligence，簡稱 AGI），可以只是指目前只具特定功能或只應用在特定領域的 AI（artificial narrow intelligence，簡稱 ANI），像是自駕車或照護 AI 等。

其次，所謂推理與決策結果是「倫理的」相當廣義，像是避免傷害且安全的、沒錯且可接受的、正確的、善的或值得讚賞的等，可從決策結果對人類所造成的影響而有程度之別，並不是只有倫理的與不倫理的兩種區分。而釐清 AMAs 除了可以是指研發倫理的 AGI 之外，也可以指研發倫理的 ANI，還有它們的行為表現被評價為倫理的可能蘊含多種意義，將會對於後續討論研發 AMAs 如果可能以及應該研發是在什麼意義上談論有所影響。

目前有關 AMAs 的文獻討論，大致可區分成二大類的問題探討：

一、有無可能研發 AMAs（或 AI 有無可能學會倫理決策）？

二、人類應否研發 AMAs（或 AI 是否應該內建倫理或學習倫理）？

一般來說，有責任或義務做某事蘊含了有能力去做（ought implies can），[7]因此，本文以下將先探討文獻中有關主張研發 AMAs 是可能的

6　如現在的自駕車設計，或是早期由MIT Media Lab研發的情感社交機器人Kismet(1990)，或是近十幾年將相關概念付諸實現的AI系統或機器人，如Anderson & Anderson (2005、2007、2015)、Winfield et. al. (2014、2019)、Riedl & Harrison(2015)、Wearable Affective Robot(2015)等。建議參考Cervantes, J., López, S., Rodríguez, L.等人對於當代研發AMA的技術分類（2020）。

7　有關ought implies can的簡要介紹，以及相關支持與批評文獻資源，建議參考PhilPapers網站https://philpapers.org/browse/ought-implies-can。

論述。首先是檢視目前佔主流論述地位的「倫理行為進路」（the ethical behavioral approach），並指出以此進路說明研發 AMAs 是可能的雖然直覺，但或者丐題（消極說明），或者疏忽設定倫理而非中性化目標對於倫理推論與決策的重要性（積極說明），以至於根據此進路不足以說服我們研發 AMAs 是可能的。儘管這不等於說，研發 AMAs 是不可能的，反而透過這項檢視，本文試圖提出研發 AMAs 應掌握的規範性之論述。

　　然而研發 AMAs 即便有可能，人類是否應該研發？本文以下將探討文獻中有關反對應該研發 AMAs 者，有的認為我們將期待研發安全的 AI 誤冠上倫理之名，又有的則認為要求 AMAs 承擔道德責任，將會破壞人類的倫理價值體系。但我們應該正視所有自動化系統系統在設計與研發過程中，其實都已內建設計研發者甚至使用者期待的倫理價值在裡面這件事。尤其像 AI 究竟內建了什麼價值來作為自主決策目標，其實應該被公開的檢視與討論，，而非目前常以科技是價值中立來作掩飾。其次，AI 能做出倫理決策或是彷彿能表現倫理的行為，終究是對於人類道德能力的一種模擬，仿佛像人類一樣有道德能力而已，所以我們如將 AI 純粹視為工具，既無不妥，也不需讓 AI 加入人類的倫理價值體系，以至於人類得對它們額外承擔道德責任。本文主張，反而是那些在 AI 中內建倫理的人類，不論是有意還是無意將倫理價值內建，都應該對於 AI 所展現的道德行為負起責任，因此本文可說仍基於人類中心主義的立場來說明 AI 為何應該內建倫理。

貳、AMAs研發是否可能之探討

一、AMAs定義

目前文獻中有關 AMAs 的說明，最常被引用的就是 Moor（2009）區分四種倫理的機器人／行為者中的顯性倫理行為者：[8]

（一）**倫理影響者（moral impact agents）**：不論相關表現或作為是有意還是無意，有可能產生好或壞的倫理後果。例如電子手錶能提醒主人準時赴約。

（二）**隱性倫理行為者（implicit ethical agents）**：通常是基於安全防護的理由而內建倫理，所採取的作為會符合倫理。但這類機器的性格或德性，已被特定程式或硬體所形塑，故在既定情境下將自動採取一些倫理回應。例如飛機自動駕駛系統、ATM。

（三）**顯性倫理行為者（explicit ethical agents）**：根據倫理的原則或規則採取行動，敏於辨識和處理不同情境中的倫理相關資訊，以採取適當的表現或行動。當倫理原則或規則有衝突時，能夠採取合理的解決方案。目前設計 AMAs 者被視為屬於這種，當然在倫理行為的表現程度上還是可以有程度之別，如做單一決策、倫理評估建議、或是多重決策。

（四）**完全倫理行為者（full ethical agents）**：不只能對各種情境做出倫理的判斷及決策，且能對決策結果提供合理的說明（justification），擁有意識、意向性、自由意志等哲學形上學特徵，例如：成年人。

---

[8] Winfield et al.（2019）在IEEE特刊中指出，所有的AI系統都應該至少成為Moor的隱性倫理行為者，但成為顯性倫理行為者則有許多道德議題尚待解決，必須非常小心，以免造成人類道德世界及責任的混亂。又該特刊幾乎每篇文章都以Moor這四項區分來界定他們所談論的機器人在哪個層次。

　　若從資訊科學裡所謂的代理人（agents）意涵 --- 以電腦程式將環境脈絡與行為表現適當連結的自動化系統，上述 Moor 的前三種區分可被對應如下：低度自動化的代理人、高度自動化但無道德學習能力的代理人（automatic agents）、不只自動化且有一定自主決策能力的道德智慧代理人（moral intelligent agents / moral artificial intelligences）。

　　藉由這樣的對應有助於我們了解在 Moor 的區分下，不論是倫理影響者還是隱性倫理行為者的行為，都是預設完成，只是依據既定的程式在運作。兩者的差異在於，倫理影響者的表現，雖然不是為了符合倫理，但可被倫理評價；隱性倫理行為者的表現，則是符合已預設的倫理規範。至於顯性倫理行為者與他們的最大差異，就是它即便被預先輸入倫理規範，但能自主判斷且修正如何作為才符合倫理，顯性倫理行為者被 Moor 認為是 AMAs 的典範案例（Moor，2009）。

　　此外，顯性倫理行為者所展現的倫理推理及決策能力，或稱為功能性的道德能力，[9]主要是能敏於情境中的倫理相關因素而作推理及決策，屬於依據倫理行事（act from ethics），且儘管不若完全倫理行為者如人類尚能對決策結果提供合理的說明，但也不至於如隱性倫理行為者只是合乎倫理行事（act according to ethics），依據預先內建的程式在運作而已。[10]隱性倫理行為者就是反映開發、設計、製造、使用它的人類之價值取向及決策，但顯性倫理行為者則加上了機器本身的價值取向及決策（Wallach & Allen，2009，pp. 33-6）。

---

[9]　Wallach & Allen（2009）稱擁有智能（intelligent）的AMAs是展現功能性的道德（functional morality），而一般的系統頂多只能展現操作性的道德（operational morality），p. 26。

[10]　Moor在文中是使用act from moral principles與act according to moral principles，但他在該處的說明重點是區分不同自主性的機器人如何產出倫理的表現，並不預設是採取哲學上區分依據倫理原則還是行為後果所做出的決策，也不預設是採取計算理論中的符號模型進路（symbolic approach）還是連接模型進路（connectionist approach）。為避免誤解，我將moral principles以ethics取代。

　　目前不論是機器人還是 AI 領域的 AMAs 技術開發，都僅能在相當有限或特定事項上給予自主決策空間，如遇倫理原則衝突或兩難情境，則回報開發的人類團隊來處理，基本上只能視為有限的顯性倫理行為者（Sharkey，2017；Winfield et. al.，2019；Cervantes et. al.，2020）。[11]

　　我們透過 Moor 對於倫理行為者的分類，可看到機器自主決策能力與倫理的關係：倫理影響者及隱性倫理行為者基本上都無自主決策能力，不論是其運作所獲得的倫理評價，還是產出倫理的運作結果，都是預設及內建；但顯性倫理行為者及完全倫理行為者則不但都有自主決策的能力，且能依據倫理來做推論及決策。

　　然而，Moor 的分類沒有說明以下兩件事情：一是為何依據倫理行事就能確保決策結果一定符合倫理（如顯性倫理行為者）？另一是再簡單甚至無自動化的機器也多有內建倫理而不只是被動接受倫理評價（如倫理影響者）。

　　Moor 沒有說明的第一件事，也就是預設輸入倫理就能產出倫理，使得爾後許多引用其分類說明 AMA 或主張 AMA 如何可能研發成功者，也多接受他的這項筆者稱為 AMAs 的「倫理行為進路」之預設：凡是輸入倫理相關元素如規則、案例、文獻等，就能確保倫理結果的產出，若未如預期的話，只是演算法未適當設計等技術問題待解決。但筆者認為 AI 採取這種進路並無法確保產出倫理的決策結果，理由將在以下第（二）節檢討倫理行為進路之後於第三節說明。

　　至於 Moor 在分類中沒有說明的第二件事，主要與人類是否應該研發 AMAs 的討論有關。儘管他的分類重點主要放在 AI 或機器人未來有可能

11　請同時參考註釋6。

成為顯性倫理行為者，但此分類有可能讓人們誤以為，相關倫理考量與爭議主要是針對那些有自主決策能力的機器，而輕忽不論有無自主決策能力還是有無自動化設計的科技物，基本上都有內建倫理的要求。此部分將在討論 AMAs 是否應該內建倫理的第四節中再詳細說明。

二、以倫理行為進路支持AMA論述

目前支持 AMAs 可能被研發出來的論述幾乎都採取倫理行為進路，而以這種進路說明又可分為消極與積極的回應。所謂消極的回應是指出 AMAs 儘管缺乏構成人類倫理決策能力的某些要素，但為何不影響 AMAs 的決策仍是倫理的；而積極的回應則是提供研發 AMAs 的概念架構，以說明 AMAs 為何有可能被實現出來。以下將分別簡介這兩種回應方式及優缺。

（一）消極說明

首先，有關 AMA 如何表現倫理決策能力的消極說明，又可區分成回應「人與機器的根本差別」以及「倫理決策能力」等二種批評。

第一種有關人與機器的根本差別之批評，是指許多人直覺認為機器即使內建人工智能系統，似乎也很難有人的意向性（intentionality），更不確定是否有意識與自由意志，因此研發 AMAs 不可能。但 AMAs 支持者認為這項批評是沒有意義的，[12]因為當他們問 AMAs 如何彷彿有倫理決策能力時，就已不預設也不期待 AMAs 需要與人有同樣的生物構造、心靈狀態或是倫理決策程序。甚至支持者可大方承認一切都只是演算法模擬而已，但重點只要能產出與人一樣好的倫理決策或對的結果即可，也就是模

---

[12] Wallach & Allen（2009）便指出John Searle的中文房間思想實驗，不論對於電腦科學家還是採取實際應用路線探討機器人如何表現倫理者來說，都不構成什麼影響（pp. 57-8）。

擬到無法辨識，如同通過「道德圖靈測試」（Wallach & Allen，2009，p. 36）即可。甚至，我們在日常生活中如果對科技人造物採取擬人化，或是採取 Daniel Dennett 所謂意向性的立場（the intentional stance）（Dennett，1987、1998），亦有助於我們掌握這些人造物的功能（Moor，2009）。

　　第二種有關倫理決策能力的批評是指，目前哲學及心理學界多承認能夠察覺他人痛苦或愉悅的知覺能力（sentience）、對他人需求的情緒知覺能力（emotional awareness）、感受他人喜怒哀樂及處境的同理心（empathy）、甚至行為者本身的情緒等，都是倫理決策很重要的構成元素，這麼一來，AI 以規則推論或數學統計作為基礎，研發 AMAs 就不可能。但如同批評 AMA 沒有意向性的回應策略，AMAs 支持者認為 AMAs 若能夠做出像人一樣的倫理決策，就算沒有上述有關知覺、感受等能力或情感又如何？再者，目前尚無人斷言 AMAs 作為一種「物理符號系統」（Wallach & Allen，2009，p. 56）不可能憑藉攝錄像設備及雲端資料庫等，一切可被轉換為計算資訊後所產出的結果，就彷彿有知覺與感受能力，甚至彷彿帶著情緒。事實上這正是近四、五十年來許多機器人製造實驗室以及認知心理學家們所努力的方向。所以，若有人認為機器人表情不夠自然、情緒知覺能力不夠敏銳，會不會只是資訊處理速度不夠快、演算法設計不夠好、硬體設備待提升等等？換言之，當軟體程式及硬體設備都進展到一定程度，AMAs 就有可能被研發出來，如同 2018 年 AlphaZero 看似橫空出世一樣。甚至，人容易受到情緒干擾去做不理性的行為，此時沒有情緒的 AMA 反而有優勢，誰說不能有像天使或倫理專家的 AI（Moor，2009；Anderson，2011、2015）？

　　但 AMAs 行為進路支持者以上二項回應批評，都犯了二項共同缺點。第一項缺點是，倫理行為進路支持者都迴避了問題本身，有丐題之嫌，因為我們想知道那些缺乏倫理決策能力等構成要素的 AMAs，在輸入倫

理相關要素後，如何能確保決策結果是倫理的？但行為進路支持者上述
為 AMAs 的辯護，卻只是預設 AMAs 的倫理決策表現「如果」能與人一
樣好，那麼我們就不要管像人類做倫理決策所需的那些物體（entity）、
構成要素、產出程序或方式等，也許它們就是擁有與人類不一樣的內在
能力。[13]

　　第二項缺點則是，AMA 行為進路支持者都預設了資訊計算有可能模
擬人類的倫理判斷、推理與決策。當然此處亦非斷言不可能。若從人工智
能的發展歷史，似乎樂觀期待，但若從人類基因定序的歷史來看，似乎
又太樂觀？但無論如何這是經驗證據問題，在目前沒有足夠強的經驗案例
出現之前，逕自將這項預設視為不證自明，反而阻礙我們檢視目前支持
AMAs 論述是否有盲點。

（二）積極說明

　　AMAs 行為進路支持者的積極說明，便是提供如何將倫理內建於人工
智能系統的概念架構。其中，Wallach & Allen（2009，Ch6~8）的倫理學
習架構最常被引用：

1. **上至下的架構：**輸入特定的規範倫理學理論，如義務論、效益主義、W.
   D. 羅斯的初步義務（prima facie duty）理論等，好讓系統依據特定理
   論的行為對錯標準學習案例或倫理情境判斷。這項架構的優點是，規
   則清楚且明確，缺點是單一倫理理論將面臨倫理原則衝突的兩難，而
   依據不同倫理理論所做的決策又常有衝突。

---

[13] 以這種丐題方式支持AMAs是可能成立的論述，直至今日仍相當常見，例如John Danaher說：「如
果道德心理學家Jonathan Haidt主張人是在情感和潛意識先做出倫理選擇後才有行為表現的說法為
真，那麼AMAs的外顯行為如（幾乎）符合倫理，便表示AMAs必定有辨識及回應倫理相關因素的
能力」（2019a、2019b）。

2. **下至上的架構：**輸入大量日常生活的倫理情境資料，好讓系統不斷從選擇結果被評價對、錯、善、惡、讚揚、譴責等倫理價值的過程中，逐漸發展出能掌握行為規範的倫理敏感度。這項架構的優點是，可學習多數人是如何做倫理決策，缺點則是多數人的倫理決策不一定對，反而常有偏見或歧視。

3. **合併架構：**就是綜合前二種，只輸入基本或核心的倫理原則，像是不殺人、不傷害、善益、獲得最多福祉等，再輔以大量的倫理情境及案例做判斷及學習，以便系統逐漸精熟倫理原則如何應用。這項架構的優點是，如同亞里斯多德的德性倫理學，最有可能成為倫理決策專家，但缺點是尚無法確保機器人在案例學習的過程中不會逕自改掉核心原則，而逐漸與下至上的架構無異。[14]

　　這三種道德學習架構迄今都有機器人或 AI 技術團隊在努力研發中，[15]此處省略不談，但這類探討學習架構的方法，基本上都是描述性的而非規範性的：前者旨在說明人類如何做倫理決策，後者旨在說明倫理決策應該如何做出來。Susan L. Anderson & Michael Anderson 正是以描述性的倫理建置 AMAs 的典型案例（2005、2006、2007、2008、2011、2015）。他們根據 W. D. Ross 的初步義務理論，分別建置了互動式醫學倫理專家諮詢系統 MedEthEx，以及能提醒病人用藥的機器人 EthEl。主要建置方法就是讓計算系統學習幾項核心的道德原則，再提供系統學習經由醫學倫理學專家所確認過應該依據哪些原則來做決策的案例，所以系統只會學習已有明確決策的案例，如遇新的案例有原則衝突的情況或該如何

---

[14] 但Wallach & Allen（2009）還是最看好這個架構未來的可實現性，請參考該書Ch8。

[15] 建議參看Amanda Sharkey（2017）的清楚整理，以及Cervantes等人（2020）以技術來區分AMA類型。

決策不是那麼明確，則必須回報給人類來做判斷（2015，pp. 67-7）。[16]

Susan L. Anderson 一再強調，系統只應在有限的範圍內做特定事項的決策，正如他們對於前述兩種系統的設計，人類不應該把倫理困難的情境或決策不明確的案例逕自交給系統決定（2011，pp. 167；2015，pp. 74）。然而，這種以描述性的倫理所做的 AMAs 經驗研究，即便能做出貼近一般人決策的 AMAs，也不表示該 AMA 所做的決策都是正確或倫理的（Gordon，2019）。

上述研發 AMAs 的思考方式，也是典型以倫理行為進路在思考 AMAs 為何可能。這種思考方式是以如何達成目的之手段在設計 AMAs，屬於純粹工具理性的思考方式。或有人認為不然我們還能期待終究是計算機的人造物能怎麼做？但在哲學倫理學中，常依據康德區分成工具理性以及道德理性的差異：前者純粹思考應該採取什麼手段來達到目的，後者則是思考應該依據什麼倫理原則來採取手段以達到目的。雖然我們不一定要接受康德的區分及說明，但一般都會同意，僅以手段與目的之關係不足以說明倫理決策的特徵。

正如前述指出 Moor 對於倫理行為者的分類缺乏說明，究竟是什麼因素讓顯性倫理者在做自主決策時，能依據倫理行事（act from ethics）而不是合乎倫理行事（act according to ethics）？否則從外觀來看，不論是隱性還是顯性倫理行為者，其運作大致都是輸入倫理相關要素，然後產出倫理結果。而 Moor 也僅以兩種倫理行事差異來標註這兩種倫理行為者在結

---

[16] Anderson夫婦（2005、2007、2015）自認為他們是屬於Wallach & Allen所提出AMAs的第一種道德學習架構，但若考察他們所使用的學習策略，如本文前述，若歸屬第三種學習架構亦可。但或許是他們所輸入的倫理案例已經先經人工篩選，而從文獻中僅能得知篩選出有明確決策的案例，不確定是否也包含在案例中所遵循的倫理規範符合原先輸入的規則排列框架或範圍，以至於他們或許不會遇到上述第三種架構可能改掉原本輸入的倫理規則框架之缺失。

果產出的原因不同，並未進一步釐清該兩種倫理行事究竟有何差異。筆者將在第三節為 Moor 進一步說明，所謂依據倫理行事，其實就是指行為者在判斷如何達成目的時，該目的本身就是符合倫理的而非價值中立，正是如此才能確保決策結果也是倫理的。

此外，AMAs 行為進路支持者常以解決倫理兩難作為如何建立學習架構的評價指標。例如，在說明上至下的架構時，支持者常指出 AI 內建義務論的缺失，可能是無法解決道德原則的衝突情境；或 AI 內建效益主義的缺失則是，可能在面臨倫理兩難時將過度犧牲少數人只為追求整體的瑣碎利益最大化；又或 W. D. 羅斯的初步道德原則（prima facie principles）的缺失是，可能無法解決不同倫理原則在個案中衝突或適用排序的問題。

不論是研發 AI 還是 AMAs，目的若是為了協助人類解決困難及促進福祉，其中或許就包含解決倫理兩難，因此以「最有效解決倫理難題」這項指標來評估哪個 AMAs 建置架構比較可行，或有重要性。然而，（a）有效或能夠解決越多倫理兩難，從來就不是人類評估有無良好倫理決策的好方式；（b）AMAs 能否解決倫理兩難或許不是重點，重點在於是採取什麼方式解決，尤其能否以一般人所接受或理解的方式來解決；（c）倫理兩難如電車問題，除了被用來解釋倫理選擇背後的考量外，也常被用來測試個人的倫理直覺，但不少哲學與心理學家質疑以這種方式來測試人類的倫理直覺並不可靠，所做的決策也可能不穩定（Stich & Tobia，2018），所以若採類似方式訓練及測試 AMA，所訓練出來的 AMA 在一般情境下的決策是否恰當或穩定，不無疑問。

參、以倫理的非行為進路支持AMA的可能性

前面已指出以倫理的行為進路思考 AMAs 有哪些問題，本節擬在回顧 Moor 所留下未解釋的預設後，指出人類做倫理決策的方式可以有二種，而其中一種可以說明 AMAs 如何研發是可能的，且這種說明方式是採取倫理的非行為進路。

一、再探「倫理輸入，倫理輸出」之預設

當 Moor 指出顯性倫理行為者能夠依據而非合乎倫理行事時，關鍵在於顯性倫理行為者有自主的決策能力，而不是如隱性倫理行為者只在執行內建程式。然而，從人類身上就可看到，自主的決策能力本質上並不保證一定產出倫理的結果，就像有些人是自主決定為惡。因此，從「機器擁有倫理的自主決策能力」到「確保倫理結果的產出」，這之間如何可能？Moor 只是預設而未給說明。

這項提問是規範性的，而非技術或描述性的提問。事實上他當時有提到讓機器擁有倫理判斷的最好方式或許是符號模型進路的 good old-fashioned AI（GOFAI），[17]但也不排除可透過訓練類神經網路或遺傳演算法的演化來達成（Moor，2009）。然而這種說明方式是技術的描述或猜測，並沒有指出**為何透過適當的演算法就能確保機器產出的結果一定符合倫理**。畢竟不論是 AI 還是 Moor 自己所提供的顯性倫理行為者，其核心特徵就是有自主決策的空間，以至於所產出的結果本來就無法事先完全預測及掌握。

換言之，隱性倫理行為者只是在執行預定程式，其表現既定且可預

---

[17] GOFAI是指將那些有關倫理決策的資訊選取出來加以編程，然後透過運算那些資訊以產出倫理的判斷（Moor，2009）。

測，因此一旦面臨前所未有的情境，很可能會因無法反應而暫停或當機；但顯性倫理行為者則不同，它將能夠評估所處情境、自身與他人或外在事物的互動反應等，而根據預設目標產出最佳化的結果，並且根據持續接收到回饋或新資訊來調整決策，以確保所有產出的結果都是最佳化。

但從人類學習倫理的經驗我們已經知道，在個人相關倫理品格未養成穩定或成熟前，只依循倫理原則或學習倫理案例，並無法確保產出結果一定是倫理的回應或適合當下的情境。例如，小孩子被教導不應該說謊，當有人問母親對他如何時，不巧前兩日他因為頑皮剛被母親訓斥而不開心，此時他應該如實回答，而讓母親在眾人面顯得尷尬，甚至被懷疑對待小孩不佳，還是不應該如實回答？即便他考量到不說謊原則而認為應該如實回答，但怎麼回答才是合宜的，不因此造成尷尬或誤會，仍然得靠經驗累積，以及敏於對他人態度或反應的拿捏，而這也不保證未來頗熟練如何在現實情境中實踐不說謊原則後，偶爾仍有不恰當的回應或作為出現。

一般來說在不造成嚴重後果的情況下，我們通常能接受人類從倫理生手過渡到熟手（不一定能成為專家）這段期間所做的錯誤或不恰當回應，但這不表示人累同樣接受 AMAs 作為倫理生手的出包。畢竟，誰想要一個運作不成熟的 AI？同樣地，這也不表示人類可以接受 AMAs 在實際應用前經過無多次反覆測試而仿若倫理熟手的情況下仍作出錯誤決策結果。畢竟，我們期待 AMAs 與人類做倫理決策的主要差別，不就在於我們期待 AI 在經過人類事先深思熟慮後所內建的倫理程式，總能確保做出不受情緒影響或是面臨突發狀況便手忙腳亂的正確決策！

二、人類做倫理決策的二種方式

如果我們不希望 AMAs 有生手與熟手之分，且必須確保它所做的決策結果一定是倫理的，這點如何可以辦到？或許哲學上分析人類做倫理決策的兩種方式可以提供一點啟示。

　　首先，人類做倫理決策時，有可能純粹從倫理原則或行為後果來判斷，也有可能從如何向其他社群成員合理說明如此行動的角度在做判斷。若倫理決策只考量倫理原則或行為後果，此時是以「行為者中立的理由」（agent-neutral reasons）在作判斷。例如，我不應該做 X，因為 X 違反 A 倫理原則或將帶來相較其他行為 A 更大惡果。

　　但做倫理決策時，若是以隨時準備向其他社群成員合理說明如此行動的角度在做判斷，此時是以「行為者相關的理由」（agent-relative reasons）在作判斷。例如，我不應該做 X，因為 X 讓我無法向他人合理說明為何如此做，不論無法合理說明是因為自利、違反倫理原則、或是可能帶來惡果等（Darwall，2006，p. 269）。

　　當倫理決策是根據行為者相關的理由在做判斷時，此時預設（a）行為者認知到本身是社群成員之一，（b）行為者是自由理性的思考如何回應同是自由理性的社群成員。正是這兩項預設而讓行為者在思考如何對待他人、回應他人需求、或是採取他人能接受的作為時，一定得將社群成員所能接受的倫理、社會及善惡對錯等行為規範都納入考量。[18]此時，行為者在思考如何採取作為的自主性，其實已蘊含倫理敏感度、倫理推理及倫理判斷等。筆者認為也正是在這個意義下，Moor 的完全倫理行為者（人類）為何是依據倫理行事。

---

[18] 以「行為者相關的理由」分析倫理決策，主要參考Darwall（2006）對於自主性及第二人稱觀點的說明，但未直接使用其「第二人稱觀點」來指稱本文對於道德判斷採取行為路徑的挑戰，是因為他對自主性的說明是放在第二人稱觀點裡面談論，其中不但包含康德對於自主性的說明（他稱為moral autonomy），更包含他在該文中主張自主性作為一種權利、主張或要求（autonomy as a right, claim, or demand，他稱為personal autonomy）。而我認為在說明「行為者相關的理由」時，不需要預設他的前述所有說明才可以理解。

　　反之，當倫理決策是根據行為者中立的理由在做判斷時，行為者是依據有無符合行為善惡對錯、倫理原則、能否帶來整體最大效益等獨立標準在做評估，並沒有將行為者自己準備如何向他人合理說明的考量納入。諸如回應他人需求、採取他人可接受的行動方式等，雖可但不一定要納入評估。此時，行為者的自主性不需要蘊含倫理敏感度、倫理推理及倫理判斷等，尤其，行為者對他人是否有倫理敏感度，將是偶然的。行為者或可被訓練成會將他人需求或他人可接受的作為納入評估，甚至逐漸養成決策的習慣，[19]但這樣並無法確保決策結果一定是倫理的。尤其，當決策結果與善惡對錯的獨立評估標準有所衝突時，行為者就有可能以符合評估標準但他人無法接受的方式做決策。

　　換言之，以行為者中立的理由做倫理決策，只是一位忠於行為善惡對錯標準的行為者—決策的自主性不蘊含倫理的敏感度、推理及判斷，而不是一位運用倫理的自主性做判斷的行為者—決策的自主性蘊含倫理的敏感度、推理及判斷。要成為後者，一定得採取行為者相關的理由做判斷才行。正是在這個意義下，行為者的倫理決策雖符合行為規範（對他人的道德敏感度並非推理及判斷的構成要素），但不是依據倫理行事（對他人的道德敏感度是推理及判斷的構成要素）。所以這種行為者仿佛在執行預設且是獨立於社群成員的倫理行為標準，就如同 Moor 以合乎倫理行事來形容隱性倫理行為者。

　　倫理決策是基於行為者的相關還是中立的理由，在決策的結果上有重大差異：前者保證結果一定是其他社群成員所能接受的作為，後者則未

---

[19] 或許類似有些談論AMAs或機器人倫理學者以「既存的道德生態系統」（an existing moral ecology）來說明機器人應該如何與人互動：機器人在行動過程中會將人類需求納入考量，必須符合人類道德，而人機協作研發者不只訓練機器人，也訓練人類如何與機器人合作。如Wallach & Allen（2009，pp. 61）、Christopher Charles Santos-Lang（2015，pp. 111-30）。

必。又所謂 X 作為是倫理的，如前所述，可能意涵非常廣，但至少應該包含 X 作為能被其他社群成員所合理接受或不能合理拒絕，而非僅只是符合某倫理原則或會帶來相較其他行為更大益處。因此，我們對人類做倫理決策提供如下的規範主張：**以行為者相關的理由做倫理決策，將確保決策結果是倫理的。**

三、以倫理非行為進路設計AMAs

那麼上述有關人類做倫理決策的規範性之主張，將對於思考 AMAs 應該如何研發有何啟示？筆者認為，AI 既然是目標導向的系統，那麼**AMAs 就應該是倫理化目標導向的系統；所謂倫理化目標導向是指，AI 預定達成的目標，需預設為彷彿隨時準備向人類合理說明那樣的目標**，尤其針對那些主要受其決策影響的人，更需設定為彷彿隨時準備向他們合理說明那樣的目標，如此便能確保產出倫理的決策結果。

以倫理化的目標所研發的 AMAs，在輸出目標上得預做倫理價值設定，而不是純粹預設倫理輸入就一定會倫理輸出，這便是本文所謂採取倫理的非行為進路來設計 AMAs 的意涵。儘管以倫理行為進路設計 AMAs 也是目標導向，但這種設計方式不需要對於預定達成目標給予任何倫理價值設定，而是假定事先輸入倫理就會輸出倫理，但本文上述以 Darwall 對人類倫理決策的特色來說明，這種假定是有問題的。

以設計有 AMAs 性格的自駕車為例來說明兩種進路的差異。如以倫理行為進路來評估自駕車所應該內建的倫理模式，過去最常聽到的就是當自駕車遇到電車兩難情境時，究竟應該內建會選擇撞 1 人救 5 人的最大效益原則，還是應該內建將選擇尊重 1 人卻讓 5 人喪命的義務理論？但以倫理化的目標導向所研發的 AMAs 在判斷如何解決此問題時，就不應該以救 1 人還是救 5 人這種將人命作為妥協（trade-off）或代價模式來作為可

預期達成的決策目標，而是會根據避免以犧牲個人作為拯救他人的代價、盡力減少傷亡人數、盡力降低受傷嚴重程度等多重目標的綜合考量下來做出道德最佳化（optimized morally）的倫理決策。

　　或有人質疑有可能設計出綜合這麼多倫理考量的自駕車 AMAs 嗎？這種自駕車在電車兩難情境考慮這麼多因素會不會當機？儘管根據多重目標尋找最佳化結果，在 AI 演算法的設計領域很常見，但倫理情境所需考量的因素如要量化，確實會相當複雜。不過，正因為多數需要倫理判斷與決策的情境或事項，幾乎都不是在 1 或 5 兩個數字之間做選擇如此簡單的思考而已，若 AI 目前或可預期未來在技術上無法克服稍複雜一點的倫理決策，我們就不應該將這類決策交給 AI 來做。而不是為了讓 AI 能決策，或者過度簡化決策目標例如將人命視同可以交易及增減的數字而已，或者過度簡化決策時應納入考量的因素例如只能選擇內建特定或綜合幾項倫理原則／理論。[20]

　　Gordon（2020）便指出，我們不應該期待可依據某種最佳的倫理理論來研發 AMAs，因為在哲學上根本就沒有所謂最佳的倫理理論！尤其最常見的情況是，往往回應某情境的倫理決策是一樣的，但決策理由或所依據的理論並不一樣。這也隱含了 AMAs 研發若不倚賴特定理論，而是依據多元的倫理方法，甚至不輸入特定倫理原則或理論，而是以達成倫理的目標作為決策目標，這樣在解決問題或回應各式倫理情境的決策上，或許還比較能合理期待符合人類的倫理行為表現。

---

[20] Gordon（2020）把沒有哪個倫理理論是最佳的稱為研發 AMAs 在方法學上的證立（justification）問題，而除了文中所述，他還主張將 AMAs 的目標從找出最佳倫理決策改為致力避免不倫理的行為。

肆、AI是否應該內建倫理的探討

在本文一開始有提及，AMAs 即使有可能研發，不表示 AMAs 就應該研發。而當說不應該研發時，至少能區分二種意思：第一種是出於務實考量指出，僅以預防傷害或安全為理由，並不足以支持 AI 應該內建倫理，而是應該直接針對如何避免傷害及提升安全來設計，否則是濫用倫理之名，還讓人們有不切實際的想像，無助於促進人類福祉，還可能耗費太多成本等。第二種則是出於人類中心主義的立場指出，AI 若有能力做倫理決策，不但會弱化人類的倫理決策能力，且人類將面臨倫理兩難情境：人類設計 AMAs 如果主要是為了促進人類福祉，而不是為了創造人類同儕，那麼就是將 AMAs 這類有倫理行為能力者純粹視為工具，而這件事本身在道德上是有問題的；但如果將 AMAs 納入人類倫理價值體系，暫且不論 AMAs 有無能力承擔道德責任，人類卻得對因此對它們承擔道德責任，這樣會讓人類所需承擔的道德責任暴增而難以負荷。所以 Bryson, J. J.（2018）激進地主張：從效益主義及人類自我中心主義可說明，為維持人類的道德規範不被破壞，AI 應該當奴隸（Bryson, 2010），且研發 AMAs 是不道德的。但本文以下將說明，即使採取促進人類福祉的效益主義與人類自我中心主義立場，我們既應該研發 AMAs，但也不需要把它們當作奴隸而與目前的人類倫理價值體系有所矛盾。

一、反對研發AMA的兩種論述

若我們檢驗第一種基於現實或實務考量而認為不應該研發 AMAs 的舉例，目前 AMAs 由於尚處於理論建構或初步測試階段，距離實際應用還相當遙遠，不得而知是否耗費成本。又正是擔憂 AI 的自主決策難以完全事先預測及掌控，而為了人類的安全與福祉等考量，有了 AMAs 的提倡，所以似乎符合人類需求，也有助促進人類福祉。

　　不過有人對於 AMAs 是否符合人類需求感到懷疑。懷疑者認為常聽到 AMAs 應該研發的理由，不外就是預防傷害、提升安全、增加公眾信賴、防止不道德使用、比人類更擅長道德推論、能讓人類更了解道德等，其中，又以預防傷害及提升安全前兩項理由最常被提及。但目前世界上已有無數自動化又需安全使用的人造物，它們沒有內建倫理，其危險性也不因此就大幅提升。更何況像是智慧電梯系統在關門時，若碰到人就會自動打開便是基於安全的考量，至今也沒有人倡議因此我們應該研發所謂的倫理自動門（van Wynsberghe & Robbins，2019）。換言之，僅以預防傷害或提升安全這類理由，並不足以支持應該研發 AMAs，而是應該直接針對如何預防傷害及如何被安全地使用去做設計，而不是濫用倫理之名，既誤導也造成人們對 AI 不切實際的想像（Sharkey，2017；Miller et al. 2016）

　　針對上述批評，正是筆者在前述指出 Moor 在其分類中沒說清楚的第二件事：當他把簡單的自動化系統如電子錶歸類為倫理影響者時，容易讓人誤解他們本身沒有內建任何倫理價值或社會規範，只是被動地接受倫理評價，只有從隱性倫理者如 ATM、自駕系統等稍微複雜的自動化系統開始，才需要內建倫理價值或社會規範。

　　但試想一台心跳偵測器，由於其運作將構成倫理的影響如生、死或急救，所以能被歸類為倫理影響者。當設計它所發出的警示聲時，光是訂定機器偵測需發出警示的心跳數值應該為多少，就必須將等待醫護人員趕到現場搶救的時間等，都考量進去。另外，警示聲不能太輕柔而無法引起關注，或許還得跟當地醫療急救聲音類型類似，且音量分貝也不能太小，但也不能過大而有聽力受損風險，或喚醒整層樓的病人等。以上舉例說明那些考量只是想凸顯，當自動化系統在做設計時，某些特定倫理價值或社會規範，或者被技術人員不經意地內建，或者在使用者需求等考量下被有意

識地內建。這些考量即使不一定都是對錯選擇，但有些確實會造成善惡後果的產生。

Bonnefon 等人（2019）就呼籲工程師，別以為電車難題只是哲學論辯，不符合一般工程設計的實際考量。他們舉例說明，類似倫理兩難的問題在一般道路駕駛情境下也可能出現，例如，在中間車道行駛的自駕車，若其右邊行駛著一台大貨車，左邊行駛著一輛摩托車，此時自駕車內建的倫理決策應該是繼續維持中間車道，還是應該往左靠一點？若內建往左靠規則，如此可增加自駕車乘客如發生交通意外的生還機率，但這樣卻降低了左邊摩托車主的生還機率。

所以就廣泛地倫理意涵來說，所有 AI 都應該在某程度上是 AMAs。儘管筆者認同對於 AMAs 應該研發的存疑者所提出的，若能直接針對機器需要改善之處做設計且命名，如安全門、安全電梯…等，絕對會比稱為倫理門、倫理電梯之類的，要來得切實際與清楚。但命名或許不是重點，重點在於我們是否體認到從簡單功能的自動化系統，到複雜的 AI，其實都有內建倫理價值在裡面？

AMAs 的提出，不但有助於提醒我們有自主決策能力的 AI 需要受到倫理規範，且規範對象不只是設計或使用它的人，而是機器／系統本身也需要。但這樣的機器／系統究竟該內建什麼倫理價值，或如何內建，才能確保產出倫理的結果，而因此有了公開檢視與討論的機會。不若目前的 AI 設計或多數自動化系統，過去常在科技是價值中立的掩飾下，有意或無意內建了研發設計公司或人員等的特定價值偏好，或許這多少也是近年不時出現不倫理 AI、AI 歧視或偏見等事件之故。

此外，第二種出於人類中心主義而指出不應該研發 AMAs 的論述，包含了 AMAs 的存在將會弱化人類的倫理決策能力，且會讓人類面臨倫理兩難的情境是：人類設計 AMAs 主要是為了促進人類福祉，那麼無疑

將 AMAs 這類有倫理行為能力者視為純粹工具，而這件事本身在道德上就站不住腳；但如果讓 AMAs 這類科技物加入人類倫理價值體系，暫且不論它們能否負擔道德責任，人類卻得額外對它們承擔道德責任，這會讓人類的道德責任負擔過大而難以負荷，有可能讓人類的倫理價值體系過度膨脹甚至崩潰。

首先，針對可能腐蝕或弱化人類的倫理決策能力這項批評並不陌生，尤其隨著 AI 功能越來越強大，不只是人類的自主決策能力，寫作或閱讀等各種有 AI 侵入或代勞的能力，似乎都有類似擔憂。這或許是事實，且無可避免，就像有了 google map 之後，越來越少人拿地圖來看，或許久而久之竟連地圖都看不太懂了。不過在所有 AI 可能具備的功能中，或許倫理決策能力是比較難以被腐蝕或弱化的能力之一。一方面倫理決策情境多涉及與人互動或交涉，相當倚賴社會情境脈絡的判斷或對日常生活各種面向的適當回應，比起如設計拆彈機器人等要來困難許多，所以或許不用擔憂過早。另方面 AMAs 所扮演的角色，比較像是人類在與他人互動的倫理諮詢者、教練或專家，由於 AMAs 再怎麼厲害，我們不太可能請它代替我們與他人互動或社交，但像是開車、閱讀、寫作等原先人類已習得的能力，便有可能逐漸請 AI 代勞或被取代了。

其次，針對 AMAs 存在會讓人類面臨倫理兩難的論述，有必要對於兩難困境為何會產生逐一作釐清及回應。在有關人類不應該將 AMAs 這類有倫理行為能力者視為純粹工具的論述，基本上不但預設了類似康德式倫理主張──應該將人視為目的而不僅是工具來對待，且預設了 AMAs 如同人類一樣是有自我意識與自由意志等心靈存在。

但一方面在倫理立場上我們不一定需要採取康德式倫理主張，另方面就如同第一節所述，我們不需要預設 AMAs 如同人類一樣有意識與自由意志而有能力做倫理決策，只要它們彷彿在做倫理決策即可。事實上這也

符合目前多數 AI 技術研發者尤其以機器學習設計 AMAs 的目標 --- 只要能成功模擬人類的倫理決策結果或行為表現即可，不需預設、不要求甚至否定 AMAs 的道德推論方式如同人類。所以 AMAs 不但只是彷彿像人類一樣有倫理決策能力，且可以只視為彷彿能做為倫理行為者而已。這麼一來，人類將 AMAs 視為純粹人造科技物，只是為達成人類所設定目的之工具來對待，其實並無不妥，更不需要因此而將 AMAs 納入人類的倫理價值體系並對它們承擔道德責任。

二、AMA是否應該負擔道德責任？

不過人類即使免除對於 AMAs 負擔道德責任，但 AMAs 的倫理決策不僅對於人類帶來道德影響，且它們在做倫理決策時既然有一定的自主決策空間，它們是否該為彷彿人類一樣的道德自主決策能力負擔道德責任？

首先，這個問題與 AI 是否應該被授與法律權利與責任無關。歐盟幾年前曾討論是否授予 AI/機器人如同法人的地位，[21] 討論目的並不是打算承認 AI/機器人有法律人格（legal personhood），而是為了保障人類社會在 AI/機器人的介入後，可能對人類社群成員帶來的權利與義務改變。爾後這項討論儘管因爭議很大且反對者眾，至今無進一步發展，但這表示 AI/機器人未來或許不排除有可能享有法律權利及承擔法律責任。但在法律上擁有法律人格而享有法律權利且需承擔法律責任者，不意味就能擁有道德人格而能承擔道德責任，例如法人。反之，享有道德人格而有道德權利且能承擔道德責任者，通常就擁有法律人格且需承擔法律責任，例如一般成年人。

---

[21] 請參考2017年歐洲議會法律事務委員會所發表的《歐洲各國機器人的民事法律規範》（European Civil Law Rules in Robotics）報告。

其次，AMAs 是否應該負擔道德責任的問題，不一定就與 AMAs 相對地是否應該享有道德權利的問題有關。本文在上一小節已經指出，人類可以儘管將 AMAs 視爲只是確保人類安全及促進人類福祉的科技物，但這麼一來賦予 AMAs 道德權利將是非常奇怪的事，也與一般理解人類爲何享有道德權利有很大差距。

基本上享有道德權利者，一定會享有道德人格與道德地位，但只有人類才享有道德人格。此外，除了人類想有道德地位之外，有些動物或大自然也可能享有。但通常人類賦予動物與大自然道德地位的目的，主要是爲了保護或促進其福祉，限制人類如何對待它／牠們，爲人類設下行爲規範。有些人或認爲動物不但享有道德地位，在道德上也享有動物權利。但同樣的主張讓動物享有道德權利，目的也在於保護牠們及促進其福祉，爲人類對待牠們的行爲設下規範。

Gordon（2020）認爲 AI 技術目前尚不夠成熟，未賦予它們道德人格或法人是合理的，然有朝一日技術成熟的話，就應該同時承認道德人格與法人資格。但是否承認 AI 有道德人格的考量，不應該建立在技術是否發展成熟，而是人類在規範性上是否應該視它們有道德人格。本文傾向反對，理由類似不將 AI 視爲有道德地位雷同。亦即賦予 AI 道德人格的目的不外乎是仍是爲了保護它們不被亂用，爲了人類的行爲設下規範。尤其目前以機器學習所設計的 AI 都有一定的學習能力，爲避免與 AMAs 互動的人類使用者誤用，導致 AMAs 原來的倫理模型因爲被輸入太多不良資料而逐漸偏離，也就是逐漸學壞了[22]將可能危害人類社會，因此確實有

---

[22] 微軟2016年在Twitter平臺推出模仿美國19歲女生的聊天機器人Tay，但不到24小時就因爲從與平臺網友的互動當中學會滿口髒話，講一堆討厭女性主義、持納粹與種族主義等偏激言論，而趕緊被下架了（Vincent, 2016）。當然這與當時設計Tay的自然語言處理技術有關，因爲Tay有時只是複製網友的話，有時則是給出前後不一致或矛盾的話，例如她講女權主義是邪教，但又說性別平等

必要為人類如何使用它們設下行為規範。事實上歐盟在 2019 年公佈的 AI 倫理準則（AI HLEG, 2019）中就有提及，或許未來不只需提供 AI 使用手冊，針對特定 AI 系統也應該要持使用執照才能使用。但就如同人類使用許多可能會影響他人生命與福祉的技術物便會要求有使用執照，例如 X 光放射機、達文西手臂等，我們不因此就賦予這些機器道德人格。[23]

　　既然賦予人類以外的生物或非生物道德地位、道德人格甚至道德權利的目的，基本上都是為了保護他們或促進其福祉，而不是為了與道德責任有所對應，那麼我們就可以擱置 AMAs 是否應該享有道德權利的問題，只針對 AMAs 是否應該負擔道德責任的問題來討論。

　　Talbert, M.（2019）指出人們被要求應該承擔道德責任，通常涉及對於（預期）特定行為後果的因果歸屬，可稱為「歸屬性的責任」（respon-sibility-as-attributability），例如開車撞傷他人。但有時候我們也會要求人們承擔遠多於因果歸屬下的責任，尤其是針對那些可受道德譴責的行為，可稱為「問責性的責任」（responsibility-as-accountability）。例如父母必須為未成年子女弄傷他人負責、狗主人必須為小狗咬傷他人負責、店家必須為招牌被強風吹落砸傷人負責等。

　　依據上述區分，問責性的責任基本上都預設了歸屬性的責任，也就是有一定程度的因果關聯，但承擔道德責任的行為者，則不一定是原先被因果歸屬的行為者、物件或事件。這意味著人們認為可承擔道德責任者，基本上不但要有自由意志，且應該具備一般成年人的理性思考與道德反思能力，以致於針對一些可受道德譴責的行為或事件，若我們預期無法合理要

等於女權主義，或是她喜歡女權主義等。但即使到現在，不只是自然語言處理技術，其他類別如影像等機器學習所建構的模型，目前都還難以抵抗被輸入惡意或非蓄意的數據污染。

[23] Gunkel & Bryson（2014）、Bryson（2018）強烈反對 AMAs 應該享有道德地位、道德人格或成為道德主體。

求可被直接因果歸屬的行為者或物件負責，便會要求對於前述行為者負有監管義務者得承擔問責性的道德責任，或是對於前述物件擁有財產權者承擔問責性的道德責任。

至於人們為何認為應該要有人承擔道德責任，則涉及了對於道德責任的證立。Talbert（2019）將目前哲學上對於證立道德責任所採取的進路，區分成前瞻性說明（Forward-Looking Accounts）、反應態度的回應（The Reactive Attitudes Approach）、理由回應（Reasons-Responsiveness Views）等共三種。後二種主要涉及對於他人情緒／情感或理性能力的回應，第一種在他的說明下則不涉及他人，主要與行為者有關，亦即可確認行為者未來的義務或職責，以及他目前應該怎麼做，而具有引導行為者對其行為選擇朝向趨善避惡的作用。然而不論是義務或職責，基本上都有相關行動的承受者，且趨善避惡通常涉及從行為承受者的第二人稱觀點來評價，或是從社會或客觀第三人稱觀點來評價，所以第一種進路其實也與他人及社會息息相關。

以上對於道德責任的類型及證立進路的介紹，是為了凸顯二件事。一是過去在談道德責任時，很容易誤以為重點在於，找出因果上該為某項行為尤其是負向行為應受道德譴責的人，而多把焦點放在歸屬性的責任上。但問責性的道德責任，如果不論在法律或日常生活規範當中都很常見，行為本身所造成的傷害或負向影響而在道德上應受譴責，不必然就等於為承擔責任者在道德上應受譴責。簡言之，某項行為應受譴責，不必然等於承擔責任者應該受到譴責。通常承擔責任者應受譴責，是因為對該行為的發生負有監管或督導不周之責，而他若不應受譴責，則是因為該行為的發生可能是意外或非有人蓄意為之。

另一想凸顯的是道德責任的成立，不會只涉及可被歸咎行為者，還涉及該行為的承受者，而包含了人際之間的關係，以及對於該行為應該要有

人基於職責或義務須負起責任的期待（Eshleman 2014），所以其實早就預設了社會成員彼此之間所認可的社會制度與規範。

上述本文想凸顯的二件事，正是為了說明當 AMAs 的倫理決策行為或結果造成傷害時，在因果上我們確實可將受道德譴責的行為歸咎給 AMAs，但 AMAs 並非完全獨立且自主行動的個體，而是需要技術研發人員事先設定相關運作框架及內建程式，甚至與 AMAs 互動者也可能影響它們的決策行為，所以是前述人員應該為 AMAs 所造成的傷害承擔問責性的道德責任，而不是交由 AMAs 來承擔道德責任。即使 AMAs 所造成的傷害行為或結果仍然應該受到譴責，但這不意味承擔道德責任的人員就應該受到道德譴責，得釐清 AMAs 做為錯誤行為的成因。

當然目前 AI 系統從研發與設計再到部署與落地使用，有所謂「多手」問題（the problem of many hands），以至於有可能挑戰哲學傳統上對於道德責任的討論（Noorman, 2020）。由於過往的討論，多將焦點放在成因歸咎、道德譴責、甚至承擔責任者的意圖等面向上，但 AI 系統作為一項產品，包含了許多人的工作投入，有可能在許多環節與流程中都有點小問題，但沒有一個問題可以單獨促成系統運作後所造成的傷害主因，且通常無人蓄意危害。最糟的是，往往連整個系統在設計或使用上有無疏失，可能都不知道，直到它被應用在不適切的工作項目上，或是所應用的環境或情況在系統設計與測試時未料想到，抑或是實際輸入有害或缺陷資料而損害模型，以致於決策逐漸偏離甚至做出嚴重錯誤決策等，所涉及人員從研發、設計、測試都有，甚至使用者也被包含在內，似乎沒有哪個人或群體在因果上可被直接歸因，或應該受到譴責。所以常表面上形成如下情況：明明有傷害造成，也有明確的受傷害者，但除了在因果上能歸咎給 AI 系統外，人類尤其是那些開發、研發、擁有 AI 系統者都不需要負責。

有些學者主張如遇到上述情況，AMAs 未來如發展成熟有或彷彿有

意向性的話，確實應該要負擔道德責任（Dennett, 1997; Sullins, 2006），或是應該承擔單獨的道德問責（Floridi & Sanders, 2004），或是承擔分散式的責任（Taddeo & Floridi, 2018; 甘偵蓉、許漢，2020）。但這樣不但會讓我們忽略，某個出了問題的 AMAs 系統究竟是如何被允許研發製造以及使用等相關問題（Noorman, 2009），也會忽略 AMAs 可說是同時將研發製造者的意向與使用者的意向連接起來的產物，以至於 AMAs 的決策結果即使道德相關，但實際上該負責的應該是擁有意向性的人類（Johnson, 2006），而非不擁有、彷彿擁有或是不知道有無擁有意向性的 AMAs。

本文此處不落入從事倫理決策的意向性究竟是只有人類才可能擁有，還是 AMAs 也可能擁有的爭論，由於針對意向性的有意義討論，應該要進一步釐清所謂能負擔道德責任的道德行為者（moral agents）或道德主體性（moral agency）是什麼意思。這方面的討論很重要，無法在此簡短說明，需另撰文討論。但這不影響本文有關 AMAs 是否應該負擔或如何負擔道德責任的主張。由於本文在第一節就指出，AMAs 可以只是彷彿像人一樣的道德行為者，且所謂道德行為者的定義，就是指可以表現出道德的行為，並不需要預設 AMAs 是有自我意識與意向性的心靈。本節第（一）小節已否定我們不需要也不應該賦予 AMAs 道德地位，可以純粹將它們視為科技物，並從對於 AMAs 這樣的定位當中談論 AMAs 所做的決策結果／行為如在道德上應受譴責時，該結果／行為的道德責任應該由誰來承擔。

Coeckelbergh（2019）則主張 AI 與人應該共同承擔關係式責任（relational responsibility）。因為技術物作為一種人際之間的中介／媒介，不只是為人類所用，而是有其主動的（active）面向，將會影響我們對於道德責任的判斷。例如，當我們說走路不看路去撞到人時，意思是那位走路

的行為者很魯莽，不去注意周邊人車。但行為者如果採取同樣行為模式去騎車，開小汽車甚至大卡車，所造成的傷害結果，卻會差異很大，而這應該是行為者可預期且知道的。所以，行為者依然故我的把不良走路習慣延伸到對他人可能造成嚴重傷害的技術物使用上，行為者顯然就應該要承擔越大的道德責任，應該受到更嚴重的道德譴責。這也是我們為何會期待開大卡車與小汽車者，比起騎腳踏車或走路者，應該要更注意路況與行人安全。所以技術物在此不只被動地被人類使用，而是會改變人類的行為模式，並形成社會所認可的行為規範，所謂關係式責任便是由人類與技術物所合作建立起來。[24]

本文儘管同意 AI 甚至其他一般的技術物確實會影響道德責任的歸因與判斷，但關係式責任的說法，不但會模糊誰才是有能力承擔責任者，也會混淆前述區分道德譴責的對象是行為本身，還是承擔責任者。當然譴責行為與負責任者，並沒有互斥，但也不必然連結在一起，如上舉例，在有些情況下是可以分開的。

所以，AMAs 雖然可被歸屬因果上的責任，但只要 AMAs 並非如同人一樣是獨立自由的個體，仍是某家公司或單位所研發製造與販售的產品，或是由某人或群體所擁有與使用的產品，這些與 AMAs 利益相關的人員就得準備承擔問責性的責任。至於究竟是誰應該承擔，釐清錯誤發生

---

[24] Verbeek（2006）主張道德主體性（agency）從來就不純粹只屬於人類，而是所有的人類行為都包含了以下三種形式的主體性在其中作用：(1)表現某項行為的當事人之主體性；(2)協助形塑技術物成為中介角色的設計者之主體性；(3)中介人類行為的技術物。技術物的主體性與行為者及設計者的主體性有著密切連結，但無法因此化約到另兩者，當一個人做出決策或行為時，相關結果內含人類與技術物的成分。儘管我認為道德責任的歸屬與判斷，確實不能排除技術物在其中的作用，甚至主動形塑責任的面向，但對於道德主體性是否該進一步延伸至技術物頗有疑慮，如此一來是否會讓道德主體性這個概念的使用過於寬鬆，以至於喪失主體性原本用來說明人類具有道德反思能力可採取道德行動的獨特性。

的原因並且咎責，這些在使用許多科技產品的當代社會中，我們並不陌生，已經有很多流程與規範可以參考。

過去有些科技產品雖有自動化，但不若目前的 AI 有一定的自主決策與判斷空間（IT 而非哲學意涵），可預期 AI 的決策能力越來越強，甚至可決策的事項越來越多也越來越廣，未來或許也會出現不只針對單一事項而是可廣泛做倫理決策的 AMAs，將隨著環境與所互動的人類差異而自主調整其倫理決策能力。本文主張 AMAs 所做出來的行為，儘管可被歸因且受到譴責，不若目前汽車煞車失靈或暴衝撞人，雖可歸因但不會譴責汽車，但這不意味 AMAs 因此就應該承擔道德責任，而是有道德地位與人格的人類才應該承擔道德責任。若推諉給 AMAs，儼然是在掩蓋與轉移 AMAs 相關利益人員原應該承擔的道德責任而已。

人類畢竟可以自我給定與自主決定相關倫理決策目標，例如我願意遵守不應該說謊的原則，或是我希望成為不說謊話者。但 AMAs 的自主決策目標是由人類給定，不論是由設計研發者還是留給使用者彈性設定，都應該是設計單一甚至通用功能的 AMAs 時，人類所應該堅持的前提。否則就會完全失去當初設計 AMAs 的目標，很重要地不但是為了確保人類安全，還必須與人類倫理價值校準，而不是在地球上創造如同人類一樣的物種或仿生人。

換言之，研發 AMAs 的基本價值預設，應該採取為人類謀求最大福祉的效益主義甚至是人類中心主義，堅持 AMAs 不因此就能成為真正的道德主體（moral subjects），但也不是道德承受者（moral patients），而只是是能做出道德行為且能被責任歸因的科技物。一旦人類發現它們做出了錯誤決策，人類應該要努力找出原因，像是校正其模型或修改演算法，否則就得禁用甚至銷毀。那些原先在人類的倫理價值體系中所談論的道德責任，仍然應該由人類自己來承擔，而不是推諉給 AMAs。

伍、結語

　　為確保人工智慧（artificial intelligence，簡稱 AI）在涉及人類生命等重大事項上的決策是安全的，或輔助與引導人類能做出更佳決策，越來越多人倡議 AI 系統應該要內建倫理。

　　本文在第一節先說明 AMAs 這個議題的重要性之後，第二節則檢視目前主要支持 AMAs 的倫理行為進路之文獻，並指出這種進路的消極與積極論述有哪些問題，以及最重要地是沒有提供確保 AMAs 一定產出倫理決策的規範論述。接著本文在第三節藉由重新反省人類做倫理決策的特徵後，提供研發 AMAs 如何可能的規範說明，企圖以非行為進路來說明 AMAs 研發如何是可能的。

　　第四節則檢視 AMAs 不應該研發的二類主張，並指出 AMAs 即使應該研發，也不意味我們應該賦予它們道德地位，也不意味 AMAs 應該加入人類的倫理價值體系，人類應該對它們承擔道德責任。但對於能做出道德行為的 AMAs 是否應該承擔道德責任，本文主張 AMAs 雖然在責任上可以歸因，但只有人類應該承擔道德責任。

　　最後，擬以哲學家丹尼特（Daniel Dennett）所說的話做為本文主張應該研發 AMAs 的理由與態度作為結語：「在我們有生之年，將會看到這種智慧的工具，但它們並非同儕，也請不要將它們視為同儕，更不要試圖讓它們成為同儕，最重要地是，請不要讓我們自己成為他們的同儕」（Dennett，2017）。

參考文獻

甘偵蓉、許漢（2020）。〈AI倫理的兩面性初探：人類研發AI的倫理道德與AI的倫理規範〉。《歐美研究》季刊，第50卷2期。

Allen, C., & Wallach, W. (2011). Moral machines: Contradition in terms of abdication of human responsibility? In P. Lin, K. Abney, & G. A. Bekey (Eds.), Robot ethics: The ethical and social implications of robotics. Cambridge: MIT Press.

Anderson, M., Anderson, S., and Armen, C. (2005), "Toward Machine Ethics: Implementing Two Action-Based Ethical Theories," in Machine Ethics: Papers from the AAAI Fall Symposium. Technical Report FS- 05-06, Association for the Advancement of Artificial Intelligence, Menlo Park, CA.

Anderson, M., Anderson, S., and Armen, C. (2006), "An Approach to Computing Ethics," IEEE Intelligent Systems, Vol. 21, No. 4.

Anderson, S. & Anderson, M. (2007). Machine ethics: creating an ethical intelligent agent. AI Magazine, 28(4), 15-26.

Anderson M. & Anderson S. (2008). EthEl: toward a principled ethical eldercare robot. In: Proceedings of conference on human-robot interaction, Amsterdam, The Netherlands, March 2008

Anderson, S. (2011). "Philosophical Concerns with Machine Ethics" Anderson, M., & Anderson, S. L. (eds.). Machine ethics. Cambridge University Press, pp. 162-7.

Anderson, S. L. & Anderson, M. (2015). "Towards a Principle-Based Healthcare Agent". In Van Rysewyk, S. P., & Pontier, M. (eds.) Machine Medical Ethics, pp. 67-8.

Bonnefon, JF. Shariff, A. & Rahwan, I. (2019). "The trolley, the bull bar, and why engineers should care about the ethics of autonomous cars" [point of view] Proceedings of the IEEE, Vol. 107(3), pp.502-4.

Bryson, J.J. (2018). Patiency is not a virtue: the design of intelligent systems and systems of ethics. Ethics Inf Technol 20, 15-26. doi:10.1007/s10676-018-9448-6

Coeckelbergh, M. (2020). Artificial Intelligence, Responsibility Attribution, and a Relational Justification of Explainability. Sci Eng Ethics 26, 2051-2068. https://doi.org/10.1007/s11948-019-00146-8

Cave, S., Nyrup, R., Vold, K. & Weller, A. (2019). Motivations and Risks of Machine Ethics. Proceedings of the IEEE, Vol. 107(3), pp. 562-74.

Cervantes, J. A., López, S., Rodríguez, L. F., Cervantes, S., Cervantes, F., & Ramos, F. (2020). Artificial moral agents: A survey of the current status. Science and Engineering Ethics, 26(2), 501-532.

Danaher, J. (2019.9.21)a. Should we create artificial moral agents? A Critical Analysis. from Blog: Philosophical Disquisitions. https://philosophicaldisquisitions.blogspot.com/2019/09/should-we-create-artificial-moral.html

Danaher, J. (2019)b. Welcoming Robots into the Moral Circle: A Defence of Ethical Behaviourism. Science and Engineering Ethics:1-27.

Darwall, S. (2006). The value of autonomy and autonomy of the will. Ethics, 116(2), 263-284.

Dennett, D. C., 1997. "When HAL Kills, Who's to Blame? Computer Ethics," in HAL's Legacy: 2001's Computer as Dream and Reality, D. G. Stork (ed.), Cambridge, MA: MIT Press.

Dennett, D. C. (1987). The Intentional Stance. Cambridge, MA, USA: MIT Press.

Dennett, D. C. (1998). Brainchildren: Essays on Designing Minds. Cambridge, MA, USA: MIT Press.

Dennett, D. C. (2017). Philosopher Daniel Dennett on AI, robots and religion. https://www.ft.com/content/96187a7a-fce5-11e6-96f8-3700c5664d30

Eshleman, Andrew, 2014, "Worthy of Praise: Responsibility and Better-than-Minimally-Decent Agency", in Shoemaker and Tognazzini 2014: 216-242.

Floridi, L., & J. Sanders, 2004. "On the Morality of Artificial Agents," Minds and Machines, 14(3): 349-379.

Gordon, J. (2020). Artificial moral and legal personhood. AI & Soc. https://doi.org/10.1007/s00146-020-01063-2

Gunkel, D.J., & Bryson, J. (2014). Introduction to the Special Issue on Machine Morality: The Machine as Moral Agent and Patient. Philos. Technol. 27, 5-8. https://doi.org/10.1007/s13347-014-0151-1

High-Level Expert Group on Artificial Intelligence. (2019b, April 8). Ethics guidelines for trustworthy AI. Retrieved from https://ec.europa.eu/ digital-single-market/en/news/ethics-guidelines-trustworthy-ai

Johnson, D. G., 2006. "Computer Systems: Moral Entities but not Moral Agents," Ethics and Information Technology, 8: 195-204.

Miller, K. W., Wolf, M. J., & Godzinsky, F. (2016). This "ethical trap" is for roboticists, not robots: on the issue of artificial agent ethical decision-making. Science and Engineering Ethics. doi:10.1007/s11948-016-9785-y.

Moor, J. H., 2009. "Four Kinds of Ethical Robots" from Philosophy Now. https://philosophynow.org/issues/72/Four_Kinds_of_Ethical_Robots

Noorman, M., 2009. Mind the Gap: A Critique of Human/Technology Analogies in Artificial Agents Discourse, Maastricht: Universitaire Pers Maastricht.

Noorman, Merel, "Computing and Moral Responsibility", The Stanford Encyclopedia of Philosophy (Spring 2020 Edition), Edward N. Zalta (ed.), URL = <https://plato.stanford.edu/archives/spr2020/entries/computing-responsibility/>.

Riedl M. O. & Harrison, B., (2015). "Using Stories to Teach Human Values to Artificial Agents." Association for the Advancement of Artificial Intelligence. https://www.cc.gatech.edu/~riedl/pubs/aaai-ethics16.pdf

Russell, S., & Norvig, P. (2016). Artificial Intelligence: A Modern Approach, Global Edition 3th. Foundations, 19, 23.

Sharkey, A. Can we program or train robots to be good? Ethics Inf Technol (2017) doi:10.1007/s10676-017-9425-5

Stich, Stephen and Tobia, Keven, (2018). Intuition and its critics. In M. T. Stuart, Y. Fehige & J. R. Brown (Eds.), The routledge companion to thought experiments (pp. 369-84), New York: Routledge publishers.

Sullins, J. P., 2006. "When is a Robot a Moral Agent?" International Review of Information Ethics, 6(12): 23-29.

Talbert, Matthew, "Moral Responsibility", The Stanford Encyclopedia of Philosophy (Winter 2019 Edition), Edward N. Zalta (ed.), URL = <https://plato.stanford.edu/archives/win2019/entries/moral-responsibility/>.

Taddeo M., & Floridi L. (2018/08/24). How AI can be a force for good. Science, 361, 6404: 751-752. DOI: 10.1126/science.aat5991

van Wynsberghe, A., Robbins, S. Critiquing the Reasons for Making Artificial Moral Agents. Sci Eng Ethics 25, 719-735 (2019) doi:10.1007/s11948-018-0030-8

Vincent, J. (2016). Twitter Taught Microsoft's AI Chatbot to Be a Racist Asshole in Less Than a Day. The Verge, 24.

Verbeek, P. P., 2006. "Materializing Morality," Science, Technology and Human Values, 31(3): 361-380.

Wallach W. & Allen, C., (2009). Moral Machines: Teaching Robots Right from Wrong, Springer

Wallach, W. (2007). Implementing moral decisio making faculties in computers and robots. AI & Society, 22(4), 463-475. https://doi.org/10.1007/s00146-007-0093-6.

Winfield A.F.T., Blum C., Liu W. (2014). Towards an Ethical Robot: Internal Models, Consequences and Ethical Action Selection. In: Mistry M., Leonardis A., Witkowski M., Melhuish C. (eds) Advances in Autonomous Robotics Systems. TAROS 2014. Lecture Notes in Computer Science, vol 8717. Springer, Cham

Winfield, A. F., Michael, K., Pitt J., & Evers V. (2019). "Machine Ethics: The Design and Governance of Ethical AI and Autonomous Systems" [Scanning the Issue] Proceedings of the IEEE, Vol. 107(3), pp.509-7.

「時代」的困境與出路

朱熹「命」論與其當代價值

張莞苓

致理科技大學通識教育中心兼任助理教授

摘　要

中國儒家思想中，關於「命」之闡述相當豐富，淵遠流長，且與「天」、「性」、「理」等概念纏繞，引發的討論不斷。其中，「命」可否區分為「天命」與「命運」，是「義命分立」還是「義命合一」，是「命令」或是「命限」，是「賦予」還是「稟有」，是「必然」還是「或然」等問題多有爭議。南宋理學大家朱熹將「命」分為「理命」與「氣命」，與其理氣論緊密相連，既分且合；又有「正命」之說，在人力不可致之間發揮人力，在實際的生命之中掌握自命，面對了以上關於「命」的爭議，又難以簡單區分其類別。其「命」論普遍尊重萬物之同異，冷靜面對現實之變動與侷限，並極力彰顯道德意義與人文精神，切合當代包容多元差異、理性面對生死禍福之思維。故本文將針對朱熹之「命」做出整體檢視，自其經典詮釋、理氣觀等面向得見其觀點，並分析「正命」之積極意義與價值。

關鍵字：朱熹、命、正命、立命

壹、前言

　　中國儒家思想中，關於「命」的討論頗多。孔子有「知天命」、「畏天命」、「不知命，無以爲君子」等語，孟子有「立命」、「正命」、「俟命」、「性也，有命焉」、「命也，有性焉」等語，《中庸》亦有「天命之謂性」的說法，諸如此類奠定了儒家的「命」論，也開啓了諸多理解與詮釋上的疑難。「命」與「天」的關係究竟爲何？「天命」與「命」究竟是一個還是兩個？「命」指的是天賦還是稟受？是命令還是命限？人又該如何面對「命」？是被動的接受，還是主動的實現？這些問題都指向了一個關鍵，即自有生以來，人物便同時具備各種可能性與侷限性，這是否存在矛盾？矛盾又是否可解？

　　在對於孔子「知天命」的理解上，這些問題便已展現出討論的熱度。歷來有較多學者將「命」區分爲「命定義」（命運義）與「命令義」兩種，並將此區分溯源至宋儒的「理／氣」二元說。亦有海外學者比如郝大維、安樂哲認爲，不該將孔子的「命」與「天命」理解爲兩個不同本質的概念，而只是不同情境下的感受表述。[1] 比如蔡仁厚有言：

　　儒家言「命」，向來有「命定義」之命，與「命令義」之命的分判。凡「命運、命遇、命限」諸義之命，皆屬客觀的限定與限制，人無能爲力、無可改變……另一面「命令義」之命，或說爲「天命」，或說爲「性

---

[1] 姚彥淇曾統整唐君毅、錢穆、徐復觀、郝大維、安樂哲、大陸、東洋等學者觀點，見姚彥淇：〈當代學者對孔子「知天命」詮釋綜述〉，《漢學研究通訊》第29卷第4期（2010年11月），頁16-26。羅雅純也針對勞思光、唐君毅、牟宗三及西方學界的看法，探討在不同理論體系下對於「天命」的詮釋，見羅雅純：〈論中西孔子天命觀重要思想型態的當代詮釋〉，《東吳中文學報》第31卷第4期（2016年5月），頁1-32。

命」，皆指善的命令、道德命令……這就是道德的實踐。[2]

這裡很明顯地將「命」分為客觀不可控制的限定，人須被動的受之、安之；以及天所賦予的道德命令，要由人主動去實踐。但天所賦予的道德，是否便不算是客觀的限制？我們對命運、命限的接受與面對，是否也不算主動的實踐呢？又比如，郝大維、安樂哲提到：

．

「天命」特指從特定視角建構的存在整體的諸因果條件，「命」卻不僅指涉整體，還可專指個別現象構成的因果關係。……「命」建構了存在的因果條件，這些條件既不是先定也不是不可動搖的。這也就是說，人是他自身在這個世界上存在的決定性力量，現有條件及其境遇都會因他的參與而改變。個體的成熟是對種種可能性估出回應的結果，而這些可能性本身是由個體行為與環境相互作用決定的。[3]

此觀點基本上繼承了唐君毅「義命合一」的理解，認為「命」是「現存條件的總和」，[4]不是不可變動的，「天命」亦只是特定道德倫理視角下，由人與環境互動後，主導現實因果條件，並主動為情境引入意義的結果。但此「現存條件」對人確實產生了大大小小的限制，此限制雖然可能因為人的參與而改變，但它在此境遇中仍是曾具體存在的，此因果條件起初並非是我所建立的，仍有非我決定之根源。也就是說，無論是道德的、物理

2　蔡仁厚：《孔子的生命境界——儒家的反思與開展》（臺北：臺灣學生書局，1998年），頁4。

3　（美）郝大維、安樂哲著，何金俐譯：《通過孔子而思》：（北京：北京大學出版社，2005年），頁262-263。

4　（美）郝大維、安樂哲著，蔣弋為、李志林譯：《孔子哲學思微》：（南京：江蘇人民出版社，2012年），頁156。

的、環境的，天仍然賦予了我們具體的各種條件，只是人可以自行決定，是否把這些條件視爲不可改易的限制而已。那麼當我們感受到限制時，是否就能完全歸諸於個體不夠成熟、不夠有自控力呢？是否當個體足夠成熟，價值意義便都由我所創，也感覺不到任何限制了呢？

許多研究也企圖在「命」的觀點上爲孔子以後的儒者做出歸類。黃俊傑便曾統整歷來解釋「天命」有兩種進路：決定論、自由意志論。前者包含漢儒的命運論，或是朱熹將「天命」看爲是普遍必然的規律法則；後者則如陸象山以「心」的覺醒作爲「知天命」的基礎。[5]此分判似與前述兩種觀點呼應，卻又不完全相合：漢儒與朱熹似有著「命定義」（命運義）與「命令義」的區分，但朱熹對於「天命」的看法，並不僅限於「命令義」；陸王心學強調以個人主體性的建立、個人與環境的互動來決定所謂的「命」或「天命」，但郝大維、安樂哲也並未否定「命」與「天命」作爲因果條件，確實是會對個體產生具體的限制力道。由此可知，關於「命」的問題特別複雜，實難以完善歸屬諸說陣營，在朱熹也是如此。歷來對於朱熹之「命」的討論雖不少，但能直接面對以上問題的並不多。[6]傳統被視爲以「理命」、「氣命」加以分疏「命令義」與「命定義」（命運義）的宋儒朱熹，其理氣關係實難以分開，他不但將壽夭氣運同視爲天之

5 詳見黃俊傑：《德川日本《論語》詮釋史論》（臺灣：國立臺灣大學出版中心，2007年，增訂二版），頁295-313。

6 可見如唐經欽指出朱熹以理、氣為一命之分疏，正合其理氣論架構。唐經欽：〈朱子之天道思想〉，《德明學報》第23期（2004年6月），頁133-134。林天人指出朱熹從理、氣兩個角度詮釋天命，非孔子之本義。林天人：〈先秦「天」、「天命」及孔子曰：「五十而知天命」〉，《經學研究集刊》第21期（2016年11月），頁193。杜保瑞指出，朱熹有明確的命定論，但此命定論只是在世俗命運義上有絕對的限制，在道德實踐能力的高下上則只是相對的限制。杜保瑞：《南宋儒學》（臺灣：臺灣商務印書館，2010年），頁283-287。這些對於朱熹「命」論的解釋有限，也未有聚焦於本文問題意識所開展之討論。

賦予命令，所謂的性也不能離開氣，只是命之理；甚至有由天賦角度所言之「命之正變」，以及從人力角度所言之「正命」，並非全然認為「命」之價值無法由個體創造。這些看法與朱熹對於不同經典語境之詮釋相關，也與其「天命之性」、「氣質之性」的關係密切相關，必須抽絲剝繭深入去進行分析。故本文將分別針對朱熹之「命」與「天命」、「理命」與「氣命」、「正命」與「立命」三個部分加以檢視，一方面建構朱熹之整體「命」論，企圖發見他如何面對個體同時具備的可能性與侷限性；一方面也彰顯其由天至人、由人至天的雙向「天命」觀，在人力不可致、不可為中發顯可致可為的價值，為後疫情時代下之生命觀提供中國哲學的思維與智慧。

貳、「命」與「天命」

首先需要釐清的問題，是朱熹如何區別、定義「天命」與「命」兩個概念。基本來說，朱熹根據不同的經典語脈，在「天命」與「命」的詮釋上會有相應的不同指涉，包含天道流行，而賦予人事物之所以當然之理，比如「天命之謂性」、「五十知天命」；以及兼氣血所言，天之所令，人力不可移者，比如「亡矣，命矣夫」、「死生有命」、「不知命」、「得之不得曰有命」、「道之將行、將廢，命也」、「命也，有性焉」、「性也，有命焉」。前者被視為本然明亮、萬物皆具之道德性理；後者則是因應氣稟之清濁多寡厚薄所來之死生壽夭、得失際遇、個性能力等。[7] 朱熹對

---

7 比如見朱熹所言：「『死生有命』之『命』是帶氣言之，氣便有稟得多少厚薄之不同。『天命謂性』之『命』，是純乎理言之。然天之所令，畢竟皆不離乎氣。但中庸此句，乃是以理言之。孟子謂『性也，有命焉』，此『性』是兼氣稟食色言之。『命也，有性焉』，此『命』是帶氣言

於這些經典的詮釋是否合乎本義，或可討論，但從中可以見及朱熹對於「天命」與「命」的界定，似乎是以理、氣加以分論的。

進一步來看，朱子在解釋前者「天命之謂性」、「五十知天命」之時，經常用所謂的「命令」或「賦予」等詞彙加以界定「天命」之涵義。[8]這表示朱熹所謂的「天命」，該是一種「天」對「人」的付與、命令，以及「人」對「天」的稟有、接受定位，而與所謂的「命」不同。不過朱熹在談論後者「死生有命」、「得之不得曰有命」之「命」時，卻仍與「天命」有極大的重疊之處。舉例來說，《大學章句》中解「顧諟天之明命」一句時有言：「天之明命，即天之所以與我，而我之所以為德者也。常目在之，則無時不明矣。」[9]此指天生所具之明德。但在《朱子語類》中卻提到：「而今人會說話行動，凡百皆是天之明命。『人心惟危，道心惟微』，也是天之明命。」[10]可見朱熹將「說話行動」這類與氣血相關的天生而然，亦視為是天之命我者。同見另一條，朱子在《論語集注》中解「亡之，命矣夫」一句：「命，謂天命。言此人不應有此疾，而今乃

之。」宋‧黎靖德編：《朱子語類‧性理一‧人物之性氣質之性》（臺北：文津出版社，1986年），卷4，頁77。

8　比如：「命，猶令也。性，即理也。天以陰陽五行化生萬物，氣以成形，而理亦賦焉，猶命令也。」宋‧朱熹：《四書集注‧中庸章句》（臺北：世界書局，2004年），頁25。「天命，如君之命令。」宋‧黎靖德編：《朱子語類‧性理一‧人物之性氣質之性》，卷4，頁63。「天便如君，命便如命令。」宋‧黎靖德編：《朱子語類‧孟子八‧萬章上‧問人有言章》，卷58，頁1360。「天命，即天道之流行而賦於物者，乃事物所以當然之故也。」宋‧朱熹：《四書集注‧論語集注‧為政第二》，頁67。「天命者，天所賦之正理也。」宋‧朱熹：《四書集注‧論語集注‧季氏第十六》，頁176。「天所賦為命，物所受為性。」宋‧黎靖德編：《朱子語類‧性理二‧性情心意等名義》，卷5，頁82。「理一也，自天之所賦與萬物言之，故謂之命；以人物之所稟受於天言之，故謂之性。」宋‧黎靖德編：《朱子語類‧程子之書一》，卷95，頁2419。

9　宋‧朱熹：《四書集注‧大學章句》，頁7。

10　宋‧黎靖德編：《朱子語類‧大學三‧傳一章釋明明德》，卷16，頁317。

有之,是乃天之所命也。」[11]此處很明顯將不由自身所控制之疾,直指爲
「天命」。於是,學生曾經有這樣的疑惑:

> 用之問:「『天命之謂性。』以其流行而付與萬物者謂之命,以人物
> 稟受者謂之性。然人物稟受,以其具仁義禮智而謂之性,以貧賤壽夭而
> 言謂之命,是人又兼有性命。」曰:「命雖是恁地説,然亦是兼付與而
> 言。」[12]

以天付與萬物角度稱「命」,以人物稟受天之付與角度是「性」,人卻又
有貧賤壽夭之「命」,則人兼具「性命」,此「命」指的究竟是「天所付」
還是「氣之稟」?朱熹認爲這不存在矛盾,從天之付與角度稱爲「命」,
即便是「貧賤壽夭」的稟受,也是人生來便被付與的。這也就意味著,無
論是仁義禮智,或是貧賤壽夭,可以有天所付之「命」論,亦可有人所稟
之「命」論,兩者可分說,亦可合說。可見朱熹雖然根據不同經典進行詮
解時,會將「天命」與「命」分開,但整體來看,「天命」一詞所指涉的
並不只是所以當然之理,天所命令者、付與者,也包含了知覺運動、死生
壽夭這類的「命」。

朱熹對此有完整的說明:

> 或問「命」字之義。曰:「命,謂天之付與,所謂天令之謂命也。
> 然命有兩般:有以氣言者,厚薄清濁之稟不同也,如所謂『道之將行、將
> 廢,命也』,『得之不得曰有命』,是也;有以理言者,天道流行,付而

---

11 宋・朱熹:《四書集注・論語集注・雍也第六》,頁96。
12 宋・黎靖德編:《朱子語類・中庸一・第一章》,卷62,頁1490。

在人，則爲仁義禮智之性，如所謂『五十而知天命』，『天命之謂性』，是也。二者皆天所付與，故皆曰命。」[13]

從此段可知，朱熹對於「命」最基本的定義，是天之「付與」、「命令」。所以無論是厚薄清濁之氣稟，或仁義禮智之性，皆是由天所給予、命令者，由人物所稟賦、承受者。關於此，牟宗三曾有批評：

> 以氣言之之命，所謂氣命，是命限之命，是限制義。以理言之之命，所謂理命，是命令義。朱子皆以「天之賦與」說之，非是。以氣言之之命固亦天道氣化之所形成，自此而言，說天賦與以如是如是之氣，固未嘗不可。然既賦與以如是如是之氣，就此而言「命也」，「有命焉」，則此「命」自初只是命限義、限制義，在此不說「賦與」義。若只說賦與義，便混，亦喪失限制義。……「天命之謂性」，倒是直接賦與義、命令義。……天賦給我此性，是我之真性、真體，此不是限制我，使我無可奈何者，乃是成全我……此命令當然亦有限制義，但卻是限制我之私欲我、形軀我，而不是限制我之真我。在此取命令義，不取命限義。……惟當盡性之時而覺得有限制，使我之盡不能充其極，使我覺得處處受牽扯，則命限之感即進來，此方是氣命之命。朱子皆以「天之賦與」說之，顯然不透也。[14]

牟先生認爲，以道德之性的稟有言命，可說「賦與」、「命令」，但因氣稟而來之命只能說是「命限」，不該說是天之「賦與」、「命令」。也

---

[13] 宋・黎靖德編：《朱子語類・孟子十一・盡心下・口之於味也章》，卷61，頁1463。
[14] 牟宗三：《心體與性體》（臺北：正中書局，2008年），頁437。

就是說，牟先生將天與氣分開，天令人有道德性，不是限制，而是成全，反對「天使我受此命限」的說法，故反過來說即是「氣使我受此命限」，此命限非天所給予或命令者。但牟先生亦同意從天道氣化角度可說「賦與義」，以及天之命令角度亦有「限制義」，表示並非不可如此說，但為了強調氣給予的限制，以及天所給予的真性，如此說便不透。此評論自有其合理性，但或許未能呈現朱熹的「命」論特色，給予更貼近思想的理解。

以下這段對話，可以更清楚地發見朱熹對於「命」與「天命」的想法：

> 莊仲問「莫之致而至者命也」。曰：「命有兩般：『得之不得曰有命』，自是一樣；『天命之謂性』，又自是一樣。雖是兩樣，卻只是一箇命。」文蔚問：「『得之不得曰有命』，是所賦之分；『天命之謂性』，是所賦之理。」曰：「固是。天便如君，命便如命令，性便如職事條貫。君命這箇人去做這箇職事，其俸祿有厚薄，歲月有遠近，無非是命。天之命人，有命之以厚薄修短，有命之以清濁偏正，無非是命。[15]

對於朱熹而言，天性之命，或是得失際遇之命，雖有分別，卻只是一個命。這「一箇命」在牟先生被批為不透者，朱熹卻非常清楚其主張，且以君命之喻而言：天如君，向人物下達命令，故性是人物之職事，由君所命，非自己所決定。可由君所命者不只是自己的官職、該做的職務，還包含薪餉、任期，就像人有際遇得失的好壞，有壽命之長短，皆非自己所致。因此朱熹很明確地說，人之生有厚薄修短、清濁偏正的差異，也是天之命，不因其屬氣之所稟，就稱其與天無關，故無論是天性之命或際遇之命，都屬於天之所命、所賦予，只是有「所賦之理」或「所賦之分」的分

15　宋·黎靖德編：《朱子語類·孟子八·萬章上·問人有言章》，卷58，頁1360。

別。故朱熹解孟子「性也，有命焉」一段時曾說：「口之於味云云，此固性之所欲，然在人則有賦之分，在理則有不易之則，皆命也。」[16]人有五感之欲，雖可說是天性，卻仍有天所賦予之命分，以及裁節之理，二者其實都顯現某種限制義，包含能否滿足此欲之命分限制，或是即便有此命分仍不能過度的道理節制。這表示朱熹是從天道流行以至人物之生的角度來談「命」之賦予，故朱熹言：「只是從大原中流出來，模樣似恁地，不是真有為之賦予者。那得箇人在上面分付這箇！」[17]此賦予既非一主宰人格神者在上分付，表示「命」是自然造化流行，無論從理或從氣而言，皆只是「從大原中流出」，在天所賦予的角度而言，同時都是命令，甚至是限制，但此賦予、限制是中性的，本不帶有正面或負面的意思，而是人物生來便具備的，非由己力所致者而言。而對於「私欲我」的限制，給予其正面意義，從而不說限制而說成全；或是對於「德性我」的限制，給予負面意義，從而不說賦予而說限制，都是人物有生以後的價值界定，與天之所命、所令、所賦屬不同層次，二層次可有不一樣的合理表述空間，但不應相混。

朱熹將「命」視為天所命、所賦予，以及人物所稟、所接受，在此意義下，無論是道德性理，或是氣運壽命，皆是「天命」。這不意味朱熹混淆了天賦善性與氣質性的差異，也不妨礙「天命」與「命」在不同語脈中可有不同的指涉範疇以及理氣區分，而是朱熹對於人物之「命」一種渾融式的理解。既然如此，朱熹何以仍要用理氣來分說「命」呢？於此轉入下節。

---

16 宋・朱熹著，陳俊民校編：《朱子文集・書知舊門人・答許順之二十》（臺北：財團法人德富文教基金會，2000年），第4冊，卷39，頁1645。

17 宋・黎靖德編：《朱子語類・性理一・人物之性氣質之性》，卷4，頁63。

參、「理命」與「氣命」

前已可見，朱熹有用理氣分「命」的理論，後來學界以「理命」、「氣命」來統攝之，故本文也沿用學界慣常使用的「理命」、「氣命」詞彙加以進行討論。但需要注意的是，朱熹並沒有明確使用「理命」、「氣命」的名稱加以稱呼，通常是使用「以理言」、「以氣言」，或是「就理說」、「帶氣說」之類的話語，比如：

> 命只是一箇命，有以理言者，有以氣言者。天之所以賦與人者，是理也；人之所以壽夭窮通者，是氣也。[18]

也就是說，「命」在理論上進行分疏時可以有兩個面向的理解，卻不是有兩個。這裡以「理」為「天之賦與」，並不意味「氣」便不是「天之賦與」，只是天所賦與者從理論或氣論，可有不同面向之「命」的理解，比如上節所述從理來說的「天命之謂性」，或從氣來說的「死生有命」兩類關於「命」的說法。這是在對於朱熹「命」論進行研究時，尤其是以「理命」、「氣命」加以指稱朱熹之「命」時，必須要先掌握的。若無此理解基礎，單純用「理命」、「氣命」稱之，很有可能誤會朱熹之「命」在理氣中是截然不同的而造成斷裂。

「理命」、「氣命」既可分說，卻又不是兩個命的論點，與其「性」論其實相當類似。就朱熹而言，「性」有「天命之性」與「氣質之性」的分別，但卻不是兩個性。這是因為，理與氣在概念邏輯上雖可分說，但一旦落在人物之生來論時，「『才說性，便已不是性也。』蓋才說性時，

---

[18] 宋‧黎靖德編：《朱子語類‧論語十八‧子罕篇上‧子罕言利章》，卷36，頁949-950。另可見註13引文。

便是兼氣質而言矣。」[19]一談所謂的「性」，便已是理氣合下所言，即不能與氣分開者。故朱熹言：「天所賦爲命，物所受爲性。賦者命也，所賦者氣也；受者性也，所受者氣也。」[20]天之賦命，於人物所受角度稱爲「性」，但受此賦命、受此天性者是「氣」。也就是說，今所言「性」，既離不開天之賦命，也離不開氣之受命。所以用不雜氣稟的角度論「天命之性」，指稱其天賦根源或純粹，並不代表人物之性非依氣而立，也不意味人物沒有相應而來的「氣質之性」，而此「氣質之性」與「天命之性」並非兩性，[21]「氣質之性，只是此性墮在氣質之中，故隨氣質而自爲一性」[22]，「非別有一性也」[23]，可見所謂的「氣質之性」只是「天命之性」在氣質之中顯現出來的樣子。

據此來看朱熹的「理命」與「氣命」說法，也能得到一致的態度：

某問：「『天命之謂性』，只是主理言。纔說命，則氣亦在其間矣。非氣，則何以爲人物？理何所受？」曰：「極是，極是。子思且就總會處言，此處最好看。」

才有天命，便有氣質，不能相離。若闕一，便生物不得。既有天命，須是有此氣，方能承當得此理。

安卿問：「『命』字有專以理言者，有專以氣言者。」曰：「也都相

19 宋·黎靖德編：《朱子語類·程子之書一》，卷95，頁2431-2432。
20 宋·黎靖德編：《朱子語類·性理二·性情心意等名義》，卷5，頁82。
21 如言：「今人卻言有本性，又有氣質之性，此大害理。」宋·黎靖德編：《朱子語類·程子之書一》，卷95，頁2432。
22 宋·朱熹著，陳俊民校編：《朱子文集·書三十五·知舊門人問答二十·答徐子融三》，第6冊，卷58，頁1813。
23 宋·朱熹著，陳俊民校編：《朱子文集·書三十八·知舊門人問答二十三·答嚴時亨一》，第6冊，卷61，頁3036。

離不得。蓋天非氣，無以命於人；人非氣，無以受天所命。」[24]

　　無論是以理言之命，或以氣言之命，在朱熹的定義下，都是天之賦予，實皆可稱之為天命，只是可從純理的角度談「天命之謂性」的「天命之性」，是學生所謂「主理言」。但若無「氣」，也不可能有「性」或「命」可言，所以只要說「性」或「命」，必帶著「氣」而言。故「理命」與「氣命」雖可分說，卻無法相離，即使是「理命」，也是在人物稟氣而來才得以成立，並不僅只是理：「『天命謂性』之『命』，是純乎理言之。然天之所命，畢竟皆不離乎氣。」[25]這意味著就理氣概念分疏上，是可分別以理或以氣而言，但「理命」亦是「命」，只要是談「命」，皆落到天賦、人受上來說，便已不可能與氣分開。

　　反過來說，「氣命」既亦為天之賦予，也該受天之理，而不僅只是氣而已。朱熹於《孟子集注》中解「性也，有命焉」、「命也，有性焉」一段時稱：「愚聞之師曰：『此二條者，皆性之所有而命於天者也。』」[26]既如此，性為天之所命、所賦，在朱熹看來便是同時包含「天命之性」、「氣質之性」的，無論是「仁之於父子也，義之於君臣也，禮之於賓主也，智之於賢者也，聖人之於天道」之「天命之性」，或是「口之於味也，目之於色也，耳之於聲也，鼻之於臭也，四肢之於安佚」之「氣質之性」，二者皆屬「天賦性理」的範疇。為了更清楚地發見這個論點，可見朱熹解《孟子》「性也，有命焉」一段文字：

24　三條分別見宋・黎靖德編：《朱子語類・性理一・人物之性氣質之性》，卷4，頁63、64、76。
25　宋・黎靖德編：《朱子語類・性理一・人物之性氣質之性》，卷4，頁77。
26　宋・朱熹：《四書集注・孟子集注・盡心下》，頁415。

「口之於味，目之於色，耳之於聲，鼻之於臭，四肢之於安佚」，這雖說道性，其實這已不是性之本原。惟性中有此理，故口必欲味，耳必欲聲，目必欲色，鼻必欲臭，四肢必欲安佚，自然發出如此。若本無此理，口自不欲味，耳自不欲聲，目自不欲色，鼻自不欲臭，四肢自不欲安佚。[27]

五官嗜欲，雖可謂性，但因是氣化流行在人生之稟，非不雜氣稟之純理而言，故朱熹稱「已不是性之本原」。不過，此五官之欲雖非性之本原，並不意味其不來自於天之所賦，或其中未受有理。若無天賦之理而僅是氣，何以口耳目鼻四肢，會有味聲色臭安逸的欲求，甚至五官配五感、五欲，各自有所對應而不相混淆？這表示因氣而來的「氣質之性」，並非只是氣質，它之所以稱之爲「性」，便是天所賦命之理在氣中的展現。

「氣質之性」既是「天命之性」在氣的流行稟賦中所呈現的性理，則既包含了上述之五感嗜欲性、能知覺運動之性，也包含了因氣稟多寡、厚薄、修短、清濁、偏正而來之與道德相關之性與非道德之特性，舉凡各人物在道德上的偏全表現性、個性才能之特性等，甚至貧富貴賤、窮通壽夭之性也皆包含於其中：

問：「子罕言命。若仁義禮智五常皆是天所命。如貴賤死生壽夭之命有不同，如何？」曰：「都是天所命。稟得精英之氣，便爲聖，爲賢，便是得理之全，得理之正。稟得清明者，便英爽；稟得敦厚者，便溫和；稟得清高者，便貴；稟得豐厚者，便富；稟得久長者，便壽；稟得衰頹薄濁者，一本作：「衰落孤單者，便爲貧爲賤爲夭。」便爲愚、不肖，爲貧，

27　宋·黎靖德編：《朱子語類·孟子十一·盡心下·口之於味也章》，卷61，頁1463。

爲賤,爲夭。天有那氣生一箇人出來,便有許多物隨他來。」[28]

天因氣而生人物出來,命以仁義禮智之性,亦命以清明、敦厚、久長,或衰頹薄濁之氣,這表示人物雖有相同的天命之性,卻會因氣之所命不同,而有不同的氣質之性,包含對道德性理的敏銳契合性、表現難易性,或與個體特質相關的英爽溫和或剛強制斷性;即使是與際遇命分相關的富貴貧賤壽夭,也是因爲得理是否全正,導致人物各有富貴貧賤壽夭之性理,才有了各種差異。故而「氣命」既爲天所賦之命分,有感官嗜欲之命、剛強柔弱之命、窮通壽夭之命,亦有資質高低之命、實踐道德難易之命,無論是哪一種,其中必當帶著性理,否則不可能展現爲聖賢愚不肖、柔弱剛強慈愛斷制、貧賤富貴壽夭等不同。據此可知,即使在概念邏輯上可將「氣命」與「理命」分開,「氣命」卻絕非與理毫無關涉。從而「理命」、「氣命」之區分,是爲在概念邏輯上自理、自氣而言之方便說法,卻不意味朱熹將理與氣、天命之性與氣質之性、理命與氣命分開爲兩個。很清楚的,朱熹並沒有藉此說法企圖去區分命令與命定、成全或限制等價值判斷,而只是欲妥善安排理氣在「命」上的根源與作用關係。

由以上討論可知,在朱熹而言,關於「天命」的定位,其實可有經典中「知天命」語脈下,或以「理」之角度加以界定的「天命之性」,以及「不知命」語脈下,或以「氣」之角度加以界定的「氣質之性」。無論是「天命之性」或「氣質之性」,都來自於天所賦予之理,也都是由氣所稟賦下的性理表現。進一步而言,對於朱熹來說,天所賦予之理,不只包含道德性理,亦包含所有因理與氣結合而表現之性理:前者是無有不善之道德本然,後者則是個體差異性的根源。此個體的差異性理,可能與道德表

---

[28] 宋・黎靖德編:《朱子語類・性理一・人物之性氣質之性》,卷4,頁77。

現有關（比如對善性的表現性或遮蔽性，資質、個性等），也可能與道德無關（比如隨人物展現的物質性理，物種、才能等），也是人受命於天，與生俱來的。

既然如此，當檢視朱熹之「天命」概念時，便可以有更廣闊的視野及多元的詮釋角度。比如以下這段文字：

> 問：「先生說：『命有兩種：一種是貧富、貴賤、死生、壽夭，一種是清濁、偏正、智愚、賢不肖。一種屬氣，一種屬理。』以僴觀之，兩種皆似屬氣。蓋智愚、賢不肖、清濁、偏正，亦氣之所爲也。」曰：「固然。性則命之理而已。」[29]

此段朱熹將富貴貧賤死生壽夭及賢愚不肖之命，皆歸屬於氣，此爲探究命之理氣根源時所做的分疏，而氣命非理命，不代表氣命不來自於天之賦予。此處可注意的是，朱熹接下來稱：「性則命之理而已。」據此處語脈，該是在討論命將由理而論或由氣而論的差別，故此處的「性」，首先該理解爲自理而論的「天命之性」，其爲天命之理。但在朱熹，所謂的「性」實包含由理氣分論的「天命之性」與「氣質之性」，無論是哪一種「性」，都是天理所賦命。故此句亦可理解爲，無論是「天命之性」或「氣質之性」，都只是天所賦命之理，無論是氣命或理命，也都蘊含天賦性理。

同樣的，以這樣的理論格局看朱熹對於「知天命」的理解時，亦能有更多延伸的可能性。《論語集注》註解「五十而知天命」一句時有言：

29　宋·黎靖德編：《朱子語類·性理一·人物之性氣質之性》，卷4，頁77。

「天命，即天道之流行而賦於物者，乃事物所以當然之故也。」[30]《語類》中則對此有進一步的解釋：

> 天命處，未消說在人之性。且說是付與萬物，乃是事物所以當然之故。如父之慈，子之孝，須知父子只是一箇人，慈孝是天之所以與我者。
> 如孝親悌長，此當然之事。推其所以然處，因甚如此？學者未便會知此理。聖人學力到此，此理洞然。它人用力久，亦須會到。[31]

朱熹認爲，「天命」即是天道流行賦予於萬物之上者，是萬物之所以如此背後的根源，父子之間有慈孝，此爲當然，但推其當然背後的所以然，即見此天理根源賦命在我，即是「知天命」。但既然「天命」在朱熹並不只有「天命之性」、「理命」的定位，亦可包含「氣質之性」、「氣命」，那麼只要跳脫《論語》「知天命」語脈時，單純論朱熹哲學下的「知天命」，除了知天所賦命之「所當然」之理，自然亦可包含天所賦命之「所以然」之理，也就是人事物皆賦有的天理，無論是道德性的或非道德性的，都不該被排除在外。於是當人在面對所謂的「天命」時，不只應當看見天賦予我的天生道德善性，亦當看見人物之所以爲人物、人物各種同異之別、事情背後之所以如此的條理，包含了我天生而來的各種可能性或侷限性，都來自於天，皆有其軌範道理可言。用朱熹的角度認識「知天命」，即是對天所賦命之「理命」、「氣命」的全幅理解；無論是生活境遇、生死之數，或道德倫理的應然思考，人對「氣命」的肯認與面對，與

---

30 宋・朱熹：《四書集注・論語集注・為政第二》，頁67。
31 兩條分見宋・黎靖德編：《朱子語類・論語五・為政篇上・吾十有五而志於學章》，卷23，頁552、553。

對「理命」的體察與掌握，應是同等重要，如此才能真正契入天人之間的關係。

肆、「正命」兩義及其動態「立命」觀

　　爲了對以上論述有更多的認識，可針對朱熹的「正命」論，進行深入的分析。關於「正命」，其實來自於《孟子》：「莫非命也，順受其正。是故知命者，不立乎巖牆之下。盡其道而死者，正命也。桎梏死者，非正命也。」（《孟子・盡心上》）朱熹根據此說而有了更進一步的發揮：

　　問：「顏淵不幸短命。伯牛死，曰：『命矣夫！』孔子『得之不得曰有命。』如此之『命』，與『天命謂性』之『命』無分別否？」曰：「命之正者出於理，命之變者出於氣質。要之，皆天所付予。孟子曰：『莫之致而至者，命也。』但當自盡其道，則所值之命，皆正命也。」[32]
　　所謂命者，如天子命我作甚官，其官之閒易繁難，甚處做得，甚處做不得，便都是一時命了，自家只得去做。故孟子只說「莫非命也」，卻有箇正與不正。所謂正命者，蓋天之始初命我，如事君忠，事父孝，便有許多條貫在裡。至於有厚薄淺深，這卻是氣稟了；然不謂之命不得，只不是正命。如「桎梏而死」，喚做非命不得。蓋緣它當時稟得箇乖戾之氣，便有此，然謂之「正命」不得。故君子戰兢，如臨深履薄，蓋欲「順受其正」者，而不受其不正者。且如說當死於水火，不成便自赴水火而死！[33]

32　宋・黎靖德編：《朱子語類・性理一・人物之性氣質之性》，卷4，頁78。
33　宋・黎靖德編：《朱子語類・論語二十四・顏淵篇下・司馬牛憂曰章》，卷42，頁1082-1083。

首先，據上節所論，朱熹對於「天命之謂性」與「得之不得曰有命」的經典詮釋，通常會用「理命」與「氣命」予以分疏。但此處明確可見，朱熹結合了「命之正變」加以說明。天子命我做官，便有當做之職事，其難易度如何，能做多久，皆非我所能控制，此即為「命」。因此天所賦予者，有理命，亦有氣命，可其中卻有正與不正的差別。所謂「命之正者出於理，命之變者出於氣質」，似乎是以「理命」、「氣命」與「正命」、「不正之命」（變命）相匹配。但仔細觀察朱熹言論，其實只是推究「正命」與「不正之命」（變命）的根源在於理氣而已。「所謂正命者，蓋天之始初命我，如事君忠，事父孝，便有許多條貫在裡」，如同前述，天之始初賦予者，除了道德性理，也包含因氣化流行而來的各種殊異性理，同樣條貫在這裡，故追溯「正命」的根源，是來自於理的，並非單純指涉「理命」；同樣的，「不正之命」（變命）之所以不正而變，是來自於氣的厚薄深淺，並非全然指涉為「氣命」。

以上面獨立引文為證，人生來稟得乖戾之氣，致使其暴躁、殘忍，不容易顯現出道德性理，導致其「桎梏而死」，則此亦是「命」，但不可謂之「正命」。若仔細區分，天生稟得之「氣命」是乖戾之性，據此可稱之為「不正之命」（變命）；當人做出違背性理之事而不得善終時，亦可稱之為「不正之命」（變命）。既然如此，討論「正命」、「不正之命」（變命）的重點該放在，此「正」與「不正」，是根據何者而言。可見以下問答：

> 敬之問「莫非命也」。曰：「在天言之，皆是正命。在人言之，便是不正之命。」問：「有當然而或不然，不當然而或然者，如何？」曰：「如孔孟老死不遇，須喚做不正之命始得。在孔孟言之，亦是正命。然在

天之命，卻自有差。」[34]

無論是什麼樣的「氣命」，在天的角度來說，賦予便是賦予，皆是「正命」，沒有什麼「不正」可言。而所謂的「不正」，是以人面對生命時的不順遂而言之，比如孔孟老死不遇，此際遇之不順，在人的角度來看，天生所稟賦的「氣命」自是不正。人生在世，會明確感受到個性資質、死生壽夭、吉凶禍福、際遇好壞所帶來的影響，天生的愚笨、軟弱、冷酷、暴虐，病痛纏身、壽命有盡、各種禍患、懷才不遇，諸如此類皆令人無能為力，甚至產生強大的限制感，在人看來的諸般不順遂，來自於氣的稟賦，可稱之為「不正之命」（變命）。而這些在朱熹而言，可說是「氣命」，卻不是「氣命」的全部，因「氣命」亦有正者，比如生來溫和雅正、福壽雙全、順遂得志、聖賢之資，使人在道德表現上無有遮蔽，容易行善，實現圓滿大德，這些與「不正之命」（變命）相對而言，或許亦能稱之為「正命」。因此，在朱熹來看，「正命」來自於理，既包含「天命之謂性」的道德性理，亦該包含有生以來賦予萬物的各種清明、厚長等「氣質之性」所賦有之命；「不正之命」（變命）來自於氣，則指涉為所賦各種薄濁等「氣質之性」、造成生命不順遂之命。

其次，以上三段獨立引文中，都提到了另外一種「正命」的定義，是從盡人事之後角度而言的。朱熹在解《孟子》「莫非命也，順受其正」有言：「人物之生，吉凶禍福，皆天所命。然惟莫之致而至者，乃為正命，故君子修身以俟之，所以順受乎此也。」[35]依照朱熹的定義，「莫之致而至者」即是「命」，因此天之所命者，無論是天命之性或氣質之性、

---

[34] 宋・黎靖德編：《朱子語類・孟子十・盡心上・莫非命也章》，卷60，頁1434。

[35] 宋・朱熹：《四書集注・孟子集注・盡心上》，頁392。

理命或氣命，皆非由我人力所作爲招致者，而是天生而然的。因此非由人所招致的吉凶禍福，亦是天命，且於天而言，本就是「正命」，無不正可言。而對於人而言，天命之凶禍雖可稱之爲「不正之命」（變命），但假若人「修身以俟之」、「順受乎此」，或前引獨立引文中提到的「順受其正」、「自盡其道」，則無論吉凶禍福之至，對於人而言仍可稱之爲「正命」。也就是說，對人而言雖天生稟有不正之命，有種種可能對道德表現產生負面影響的特性、愚笨的資質、平庸的才能、不順遂的際遇、孱弱的身體與壽命等，但假若我已盡力成全完滿自我之正命，而不是去順受、自暴自棄屈從於此不正之命，或自己去招致這些不正之命，則無論個性、資質、際遇、壽夭如何不正，在我而言此生依然已是「正命」。故孔孟雖老死不遇，在人的角度看來是稟得了不正之命，但在孔孟而言，已自盡其道，順受其正，那麼這些不正之際遇皆是「莫之致而至者」，絕非孔孟所自爲而招致，則依然是「正命」。反過來說，假若孔孟之際遇，無論是吉凶禍福都是順其不正而來，比如違背道德本性而求取功名利祿，或爲滿足己私而引來「桎梏」之禍，此命無論好壞順逆、富貴貧賤、得遇不得遇，都無法稱之爲「正命」。

更進一步分析，人本身雖稟得了乖戾之氣，雖是不正之命，但自身依然存在天生而然的正命，即使天生的氣命使他容易做出暴虐不善之行爲，但只要他不一味順著此不正之命去行爲，而努力彰顯自身正命，則不致於會有「桎梏而死」的結果。假如人努力實現正命，不順此不正之命行事，卻仍有不好的際遇，結果仍是「桎梏而死」，則此「桎梏而死」才是「莫之致而至者」，便依然是正命。故比干之死，是「『盡其道而死者』，皆正命也。當死而不死，卻是失其正命。」[36]不違背自身明德本性、不毀棄

---

36 宋·黎靖德編：《朱子語類·孟子八·萬章上·問人有言章》，卷58，頁1360。

正命，而殺身成仁，雖仍有看似不正之命的結果，但依然是得其正命；反之，爲求得看似正命的結果，拋棄了良知善性，或是一味順從自身的不正之氣，當死卻苟且偷生，即便當下未死，則此命卻不能稱之爲是正命。因此，今人以自身受有正命或不正之命爲由，違背了正命而行事，逐步招致禍患，則此凶禍之命，雖亦是天所給予，卻是「自作而天殺之」[37]，無論是「桎梏而死」，或立於「巖牆之下」，都是自我不順受正命的結果，因正命中即有天所賦之理，比如善惡有道，爲惡悖離善性，將受禮法制裁之理；比如危牆易倒，倒則傷人，求生者不立於其下之理。因此人明知此天所賦予之正理，卻不順受此正理而行爲，仍要去犯罪、處危地以取覆壓，則自然招致禍患，此雖仍稱爲命，卻是自取之不正之命：

> 若先說道我自有命，雖立巖牆之下也不妨，即是先指定一箇命，便是紂說「我生不有命在天」![38]
>
> 人固有命，可是不可不「順受其正」，如「知命者不立乎巖牆之下」是。若謂其有命，卻去巖牆之下立，萬一倒覆壓處，卻是專言命不得。人事盡處便是命。[39]

人本受有天命，在人看來，自有正與不正之命的差別。但無論自己稟受有何種天生而來的不正之命，該做的是順受其正，修身俟之，則無論吉凶禍福，皆可謂是「正命」。明知正命在我，卻不順受，本不會有禍端，也將自招禍端；招致禍端後卻說，我不是有天所賦予的正命嗎？這是明知正命

37 宋·黎靖德編：《朱子語類·孟子十·盡心上·莫非命也章》，卷60，頁1434。
38 宋·黎靖德編：《朱子語類·孟子十·盡心上·盡其心者章》，卷60，頁1430。
39 宋·黎靖德編：《朱子語類·程子之書三》，卷97，頁2485。

該順受，卻自爲悖反正命之行爲所導致，也是違背正命之合理結果，故此時所遇已與天所賦之正命無關，而是自作而受。關於此，朱熹還談得相當細緻：人固有命，皆非人力可以控制的，出門自有吉凶禍福，不該預先以爲自己不會招致凶禍，就說自己即便站在危牆下亦無妨；也不該預先以爲自己就是會立於危牆下而死，就自己去站立於危牆下等待死亡。這也就是說，天命不可測，也無需去預測，只需要盡已之力順受正命即可；不順受正命，卻自己臆測或指定一個命，然後去行事，所導致非正命的結果，皆是自己所致，不該歸諸於天。天已給予正命，人當「盡人事」順受正命，即是正理，即便有看似不正之命的結果，亦是正命。一旦悖離天賦正命，反去順不正之命，雖是由人所爲，卻不是所謂的「盡人事」，導致的結果只是自取的不正之命，故已「專言命不得」。

由此可見，朱熹在處理人將如何面對「命」的問題上，開出了兩種「正命」的說法。一是由天所賦、溯源於理意義下的「正命」，此包含了「理命」及「氣命」之正者（正與不正是在人言而不在天言），即一切天賦萬物之性理，及依此性理而有之呈現；一是人「順受其正」意義下的「正命」，無論人稟受有何種天賦「正命」及「不正之命」、「理命」及「氣命」，只要自盡其道，修身俟之，無論個性、資質、際遇、壽夭如何，皆可成就「正命」。而「順受其正」也就是「立命」之意：

> 「夭壽不貳」，是不疑他。若一日未死，一日要是當；百年未死，百年要是當，這便是「立命」。「夭壽不貳」，便是知性知天之力；「修身以俟」，便是存心養性之功。
>
> 既不以夭壽貳其心，又須修身以俟，方始立得這命。自家有百年在世，百年之中，須事事敎是當；自家有一日在世，一日之內，也須敎事事

是當始得。若既不以夭壽動其心，一向胡亂做，又不可。[40]

人有壽命長短，各種吉凶禍福際遇，即使是稟受了不正之命，並非自己能夠控制者，也非自我招致而來的，則無須驚惶失措、懷疑上蒼甚至自暴自棄，此謂「夭壽不貳」、「不以夭壽動其心」，這不意味消極接收了天生所賦之不正之命，而是正面接受天所賦之各種性理，因為「若在我無以致之，則命之壽夭，皆是合當如此者」，[41]合當如此，即是天理，我自受之，既是知性知天，亦是「知命」。但只是接受還不夠，面對天賦性理之稟，當順正而行，使事事物物各安其理，無論壽命短長、所遇吉凶，一天未死，便一天尋求正理，此謂「修身以俟」，即是存心養性，亦即「立命」。此所立之命，無論原初天所賦者於我而言是正或不正之命，在我而立者皆是「正命」：

　　夫夭壽之不齊，蓋氣之所稟有不同者，不以悅戚二其心，而惟脩身以俟之，則天之正命自我而立，而氣稟之短長非所論矣。愚謂盡心者，私智不萌，萬理洞貫，斂之而無所不具，擴之而無所不通之謂也。學至於此，則知性之為德，無所不該，而天之為天者，不外是矣。存者，存此而已；養者，養此而已；事者，事此而已。生死不異其心，而脩身以俟其正，則不拘乎氣稟之偏，而天之正命自我立矣。[42]

壽夭之不齊，來自於氣命，其中有其合當如此之理，人不因此得意歡欣，

---

[40]　兩條皆見宋・黎靖德編：《朱子語類・孟子十・盡心上・盡其心者章》，卷60，頁1429。

[41]　宋・黎靖德編：《朱子語類・孟子十・盡心上・莫非命也章》，卷60，頁1434。

[42]　宋・朱熹著，陳俊民校編：《朱子文集・書汪張呂劉問答・答張敬夫問目十》，第3冊，卷32，頁1249。

亦不因此沮喪恐懼，只是順受其正，盡心知性知天、存之養之修之，生死
不異其心，則正命自我而立，至此，個體氣稟是清濁偏正短長，氣命是正
或不正，對我不產生罣礙，不影響我立天之正命，則無需再論。

「天之正命自我立」，即是朱熹面對天命所賦時，衝破命令、命運、
賦予、稟受，各種成全或限制義的積極表述。人之初生即具有正命與不正
之命，人之終結亦有正或不正之命，但無論天所授予者、先天稟賦者為
何，人依然能立自我之正命。這並不意味著人能改變天生所稟所受之命，
或是通過努力便不會招致禍患，我們所做的，是自然地理解、接受我的本
然面貌（無論對我而言是好壞優劣），正視天理賦予我的性命，並彰顯正
命之理。天命於個體之間的殊異性，包含實踐道德的難易度、資質差距、
個性、才華、能力的不同，富貴貧賤、吉凶禍福、死生壽夭的差異，雖非
由我所致所為而然，與實現正命的難易度也有關，卻與我要不要實現正
命、立正命無關：

> 「不能自強，則聽天所命；修德行仁，則天命在我。」今之為國者，
> 論為治則曰，不消做十分底事，只隨風俗做便得；不必須欲如堯舜三代，
> 只恁地做天下也治。為士者則曰，做人也不須做到孔孟十分事，且做得
> 一二分也得。盡是這樣苟且見識，所謂「聽天所命」者也。[43]

明知為治要做十分事、要求做到堯舜治世，為士要做到孔孟十分事，此為
正理正命，卻不順受此理此命，則是不能自強，只是苟且，是所謂「聽
天所命」。此「聽天所命」，不是順受其正命正理，探究天賦性命之所當
然與所以然，從而盡心知性，擴充至極之聽命；而是不盡人事，消極面對

43　宋・黎靖德編：《朱子語類・孟子六・離婁上・天下有道章》，卷56，頁1328。

未來發展，對於自我招致的結果，甚至歸諸於天之所命。因此，若能修德行仁，順受天之正命正理，則「天命在我」。此不僅意味人需要通過積極的人事去掌握自己的現在及未來，當我們這麼做時，其實亦是對天所賦命者、天道性命之實現，即便天所賦予者，從對人之種種負面限制性來說是所謂的不正之命，但無論是在天之賦命而言，或在我順受其正而言，都是天賦正理的完成、完滿。故朱熹認為，無論人的資質、才華、個性、壽夭、知覺性理、推通善性的難易度如何，都該「隨其所賦，無不有以全其性而盡其宜」[44]，「處之各當其理，且隨他所明處使之」[45]，那麼即便我有天生所受之「天命」，卻能盡其在我。「全其天之所付，不以人為害之」[46]，「立命」的過程，不僅只是被動靜態地接受無可奈何之命，反而是主動面向所受之命，真實體認到此天賦性理，包含普遍的道德善性，或是個體的殊異特性，無論對我而言是正面或負面，是成全或是限制，都能持續在生命中動態地接受、實踐、完滿、運用、發揮之，以自身所明處去使之盡，以自身所賦性去實現理，以己力全之而非害之，如此「天命」既在天，也在我，「命」於天人之間達到貫通。

　　朱熹的兩種「正命」論，以及動態的「立命」觀，不但彰顯了人之道德性理，也正視了人生而具有的各種不同，更跳脫「命」論在「天命」、「命運」、「命令」、「命定」等概念之間的纏繞。他要求積極體認正命，也正向面對不正之命，而此正與不正之分判，其實來自於人心。天之賦予便是賦予，無所謂正與不正，但因人於其中感受到限制、不順遂，故稱之為不正；但無論此賦予是正或不正，都不是人立正命與否的決定性因

44　〔宋〕黎靖德編：《朱子語類・中庸三・第二十二章》，卷64，頁1568。
45　〔宋〕黎靖德編：《朱子語類・中庸三・第二十二章》，卷64，頁1570。
46　宋・朱熹：《四書集注・孟子集注・盡心上》，頁392。

素。當人能順受其正、立正命之時，此限制或不順遂皆不足爲道：

> 聖人「用之則行，舍之則藏」，未嘗到那無可奈何處，何須説命！如
> 一等人不知有命。又一等人知有命，猶自去計較。中人以上，便安於命。
> 到得聖人，便不消得言命。
>
> 聖人更不問命，只看義如何。貧富貴賤，惟義所在，謂安於所遇也。
> 如顏子之安於陋巷，它那曾計較命如何。[47]

有人不知有命，故無所忌憚；有人知有命，卻怨天尤人；有人知有命，則
在命中安，卻可能是到無可奈何處才不得已而安。而聖人面對非人力所
能控制的際遇、壽夭，無有計較，只看義之所在而行事，因爲際遇、壽夭
作爲命，並不影響其行道，既已掌握正命而能立命，又何須言有何吉凶、
壽命短長。無論此命爲天令，爲命定，爲必然，爲或然，爲氣命，爲不正
之命，爲限制，在行正理、立正命面前，皆無干涉，皆無所謂無奈、不得
已。此不消言、不計較，不是說天無賦命，或聖人無感受到其限制，而是
此賦此限無關乎正命之立，則並不產生無奈與不得已之感。可知朱熹同意
人可能感受到天賦之限，但人也同樣能因對正命的體認、性理的實踐，而
不貳不疑，自無須言命之限制與不得已，更無所謂的不知命及怨天尤人，
則天命在天亦在我，由我而稟賦，亦由我所全立，只是天理之所當然。

至此，朱熹對於「命」的思想已然清晰。天之所命在人而言，自有
正命與不正之命，人力施爲該放在努力實現正命，此謂「盡人事」，成就
自我的「正命」；而不該消極放任不正之命，或是認爲此無可奈何，而放

---

47 兩條分別見宋‧黎靖德編：《朱子語類‧論語十六‧述而篇‧子謂顏淵曰章》，卷34，頁 873~874、874。

縱、順從自己的一切負面個性、資質、能力、際遇、壽命，否則是未盡力
順受、挺立「正命」，最後招致了「不正之命」，就不是天生所賦可言，
反而是自己選擇之下的所為所致。故朱熹言：「窮達有命，非可力求，若
其有之，當不待求而自至，如其無之，求亦奚益，惟道義在我，人皆有
之，而求無不得。」[48]窮達之際遇來自於氣命，非人力所能致，命中有時
終須有，命中無時莫強求。但依照朱熹「立命」之論，即使稟受了達之正
命，也不該自得意滿揮霍無度，因為假若不立正命，亦有可能招致不正之
命，此是違背正命天理之合理結果；即使稟受了窮之不正之命，也不該因
此消沉，或是違背正命之理過度追求名利通達，因為即使如此，最終也不
會擁有達之結果，甚至最後迎來的不正之命，也是自己違背正理所致。人
天生而然的不正之命無法改變，但天生稟有之正命仍普遍存在，此中天命
之性、道德道義，是超越不可為致之窮達際遇的關鍵所在，通過順受成全
道義正命，無有不能「立命」者。因此即便在實現正命之際，有各種不正
之命之干擾影響，對我產生限制感、造成種種不順遂，但仍要努力完成：

> 如父子有親，有相愛底，亦有不相愛底；有相愛深底，亦有相愛淺
> 底，此便是命。然在我有薄處，便當勉強以至其厚；在彼有薄處，吾當致
> 厚，感他得他亦厚。如瞽瞍之頑，舜便能使『烝烝乂，不格姦』。」[49]

父子之間有天賦正命，親愛之理，但因氣命不同，有相愛、不相愛，相愛
深、淺之別，當其稟氣薄濁，則可稱之為不正之命，但即便薄濁，親愛

---

48 宋・朱熹著，陳俊民校編：《朱子文集・書知舊門人問答・答龔伯著》，第6冊，卷59，頁2863-
2864。
49 宋・黎靖德編：《朱子語類・孟子十一・盡心下・口之於味也章》，卷61，頁1465。

之性理仍存在，只是通過氣稟時便產生殊異差別性，此性天生而然，無法去除或改變。但無論性理通過氣的表現如何，仍當勉力使如如存在之性理完滿呈現，有薄處則致力其厚，在己如此，甚至在對他人時亦如此，不該妄自菲薄、自我放棄，或只是順著這樣的不正之命，表現爲不相愛、相愛淺，而不去付出實現正命的努力。若能盡人事實現正命，則天之所命，無所謂理氣，無所謂命令命定，無所謂成全限制，無所謂必然或然，正命只是自我而立，天命亦盡其在我，沒有勉強，也沒有無奈，立命的當下，便體現了天之予我的全幅性命，如如呈現天理之所當然與所以然。

伍、結論

本文探討朱熹之「命」論，首先梳理其「天命」與「命」的關係，指出朱熹可由經典詮釋的語脈中對「天命」與「命」有所區別，但實際上無論是「天命之性」或「得之不得曰有命」，都只是一個命，皆是天之賦予、命令，人之所稟、所受，所以不能簡單由「命令」或「命定」來加以區別。其次，指出朱熹「理命」與「氣命」的說法，並非指稱兩種命，而是在概念上追溯命之根源，可由理而論、由氣而論的不同；就如同「天命之性」與「氣質之性」同屬性理一致，「理命」與「氣命」雖可分說，卻無法相離，絕不是兩個命，故不能說「理命」與氣毫不相干，或「氣命」就沒有性理存在，如此在朱熹意義下的「天命」，是對天理賦命於萬物的全幅理解，既包含道德性理稟賦，亦包含由氣而展現的具體差異性理稟賦，「知天命」也即是對於「理命」與「氣命」的整體掌握。最後，分析朱熹的「正命」、「變命」說法，可溯源於理及氣，並釐清其兩種「正命」觀（或兩種「不正之命」觀）：其正與不正的判準在人而不在天，天生而

然、對人產生限制、造成不順遂或負面影響者，可稱之為「不正之命」，反之則可稱之為「正命」，因此「正命」同時包含了「理命」與「氣命」，「不正之命」也不指涉為所有的「氣命」。但無論人天生稟有「正命」或「不正之命」，皆可通過順受其正而不從其不正，在動態實踐的過程中「立命」，即便遭受看似「不正之命」的禍端，仍能達到所謂的「正命」，此時「天命」在天亦在我，天人合一；反之，當人不順受「正命」，或是只知順從自己的「不正之命」而違背天理，即便擁有看似「正命」的結果，則仍不能稱得上是得到「正命」，甚至亦可能招致「不正之命」的禍端。

朱熹的「命」論，跳脫了傳統對於「命」的二元區分。此「跳脫」並非意味朱熹在不同經典詮釋脈絡下對於「命」沒有區別，或是沒有將「命」由理氣加以分疏，而是指這種分判，並不影響其對於「命」的圓融理解，也並非其「命」論之精華所在。相較於以往習慣將朱熹之「命」論分判陣營，以方便我們安置天賦性命與氣數命運的做法，本文企圖展現朱熹理論更多元豐富的意涵及廣闊的格局。對朱熹而言，在概念上雖可區分性命，但一但講性命，便是落在人物之生上來談，即不可能離開氣。因此人有天賦性理，不只包含道德善性，也包含非道德的性理，是與氣結合後的所當然與所以然，皆是天之所命。以人來說，所受之「正命」，既包含道德善性，諸如仁義禮智之本然，也包含因氣而來的各種良善特性，諸如個性之美好、資質之清明、才能之高超、際遇之順遂、壽命之長等。所受之「不正之命」，包含個性之惡、資質之低下、才能之拙劣、際遇之慘淡、壽命之短缺等，雖來自於氣，但亦有因應氣稟而來的天賦性理具於其中。而人雖不能決定本有的「正命」與「不正之命」，卻能決定是否要順受「正命」。當人決定順受「正命」而努力去實踐成全之時，無論自己擁有什麼樣的個性資質才能，遭受什麼樣的際遇，最終迎來什麼樣的結果，在道德善性上是積極呈現，在非道德之性上也依照其性理之所有而加以體現，正

者加以掌握發揮而避免揮霍浪費、自恃無狀，不正者加以理解、接受，並避免只知順從放縱、自我放棄而傷害、違背正命，如此即是立正命，全性理。

於是，朱熹的命論，全面地呈現人所擁有的天賦性理，理性地正視人所有的能力與侷限，彰顯不同個體存在的殊異性，給予尊重與安置。如此一來，無論人的氣命如何，有什麼樣的不正之命，有多大的阻力與限制影響，眾人皆無須怨天尤人、驚惶失措，也不用自己預測或安排結果，只需要了解之、體認之，明白天之性理在我的樣態，對我而言雖有不順與侷限，在天卻無所謂正與不正，正與不正取決於我的心態與選擇，其中自有道理，即是自然，便能掌握其所當然與所以然，這展現了一種理性面對天命性理、命運命限的客觀思維。同時，人能通過自身立命的努力，在動態的過程中彰顯自我的正命，而非被動被迫的靜態接受，也就沒有了無奈與無力感，發揮善性，並根據自己的分量實現屬於自己的性理，沒有必要也不該被量化比較或批評，這也就建立了一種對於殊異個體的包容、多元化理解的視角，避免了歧視、厭棄或放棄他人的態度。此不僅顯現傳統以來儒家對於天賦之命、現實變動與侷限的冷靜觀察，並突顯道德意義與人文精神，也提供了人們在面對具體生命中命運命限之殊異時的智慧，更呈現了其在現當代社會中，符應開放包容、多元價值的正面意義與思維價值。

參考文獻

一、古籍文獻

宋・朱熹（2004）。《四書集注・中庸章句》。臺北：世界書局。

宋・朱熹著，陳俊民校編（2000）。《朱子文集・書知舊門人・答許順之二十》。臺北：財團法人德富文教基金會。

宋・黎靖德編（1986）。《朱子語類》。臺北：文津出版社。

二、近人著作

牟宗三（2008）。《心體與性體》。臺北：正中書局。

杜保瑞（2010）。《南宋儒學》。臺北：臺灣商務印書館。

林天人（2016）。〈先秦「天」、「天命」及孔子曰：「五十而知天命」〉。《經學研究集刊》第21期。頁181-196。

姚彥淇（2010）。〈當代學者對孔子「知天命」詮釋綜述〉。《漢學研究通訊》第29卷第4期。頁16-26。

唐經欽（2004）。〈朱子之天道思想〉。《德明學報》第23期。頁123-136。

黃俊傑（2007）。《德川日本《論語》詮釋史論》。臺北：國立臺灣大學出版中心。

蔡仁厚（1998）。《孔子的生命境界——儒家的反思與開展》。臺北：臺灣學生書局。

羅雅純（2016）。〈論中西孔子天命觀重要思想型態的當代詮釋〉。《東吳中文學報》第31卷第4期。頁1-32。

（美）郝大維、安樂哲著，蔣弋爲、李志林譯（2012）。《孔子哲學思微》。南京：江蘇人民出版社。

苦死與哲學之慰藉：對COVID-19疫情的塞內卡之反思

歐思鼎

靜宜大學人文及社會院助理教授

摘 要

　　此研究的目的是論述在悲劇發生時哲學具作爲慰藉手段的作用。西方哲學的羅馬希臘化時期，跨越了不同的哲學流派，蓬勃發展了一種被稱爲「慰藉」（consolatione）的特殊哲學著作的文體。因此，哲學家和哲學思想家撰寫了幾部名爲「De consolatione」（On Consolation）的哲學著作，一直持續到中世紀，如波埃修斯（Boethius）的通俗著作「De Consolatione Philosophia」（On the Consolation of Philosophy）。在羅馬希臘化時期哲學家現存的著作中，塞內卡的著作可以說是最多且篇幅相當長，是寫給他所認識遭受悲劇的人的。因此，本文試圖在塞內卡的著作中探索這種特殊的哲學體裁——論慰藉。本文要探究他如何使用這種哲學體裁來幫助遭受悲劇的人，特別是遭受親人的死亡，而獲得心靈的平靜與安寧。其目的是利用塞內卡關於「De Consolatione」的著作來反思世界各地許多遭受 COVID-19 疫情帶來悲劇的人。即是證明和探索哲學思考在悲劇時的作用。這表明，哲學或哲學家不是悲劇時的無助旁觀者，而是與人類境遇具有生存相關性的活動。更具體一點，此論文的目的就是回答下面這個問題：哲學可以對超過四百萬因爲疫情而直接死亡的人（不包括那些間接死亡的人）其遭受苦死的家人和朋友說些什麼？今天哲學家如何爲因 COVID-19 疫情而遭受悲劇的人們帶來慰藉？此論文認爲，哲學家塞內卡（Seneca）可以教今天的哲學家如何運用哲學作爲處理當今悲劇的手段。因此，本文架構如下：1. 塞內卡哲學的簡要闡述。2. 論述慰藉之哲學文體。3. 塞內卡《慰藉》著作的哲學論述。4. 塞內卡思想對 COVID-19 疫情的反思。5. 結論。

關鍵字：死亡、哲學慰藉、塞內卡、COVID-19疫情、悲傷

壹、塞內卡哲學簡要介紹

在從過去到現在，在經濟和政治上享有特權的哲學家並不多，但盧修斯‧安內烏斯‧塞內卡（Lucius Annaeus Seneca）是少數有此機會的哲學家之一。他出生於公元前4年左右，是羅馬帝國時期卡爾杜巴（Carduba）（在現在的西班牙）一個富有、才華橫溢，文學和政治上享有特權家庭中的次子。他是尼祿（Nero）皇帝統治時期傑出的公共演說家和文學巨匠。這要歸功於他對修辭學和哲學勤奮而豐富的研究。關於他的生活、學術、政治參與和家庭故事的資訊遍布在他的許多作品中。有個很好的例子，是一部名為 *Ad Helviam Matrem*（致他的母親）的安慰著作，他在哲學上勸告他摯愛的母親面對和消除她因親人離世而造成的悲痛。就如他的家庭成員一樣，塞內卡的生活也是動盪不安的。但人們對他的青睞和成功如潮水般湧來，而不幸的風暴同樣折磨著他。事實上，他的透過自己的生活理解了命運和斯多葛主義的命運基本學說，以及向命運投降的必要性。根據約翰‧巴索爾（John W. Basore）的說法，大約在公元65年，他「被指控參與 Piso 的陰謀而被迫自殺，並以尊嚴和堅忍不拔的毅力迎接死亡」（塞內卡，道德論文，卷一，結論）。

希臘化時期的哲學探索，大體上可以說本質上是哲學，但裏上了修辭，旨在以哲學精神形成一種人生哲學。如果說普羅提諾（Plotinus）是這時期具主導地位的柏拉圖哲學中知識精神和態度的典範，那麼塞內卡絕對是斯多葛派哲學家中的翹楚。塞內卡像一位熱情的真理宣報者呈現和撰寫他的哲學探索。對他來說，這個真理實質上含蓋在斯多葛主義中，也含蓋在柏拉圖主義的真誠對話和欣賞中。他認為蘇格拉底是智慧和美德的典範。與許多其他斯多葛學派一樣，蘇格拉底對真理的忠誠和對德行的真誠，勇敢而堅定，依然是塞內卡哲學的決定性態度。這解釋了為什麼作為

斯多葛主義的核心，塞內卡的哲學內涵實質上是道德哲學。這種哲學內涵建立在一種將德行視爲最高善的幸福生活（eudaimonistic）態度上。他還認爲，按照理性生活，通過追求內心的寧靜和愉悅，才是終極的幸福。做爲他一生中追求的斯多葛派，他選擇了溫和的斯多葛主義，捍衛了智者與財富分離並被奴役於美德的可能性，這是沒有任何人或任何困境可以從智者身上奪去的。

　　雖然他是一個對柏拉圖主義開放和友好的斯多葛派，但他對伊壁鳩魯派並不是很熱情（儘管他的一些友好的哲學對話者是伊壁鳩魯派，例如盧西里烏斯（Lucilius），他續所致 *De Providentia*（天意）與兩個其他著作）。他反對伊壁鳩魯學說，尤其是他們的否認靈魂、天意和命運的存在。與伊壁鳩魯派不同，他相信存在一個無形和道德的非位格之神，祂總是仁慈的。塞內卡天意教義的建立和維持在此基礎上。塞內卡在他的人文主義和道德方面是國際化的。作爲一位斯多葛主義者，他堅信宇宙萬物的大火和萬物更新的新生。他教導痛苦是財富，死亡是命運，就像健康是財富，生命（活著）是命運一樣。他斥責對生命的過度執著，並呼籲不斷冥想和接受死亡，因爲人從出生的那一刻就開始走向死亡。活著，就是將會死去；因此，必須勇敢地向死亡投降。雖然他不像伊壁鳩魯派那樣對死亡漠不關心，但根據斯多葛學派的哲學理論，他認可自殺是一種面對逆境的理性勇氣。這解釋了他在逆境和考驗中通過自殺釋放了自己的靈魂。

貳、哲學流派的簡要討論：慰藉（consolatione）

　　文學體裁或具體來說，拉丁語中的 *consolatione*（複數，*consolationes*）和英語中的 consolation 的哲學體裁併非起源於羅馬人。希臘哲學作

家慷慨地使用了它。它在寫作中巧妙地融合了哲學和修辭能力，旨在提出哲學觀點或傳達哲學論點，重點是說服讀者而不是構建嚴格的三段論哲學體系。在這種寫作形式中，所得出的論點是基於生活經歷、歷史事件和人物、俗語以及習語，包括詩句，而不是基於公理和定理的推理論證。然而，主題是一個哲學問題，是人類生存的核心問題。它用理性的方式來挑戰讀者用理智而非情感和感知來面對問題。因此，它在探索苦難和死亡等存在的主題中是很有持續性的。通常，它是由一位深諳修辭學的哲學家產生的。在這種知性探索者中，塞內卡就是很好的例子。在塞內卡之前，羅馬作家中，西塞羅（Cicero）是這種文學體裁的模範大師。然而，根據約翰·巴索爾的說法，「這種文學體裁的起源與大多數古代哲學流派有關，但它仍然由公元前四世紀的學術哲學家克蘭托（Crantor）確定在他寫給他的朋友希波克勒斯（Hippocles）關於他的孩子們去世的著名信件中的形式」（塞內卡，道德論文第二卷，七）。

慰藉作為一種哲學體裁的最終目的是打擊悲傷，用哲學修辭與悲傷作對抗，直到它被退敗。當所有情感手段都失敗時，它通常被用作安慰悲傷人的最後補救措施。當親友的言語、哀號、哭聲都無法撫慰親人離世，甚至時間的流逝似乎都無濟於事時，哀悼者不得不做出理性的選擇：是要悲傷或遵循理性的聲音，接受死亡的必然性來阻撓悲傷。正如巴索爾所說，這種體裁的特點是「所有人都必須死；沒有必要為我們自己或死者的緣故而悲傷；時間會減輕悲傷，但讓理性先做工」（塞內卡，道德論文第二卷，八）。塞內卡在使用這種體裁時寫道：「因此，我一直在等待，直到你的悲傷本身會抑制它的暴力，它的酸痛，被時間以忍耐補救措施撫平，應該屈服於被觸及和處理」（Bk XII，n.1）。其中他的意思是，既然悲傷拒絕隨著時間的流逝而被制服，他現在要用暴力的哲學抗議來處理痛苦而劇烈的悲傷。

在使用這種體裁時，作者並沒有否認失喪者的死亡所帶來的現實痛苦和苦難。作者只爭辯說，哀悼者不必悲痛至死，因為死亡是所有凡人的命運。因此，人們必須通過痛苦悲傷本身來面對悲傷的痛苦。正如塞內卡所說，它是「暴露並撕開所有已經閉合的傷口⋯當疾病變得如此惡性以致於儘管進行治療卻變得強大時，它們通常會採用相反的方法進行治療。因此，對於受打擊的心靈，我將展示它所有的痛苦，和它所有的悲哀外衣；我的目的不是通過溫和的方式來治愈，而是為了徹底和永久的癒合，燒灼和切斷悲傷」（Bk XI，n.2）。因為慰藉的目的是戰勝悲傷，而不是欺騙它。一個人不該不表現出任何情感來假裝得到安慰，而應該合理性地接受死亡的現實是命運的作為。

參、塞內卡安慰作品的哲學闡釋

塞內卡現存的三部主要著作名為 *De Consolatione*，他展示了他在運用文學體裁上的技巧。這些著作是，《*Ad Marciam*（To Marcia）》、《*Ad Polybium*（To Polybius）》和《*Ad Helviam*（To Helvia）》。三著作之中，《*Ad Helviam*》絕對是他最親近的，不僅是因為他在流放時寫的（*Ad Polybium* 也是在流放時寫的），更重要的是，他實際上是寫給自己的母親。因此，下面將闡述塞內卡如何運用哲學體裁《慰藉》來哲學地安慰這三個因親人去世而遭受悲傷的人。

一、Ad Marciam（To Marcia，致瑪西婭）：

塞內卡寫信給瑪西婭，瑪西婭在為父親的死而悲痛的同時，也失去了她親愛的兒子。這種悲痛持續了大約三年。當朋友和祝福者試圖安慰她

的所有嘗試都失敗的時候，塞內卡寫信給她。塞內卡非常清楚的一點是，通過哲學體裁 consolatione 來執行安慰是唯一可行的方法。寫信給她時，塞內卡堅持說：「你朋友的安慰，你親戚的偉大的影響力已經用盡。書，是你的愛好也是你父親的恩賜，現在無法安慰，也幾乎不能用來分散注意力，它們吸引了不聽話的耳朵。甚至時間，大自然的偉大治癒者，理應可以減輕我們最深悲傷，在這情況下，它也只是失去了它的力量。」（n.6）塞內卡提到，朋友、親戚、愛好甚至時間，這些社會、心理和自然因素通常應該給悲傷和哀悼死者的人帶來安慰，但都無助於將瑪西婭從最深的悲痛中拯救出來。留給塞內卡的選擇是用哲學修辭的殘酷武器擊敗瑪西婭的悲傷。

塞內卡首先提醒瑪西婭，她的父親爲崇高的事業而死。她的父親是一位傑出的作家，爲他的口才和自由而死（見第4節）。因此，他認爲那些爲崇高理由而死的人（尤其是作家）雖然死了但依舊活著，並且會透過他們的著作被人們記住。所以，從他的著作中，瑪西婭應該了解並得到安慰，她的父親不僅存在於她的心中，還存在於所有讀過他著作的人的思想和生活中。因此，塞內卡的論點是：爲什麼要爲活在許多人的思想和生活中的人感到悲傷呢？如果說活著就是要對人們的生活產生影響，那麼她父親在世界上的目的已經完成了。

其次，塞內卡試圖通過她所熱衷的東西—她的知識和學術熱情—給瑪西婭帶來安慰。從塞內卡對她的描述中可以看出她的智力。他寫道：「這證明妳的思想偉大，禁止我注意你的性別，禁止我注意你的臉，因爲悲傷曾經籠罩它，這些年來不間斷的悲傷持續存在」（n.5）。他寫信給她的意圖很明確：「讓別人溫柔地對待你，說些軟語。我決定與你的悲傷爭鬥，你疲憊不堪的眼睛…即使你擁抱你代替兒子活著的悲傷」（xix, n.6）。因此，與其他安慰者不同，塞內卡打算擊敗瑪西婭拖延了三年

多的悲傷，即使這意味著要打開已經潰爛的傷口，以獲得徹底而永久的癒合。

他以修辭爲基礎，將死亡視爲自然現象，這是所有凡人的命運：好人或壞人，奴隸或主人，富人或窮人，年輕或年老，生病或健康（xx，n.1-3）。他無異議地說，「死亡使萬物平等」（n.2），所有人在死前保持平等。他認爲過早死亡的概念是虛幻的。死亡沒有好壞之分，因爲死亡始於出生；出生就是會死亡。他說服她「想一想及時的死亡會帶來多大的好處，有多少人因活得太久而受到傷害！」（xx，n.4）。他舉了一些人的例子，如格內烏斯・龐培（Gnaeus Pompeius）、馬庫斯・西塞羅（Marcus Cicero）和馬庫斯・卡托（Marcus Cato），他們在年輕時立下了汗馬功勞後，從榮歸恥，卻以不光彩的方式結束了晚年的生活（xx，n.4）。

因此，他說：「對你的兒子來說，雖然他死得早，但並沒有帶來任何疾病；相反，這使他擺脫了各種疾病的折磨」（xxi，n.1）。他說這話是爲了說服她，她爲兒子的英年早逝感到悲痛，他認爲活得長壽實際上沒有任何好處。因爲，「在無限的時間裡，所有人類都是短暫和易腐爛的。這個地球，它的城市和人民，它的河流和海洋的腰帶，如果用宇宙來衡量，我們可能只是一個點；我們的生命，如果與時間相比，相對來說甚至還不到一個點；因爲永恆的羅盤大於世界的羅盤，世界在時間的範圍內不斷更新自己」（xxi，n.2）。因此，任何想要延長自己在地球上時間的願望或努力都是徒勞的。對於永恆的時間和永恆的空間，活 20 年或活 100 年並沒有本質上的區別。與永恆的時空相比，它們同樣微不足道，毫無價值。因此，他認爲每個人都在他需要活著的時候活著和死去。沒有必要給任何人額外的時間來維持生存。因此他對她說：「你的兒子已經死了；因爲他活到他需要活的時間—沒有其他事情可以做」（xxi，n.4）。

他認爲：「每個人都被賦予了不同的生活能力。沒有人會死的太早，

因爲他只能活到他注定要活的時間。對於每個邊界都被標記；曾經放置過的地方，它將永遠留在那裡，沒有任何努力或恩惠會推動它走得更遠」（xxi，n.5）。爲此，本著斯多葛精神的塞內卡認爲死亡是由命運決定的。每個人的死亡都是按照既定的計劃進行的。他直截了當地對瑪西婭說：「這樣看吧─你按照既定的計劃失去了你的兒子」（xxi，n.5）。因此，無需與命運抗衡。因爲即使是「祈禱和掙扎都是徒勞的；每個人都將獲得在他存在的第一天記入他的信用的金額」（xxi，n.6）。死亡之路始於出生，而非老年。我們都希望在老的時候死去，但我們知道，雖然不情願，死亡在生命的任何時間或時期都會到來。

他與她辯論說，早逝使她相貌英俊的兒子無法過上不貞、放蕩、長期痛苦、苦難和自然災害的生活。因爲，他提出：「如果你考慮所有這些可能性，你就會知道，那些被大自然善待的人是那些被提早轉移到安全地方的人，因爲生活已經內鍵了一些這樣的懲罰」（xxii，n.3）。他吩咐她，「妳要根據他的美德而不是他的年齡來估計他，妳會發現他活得夠久了」（xxiv，n.1）。而且，他還挑戰她兒子，出身卑微，現與天界有福相伴，等待宇宙浩劫。在這場宇宙大火中，「受福者的靈魂，他們參與了不朽，在神看來最好重新創造宇宙的時候─我們，同樣，在墮落的宇宙中，將作爲一小部分加入到這強大的破壞中，並將再次變成我們以前的元素」（Bk VI，xxvi，n.5-6）。因此，塞內卡以一種充滿希望的斯多葛哲學末世論來結束他對瑪西婭的安慰。

二、Ad Polybium（To Polybius，致波利比烏斯）：

塞內卡在流放時寫信給波利比烏斯，表示他對逆境並不陌生，也對命運的獨裁統治是非無知的。他開始安慰波利比烏斯失去他親愛的兄弟，從他所總結了對瑪西婭的慰藉即是斯多葛學派的宇宙大火學說而開始，就

是萬物將被自然摧毀並恢復到原來的狀態（Bk XI，n.1；Bk VI, xxvi, n.5-
6）。通過這一點，他肯定了不僅人類，而是所有事物的必死性和毀滅性。
他論：「沒有什麼是永恆的，沒有什麼是長久的；這種事物以這種方式消
亡，另那種以那種方式消亡，儘管它們的消逝方式各不相同，但凡有開始
就有結束」（Bk XI，n.1）。理性告訴我們，易腐化和易破壞是所有事物
的本質，都是偶然的。因此，死亡是偶然的屬性。在這種情況下，他辯論
說，「那麼，如果有人為個人的生命哭泣，為迦太基（Carthage）、努曼
蒂亞（Numantia）和格林多（Corinth）的灰燼以及任何其他城市的陷落
而哀悼，那麼愚蠢可能比這些更崇高。即使這個宇宙也將滅亡，儘管它沒
有可以墜落的地方」（Bk XI，n.2）。因此，每個人都應該接受自然的普
遍原則，並為這樣一個事實而感到安慰：儘管這種腐敗和死亡原則對所有
生物的普遍性對所有人來說是一種普遍的殘酷。

　　塞內卡對波利比烏斯認為，沒有人可以與命運的暴政談判，他說：
「我們可以繼續責怪命運，我們不能改變它。它嚴酷無情；沒有人可以通
過責備，沒有人可以通過眼淚，沒有人可以通過他的事業來感動它；它從
不讓任何人脫離，也不會表現出憐憫」（Bk XI，n.4）。因此，明智與和
平就是向命運的獨裁投降。在悲傷中得到安慰的一個主要敵人是孤獨。他
告訴他如何處理因他兄弟的死而將面對的孤獨。他特別提到了通過不斷盡
力閱讀文學來滋養心靈從事智力活動的有效性。他提出：「讓你長久而忠
實地愛著的書報答你的恩惠，然後讓他們稱你是他們的大祭司和崇拜者，
然後讓荷馬（Homer）和維吉爾（Virgil），人類對他們和所有人的虧欠
來欠你」（Bk XI，n.8）。正如他在安慰瑪西婭時所做的那樣，塞內卡用
波利比烏斯熱衷的事情來安慰他。他挑戰不僅熱愛文學，而且也是一位傑
出的作家和翻譯家的波利比烏斯，將他的文學行業作為對抗由此產生的悲
傷和孤獨的強大武器。波利比烏斯被譽為傑出的希臘古典拉丁語翻譯家，
其著作包括荷馬和維吉爾的翻譯。

　　塞內卡寫信給波利比烏斯，詢問了一個問題：我們究竟為什麼悲傷？是因為自己嗎？如果我們不是為失去的人而悲傷，而是為自己悲傷，那將是自私的。是因為亡者嗎？如果死者永遠不會感到痛苦或不再受苦，那麼為他們悲傷有什麼價值？當他抗議時，問題仍然存在，「那麼我為什麼要渴望幸福或不存在的人？為快樂的人哭泣是嫉妒；為一個不存在的人是瘋狂」（Bk XI，n.9）。這取決於一個人對人的概念是柏拉圖主義還是伊壁鳩魯主義。塞內卡，在這裡玩弄柏拉圖主義和伊壁鳩魯主義關於死亡的極端立場。對於柏拉圖來說，正如蘇格拉底生前與他的同伴之間的談話中所生動地證明的那樣：死亡，尤其是哲學家的死亡，是一件幸福的事情。因為死亡有助於將一個人，也就是靈魂，從身體的牢籠和鎖鏈中解放出來（見斐多）。而根據伊壁鳩魯學說，伊壁鳩魯派則不必害怕死亡，因為既沒有靈魂的存在，也沒有來世。所以，塞內卡對波利比烏斯的論點是，如果他相信柏拉圖的學說，那麼他的兄弟死了是一件很高興的事。另一方面，如果他相信伊壁鳩魯的學說，那麼為不再存在的兄弟的死而悲傷是沒有意義的，因此是瘋狂的。然而，塞內卡希望他選擇前者，並為他兄弟的生活感到高興。

　　塞內卡在對波利比烏斯的安慰總結中這樣告誡他：「將自己更深地埋在學習中，現在用它們包圍你，作為你心靈的堡壘，這樣悲傷就不會發現任何可以讓你進入的點」（Bk XI，第 18 條）。塞內卡堅信他的兄弟會活下去，因此責令波利比烏斯通過他最擅長的寫作，讓他親愛的兄弟永垂不朽。塞內卡說：「在你的著作中寫一些追憶來延長對你兄弟的紀念；因為在人類的成就中，這是唯一風暴無法傷害，也無法摧毀時間的作品」（Bk XI，n.18）。塞內卡寧願希望波利比烏斯以他永生的寫作天才使他的兄弟永垂不朽，而不是用徒勞的悲傷為他哀悼（見 Bk XI，n.18）。

三、Ad Helviam Matrem（To Helvia, His Mother，致海爾維亞，他的母親）：

流放時，塞內卡以堅忍不拔的毅力給他親愛的母親寫了慰問信，因爲他本人也參與了他母親所遭受的悲痛。與之前的兩篇安慰信不同，後者是針對那些與他所悲痛的死者沒有親密關係。在《Ad Helviam Matrem》中，他母親悲痛的原因是塞內卡的父親和兄弟的離世。因此，塞內卡作爲一名受傷的治療師，在試圖阻斷他親愛的母親的悲痛時，也試圖打敗自己的悲痛。因爲他在這個悲傷的時刻沒有親自到場安慰他的母親，因爲他在流亡，所以應該更痛苦。

塞內卡通過這種哲學體裁來安慰作爲同病患的母親，認爲他正在嘗試一些新的事件，這是他所知道的以前的著名作家沒有嘗試過的事件。他提出：「雖然我展開了最著名作家爲抑制和控制悲傷而創作的所有著作，但我沒有發現一個人在他自己悲傷時向親人提供安慰的例子。因此，在一個新的情況下，我步履蹣跚，我擔心我的話可能提供的不是安慰，而是加重悲傷」（Bk XI，n.18）。儘管他懷疑能否給母親帶來安慰，但他還是繼續了。塞內卡以一種非常殘酷的方式開始，提醒他的母親，從出生開始，命運就從未停止過她的暴政。塞內卡的母親海爾維亞（Helvia）在自己出生時失去了母親，在沒有母親的關懷和愛的情況下一直活到成年。在命運的逼迫下由祖母照顧長大，她失去了兄弟，塞內卡的叔叔。命運似乎還不滿足於悲痛地鞭打她，她的丈夫，塞內卡的父親在她兄弟去世後僅三十天接著去世，留下她照顧三個孩子的責任（Bk XI，n.2）。

不同的文化規定了特定的時間來哀悼去世的家人。既是爲了肯定哀悼親人的重要性，同時也是爲了避免陷入過度的哀悼和悲傷。塞內卡承認，他的祖先將十個月內的智慧視爲爲丈夫哀悼的極限。對於這種做法，塞內

卡認為，「並沒有禁止他們的哀悼，而是限制了它；因為當你失去一個最親愛的人時，沉浸於無盡的悲傷是愚蠢的，感受不到任何人是非人的艱難。最好的方法是感情和理性之間的中庸－既要有失落感，又要克服它」（Bk XI，n.16）。哀悼死者是好的，但讓自己被悲傷壓垮是不好的。有人可能會爭論和發問，控制悲傷是否在一個人的意志力範圍內？一個人真的可以選擇不為所愛之人的去世而悲傷嗎？我們真的可以選擇我們的情緒和感受嗎？塞內卡回答說：「我很清楚，這不是我們自己的能力，沒有任何情感是順從的，尤其是那些源於悲傷的情感；因為它是狂野的，頑固地抗拒任何補救措施。有時我們會壓碎它併吞下我們的哭聲，但即使我們裝出欺騙的表情，眼淚還是會從我們的臉上傾瀉而下」（Bk XI，n.17）。即使試圖通過參與某種形式的娛樂或運動來分散自己的注意力，塞內卡承認，在這些過程中，一秒鐘的失落出現很容易就讓我們淚流滿面。

在這種情況下，塞內卡認為前進的道路是通過使用理性對悲傷進行攻擊。對於塞內卡來說，悲傷必須被合理地擊敗。正如他所堅持的，「與其欺騙我們，不如壓制我們的悲傷；因為當它退縮並被享樂或沉迷所迷惑時，它又會重新站起來，並從靜止狀態中為它的憤怒聚集新的力量。但屈服於理性的悲傷將永遠消除」（Bk XI，n.17）。因此，他決定不走試圖安慰母親的其他人的道路。他必須從哲學上解決他母親的悲傷以結束它而不是欺騙它，因為試圖在命運和財富中理解自己的唯一方法是尋求哲學研究的庇護（Bk XI，n.17）。他認為哲學研究「會治愈你的傷口，它們會根除你所有的悲傷。即使你以前不熟悉它們，你現在也需要使用它們」（Bk XI，n.17）。他不斷囑咐他的母親，要想擺脫命運和命運的暴虐，唯一的辦法就是投身於哲學研究。他向她保證，哲學研究，她只是很少接觸，但由於她有心智能力和系統學習的良好基礎，它們「會安慰你，他們會鼓勵你；如果它們真誠地進入你的心智，悲傷就不會再進入，不會有焦

慮，也不會再有徒勞無益的痛苦。你對這些都不會敞開心扉；對於所有其他弱點，它早已被關閉。哲學是您最可靠的保障，只有她才能將您從命運的力量中解救出來」（Bk XI，n.17）。她不得不將哲學視爲一項神聖的職責，因爲正如《斐多篇》中的蘇格拉底所主張的那樣，哲學家已經通過哲學爲死亡做好了準備，不懼怕逆境。因此，塞內卡最後對他的母親海爾維亞說：「這是一項神聖的職責，因爲這會讓您感到寬慰；因爲只有哲學或光榮的職志才能使因感情而悲傷的心擺脫痛苦」（Bk XI，n.18）。

肆、塞內卡對COVID-19疫情的反思

　　始於 2020 年且尚未完全得到控制的 COVID-19 疫情已直接導致全球約 500 萬人死亡。隨著疫苗的發展，死亡率正在下降，全球各地的生活似乎正在恢復正常。除了直接因 COVID-19 病毒死亡的人之外，還有更多人因可能與疫情有關的因素而間接死亡或正在遭受痛苦。所以，毫無疑問，很多人都在痛苦、悲傷和悲痛中。這種情況自相矛盾地導致許多人質疑神的天意，以及是否相信神的無所不知。科學，尤其是醫學，直面挑戰，在疫情爆發後的一年內，生產了不同的疫苗。很多政治家和全球領導人都在教育和鼓勵他們的人民接種疫苗方面發揮自己的作用，而一些對疫苗持懷疑態度的人正在阻止一些人施打疫苗。問題是：在這種疫情的情況下，哲學和哲學家可以扮演什麼角色？

　　這論文的主要目的是證明哲學在悲傷和逆境中可以發揮作用。在以上幾節中，關於斯多葛派哲學家塞內卡如何用哲學來安慰悲傷的人，通過使用文學體裁，安慰已經顯露了出來。根據他的想法，將嘗試從哲學上反思 COVID-19 疫情。首先，塞內卡將 COVID-19 疫情視爲命運中的富裕，作者不斷將其描述爲命運的暴政。沒有人能與命運抗爭，最好的辦法就是向

命運投降。任何對命運的質疑都會被塞內卡視為無知。他辯論說：「哦，他們對自己的病痛一無所知，他們不讚美死亡並期待死亡是大自然最寶貴的發現！」（xx，n.1）。塞內卡勸告我們不要將死亡視為邪惡，而應該始終願意並準備好在死亡降臨時死去。一個人怎麼死是不重要的，重要的是所有的死亡就是死亡，死亡是所有人類最公正的結局。因此，一個人是死於 COVID-19 病毒，還是在沒有任何疾病預知的情況下安靜地睡死在床上，都無關緊要，因為死亡就是死亡。而且，一個人在什麼年齡死去，也是不具實質性的，因為任何一個出生的人都一定會死。重要的是每一刻都活得有道德和智慧。事實上，塞內卡認為，考慮到人的生命是多麼短暫，當生活似乎是最愉快的時候，人們應該祈禱死亡。他告誡說：「人的事是不穩定的、轉瞬即逝的，我們生命的任何部分都比最快樂的那部分更脆弱和易逝，因此在幸運的高峰期我們應該祈禱死亡，因為在所有的無常和生活的動盪，除了過去，我們什麼都不能確定」（xxii，n.1）。

問題是我們如此珍視人類生命，並認為人類生命如此偉大。我們渴望不可能的事：不朽的塵世生活。我們並不勇敢或拒絕接受理性的指引，認為人的生命是騙人的和奸詐的（見 xxii，n.3）。按照柏拉圖人類學（見斐多篇），他論：「偉大的靈魂不會在身體中徘徊；他們渴望走出去，打破束縛，在這些狹隘的邊界上摩擦，習慣了他們在宇宙中的高空飄蕩，從高處俯視人事」（xxiii，n.2）。他強調，沒有好的或完美的死亡時間，每當死亡來臨就是時間的圓滿和完美的時間。因此，他認為，當死亡到來時，意味著死者已經達到了他的完美，即時間的圓滿。因為「凡事達到了完美，就快到盡頭了。理想的美德匆匆而去，從我們的眼中奪走，初熟的果實不等太久，它很快就死了…人也是如此─他們的精神越光明，他們的日子就越短；因為當沒有增加的空間時，毀滅就在附近」（xxiii，n.4-5）。

當我們重新定義人的生死觀念時，我們不能讓自己在親人去世時被悲傷壓垮。因為，我們的「悲傷對你哀悼的人或你自己都無濟於事；因為你將不願延長徒勞的痛苦」（Bk XI，n. 2）。從心理上講，悲傷可能是好的，但從哲學上講，面對這樣一個現實很重要，即悲傷不會使我們哀悼的死者復活—悲傷對死者和生者都沒有實質性的影響。悲傷是人類經驗中的一種現實，所以悲傷是允許的，但沒有人應該悲傷到死。相反，他要求我們在悲傷中「保持一種既不冷漠也不瘋狂的方式，並使我們保持一種深情而非失衡的心態」（Bk XI，n.18）。因此，他說：「因此，讓我們不要流淚，那是無益的；因為這種悲傷會讓我們與死者聯合起來，而不是讓他們回到我們身邊。如果悲傷折磨著我們，對我們沒有幫助，我們應該盡快把它放在一邊，從空虛的安慰和悲傷中的病態快感中喚醒心靈。因為除非理性使我們的眼淚停止，否則命運不會這樣做」（Bk XI，n.4）。理性告訴我們，人生不過是走向死亡的旅程。就像在旅途中有許多停頓一樣，我們在生命過程中經歷的每一件好事和壞事都只是在旅程的最後一站，即死亡中的停頓（見 Bk XI，n.11）。如果我們接受定時的生為命運的禮物，我們也應該接受定時的死亡作為命運的禮物。總而言之，如果命運或自然允許 COVID-19 疫情導致許多人死亡，那是因為這是我們可以克服的逆境，也是我們可以用理性克服的悲痛。因為正如塞內卡所斷言的那樣，「大自然沒有使任何困難，同時她又使人類變得必要」（Bk XI，n.11）。如果 COVID-19 疫情對人類來說是必要的，那就意味著人類可以擊敗和征服它。

伍、結論

科學，尤其經驗科學或實證科學，對於死亡是完全愚蠢的，因為死亡不是它的研究對象。沒有任何經驗科學或實證科學以死亡為對象，也沒有研究死亡主題的認知工具或方法。死亡是超越或適度的，在科學的認知探究之外。死亡顯然是神話和宗教中的一個主題，但對哲學來說卻是一個副題。宗教是談論死亡本身，但哲學是談論關於死亡。也就是說，雖然宗教實質上將死亡作為通向生命、真實生活的大門來處理，但哲學在其對生存的實質性探索中意外地處理死亡。在越來越多的人成為沒有宗教信仰或信仰承諾的人的時代，哲學成為實質性討論死亡主題的唯一可能手段，它是作為人類存在意義的核心的存在體驗。

在因 COVID-19 疫情而遭受如此多的痛苦和死亡之際，從哲學上反思死亡主題變得緊迫而恰當。本著作以塞內卡的《慰藉》作為探討死亡問題的哲學工具，旨在為因疫情而遭受痛苦或親人死亡而悲傷或哀悼的人們尋求和提供哲學上的慰藉。若知道塞內卡的三個《慰藉》者是真的給他們所寫的人帶來了安慰我們很高興。儘管如此，他在其中展示了哲學如何成為處理悲傷和逆境的相關工具。因此，今天的哲學家，尤其是那些從事哲學諮商的人，向塞內卡學習如何幫助那些為親人的死者而悲傷的人，用理性來擊敗悲傷是一個挑戰。

參考文獻

Epicurus (1994), *The Epicurus Reader: Selected Writings and Testimonia*, Brad Inwood and L. P. Gerson (trans. & eds.), Indianapolis/Cambridge: Hackett Publishing Company, Inc.

Seneca (1932), *Moral Essays* (vol. II), John W. Basore (trans.), Cambridge: Harvard University Press.

Plato (1997), *Phaedo, Complete Works*, John M. Cooper and D.S. Hutchinson (eds.), Indianapolis/Cambridge: Hackett Publishing Company.

後疫情時期高教學術的
省思與回應

後疫情時代的高教走向與通識教育——教育哲學的觀點[1]

黃藿

中國文化大學哲學系特約講座教授

[1] 本文為初稿請勿引用

摘　要

　　自從 2019 年年底源自於中國武漢的新冠病毒肺炎爆發以來，沒有經過多久，就造成了全世界疫情的大流行（pandemic），根據維基百科，截自 2021/11/2 為止，全球確診感染人數已經超過 2.48 億，而死亡人數也超過 501 萬人。除了空前未有的生命損失外，疫情給全球各國的經濟和相關產業也帶來巨大的打擊與難以估計的損失，各種的商業活動、觀光旅遊與運輸、飯店住宿與餐飲無不遭到重創。各國之間人民的正常往來也幾乎中斷，全球的教育機構，尤其大學，也是受創慘重，尤其是依賴大量留學生來收取學費的歐美知名大學，因為疫情外國留學生的數字也急遽下降，影響到大學的營運與研究發展。隨著疫情的發展，全球高教除了面對經濟與財政因素的危機外，也因國際政治引起的東西方制度、意識形態、思想價值觀與真理觀的衝突而築起的高牆壁壘一時還難以消除。

　　本文探討後疫情時代高教的走向與通識教育，將著眼於全球疫情大流行以來，所引發諸多根本的問題，包括人與人之間的互動、人類與自然的互動、國際之間各國人民之間的互動，政治體制與意識形態之間的對抗與力量消長、疫情的防治與疫苗的研發、生產與公平的分配等問題，都在困擾著各國的政府與人民。這些問題表面上看來或許跟教育不是那麼直接相關，可是深入考察與思量，每一個問題卻都跟全人類有關，當然也跟我們高教的發展因應是相關的。本文將嘗試從教育哲學的觀點來觀察並省思這些問題對於我們高教與通識教育的影響。

關鍵字：後疫情時代、高等教育、通識教育

壹、前言

自 2020 年一月嚴重特殊傳染性肺炎／新型冠狀病毒（COVID-19）在中國大陸武漢爆發以來，疫情以迅雷不及掩耳之勢向各國傳播，全球受疫情蔓延的影響，一年多、將滿兩年以來已改變人類原本的生活形態與樣貌，爲全球醫療、公衛、政治、經濟、社會、教育，與各種產業型態帶來難以估計的衝擊、損失與挑戰。原本全球化、國際化，以及地球村人類一家的趨勢明顯受到了阻撓，國與國之間、地區與地區之間，人們彼此之間原本的密切往來與交流，都因爲疫情不得不大幅地降低或中斷。即使目前新冠病毒的疫苗接種率都在普遍提升，治療新冠肺炎的藥物究竟這個疫情何時能夠結束？人類何時能更回復到疫情發生前的正常生活型態？這是目前無法準確回答的問題。

本文所謂的後疫情時代，並非指目前疫情已經過去，而是著眼於針對全球疫情進行的反思態度。這個持續即將快屆滿兩周年的全球疫情大流行，引發諸多根本性的問題，包括因爲疫情爆發與傳播究責的問題，因疫情讓原本因貿易與高科技引發的衝突又升高對抗，甚至引發文明與體制衝突的問題；爲了政治目的政黨透過媒體與網路蓄意發布假訊息，以操弄、利用並混淆事實眞相。最根本的問題則是，人們必須重新審視究竟哪一種政治體制更重視與保障人民生命財產與福祉以及人權的問題。原本大家相信自由民主體制最能保障個人自由與人權，疫情衝擊下自由民主體制的神話已經幻滅，而我們原本認爲的專制威權政體卻更能控制疫情，且更能進行有效治理，保障人民的生命與福祉。本文將嘗試從教育哲學的觀點來觀察並省思這一切問題對於我們高教與通識教育的影響。

貳、後疫情時代世界面臨的危機與轉機

自從 2020 年初疫情傳播造成大流行以來，新冠病毒帶給全球人類的除了大量確診染疫造成的重症與死亡，超量的病患已經超過醫院所能收治的能量，給世界各國，包括先進國家的醫療公衛體系帶來空前未有的壓力與衝擊，而且瀕臨崩潰。爲了減少病毒的傳播，各國政府採取嚴格的出入境管制與營業規定，首當其衝的是航空業、旅行業，飯店住宿與餐飲業、運動休閒相關行業，以及藝文表演與電影院行業。人類有史以來跨國的旅行與人員的移動數量大幅減少，在大流行開始後的幾個月，因爲許多國家採取封城措施，人類居家減少外出的結果，全球的大氣環境與空氣品質變好了，原本人類密集群聚的海岸沙灘、山林，許多野生動物恢復了繁衍生機，甚至入侵到人類居住的城鎮街道覓食，這未嘗不是大自然藉著病毒的肆虐而使人類領悟到要與環境共生平衡的方式。這都足以讓人體會到危機即轉機，與失之東隅，收之桑榆的道理。

各國政府爲了對付疫情，分別採取了不同的處理態度與方法，如中國大陸對疫情開始的爆發地武漢與湖北省，於 2020/1/23 採取嚴格封鎖隔離的措施，管控人員的自由出入，並集中全國之力，調集大量醫護與軍警人員來協助抗疫，並以最快速時間興建方艙醫院收治確診病患，集中照顧醫治。而在封城期間一般居民則限制居家不准許外出，由地方政府組織規畫動員日用糧食與基本物資的供應配送。當地居民在這樣生活行動等各方面自由受到限制的情況下，持續了兩個半月，終於在 4/8 封鎖 76 天之後，疫情得到了控制而解封。而西方國家基本上除了出入國境的管制之外，有局部的封鎖措施，但基本上並沒有太嚴格限制人民的活動自由，甚至要求人民全面戴口罩。而且因爲西方人民一向在自由主義的旗幟下生活慣了，甚至連政府強制公共場所戴口罩，都認爲是侵害個人基本人權與自由而不

願意配合，更甚的是在疫苗普遍施打以來，歐美國家仍有一兩成或更多比率的人口拒絕配合公衛政策施打疫苗，造成疫情的破口。這場疫情其實就像一面明鏡，或更好說是一面照妖鏡，將原本自詡為民主先進國家的政治體制與政府治理的脆弱與失能，以及人民因意識形態作祟而拒絕配合防疫政策，讓疫情失控到一發不可收拾地步的社會根本缺失暴露無遺。

這一切現象不禁讓我們省思，究竟哪一個國家，哪一種體制更重視與保障人命與人權？從世衛組織這一年多以來公布的各國確診與死亡的數字，我們可以看出以自由民主自詡的西方國家，特別是美國與英國恰恰是防疫績效最差的國家，而在疫情最初爆發地的中國大陸，在最初的幾個月份裡飽受尤其是美國政府為首的西方各國政府與媒體的抨擊、批評與責難。美國前總統川普甚至把美國疫情的失控責任甩鍋給中國大陸，並使用挑撥種族主義的語彙如：中國／華人病毒（China virus / Chinese virus），讓不少在國外的國人、華人，甚至亞裔人士無端地受到人身暴力攻擊。這讓我們原先以為西方國家在自由民主的體制下，強調人權與種族相互平等，提倡並尊重多元文化教育的印象，完全受到了顛覆。明明是西方教育體制所強調的基本價值，卻根本不被他們國家的政治領袖或政客所遵循，反倒是逆向而行，肆意破壞他們在體制教育中所倡導的進步價值。這難道不是我們在引進或擁抱西方教育哲學（也包括政治哲學）的基本價值時，要進一步省思的問題嗎？

全球疫情固然給我們人類帶來了死亡與重症的最直接威脅，以及給全球經濟與各種產業帶來沉重打擊，畢竟也不是看不到轉機。就以先進國家的疫苗研發來說，幾家醫藥大廠在一年之內完成了疫苗的研發、實驗，與量產，讓人類與病毒的戰爭結束露出了曙光，儘管歐美先進國家在疫苗的生產與分配上，初期都以本國為優先，但是經過大半年時光，這些先進國家的疫苗接種率都已經逐漸達到飽和，其他國家或是經濟弱國終於等到疫

苗的分批進口，逐漸可以跟上疫苗接種普及的施打率。另有一項令人欣喜的消息是：對抗新冠病毒（包括各種變種病毒）的治療口服藥已由默沙東藥廠（Merck Sharp & Dohme，MSD）研發出來，受到英國藥物及保健品監管局（MHRA）的授權通過使用。新聞稿指出，在臨床試驗中，發現「莫納皮拉韋」（molnupiravir）可以有效地將患有輕度至中度新冠肺炎病患的住院或死亡風險降低 50%，而且若是在感染新冠肺炎的早期階段服用該藥最為有效。治療藥物的出現加上疫苗的普遍施打，給已經持續近兩年之久的疫情大流行，確實帶來了苦日子終於到頭，可以回復正常的生活的盼望。

參、新冠病毒疫情期間的真相問題

新冠病毒肺炎給全人類社會帶來災難性的後果，除了為和人們的生命與健康之外，對於各國的經濟和產業以及人民的生計都帶來非常嚴峻的問題。面對疫情，各國政府與政治人物明顯利用媒體傳播符合其特定意識形態或價值觀點的消息或新聞，來帶風向塑造對其有利的輿論。有關新冠病毒起源的真相問題關係到小至個人，大到國家社會，以及全人類如何因應的問題。病毒究竟如何產生，如何傳播，如何防控，疫苗與治療藥物的研發、生產、採購、配送等問題都是相當嚴肅的科學問題，人們如何從相互衝突的新聞或訊息報導中，分辨出真假消息，並蒐集到充分的證據來做出正確的研判，以獲得確切的結論，這就成了一個哲學的問題。

在網路科技發達與社群軟體普及的今日，不管我們喜歡與否，每日都會從電視、網路，以及社群媒體的朋友圈當中接收到許多真假難分的訊息。在這個假訊息與假新聞大行其道的時刻，我們其實有權利與義務認

知、分辨並查證何為真訊息，何為假訊息。政府部門甚至也設立了半官方的「事實查核中心」，提供民眾查詢相關消息的真偽。不過，不幸的，或反諷的是，目前各國政府往往就是假訊息與假新聞的製造與發布中心。[2]

　　目前這個時代除了稱作後疫情時代，也被稱作後真相時代，所謂的後真相時代是指同樣的事情或事件有著多種敘事的版本，就如新冠病毒的起源是出自武漢病毒研究所，或是出自華南海鮮市場的進口冷鏈產品引入，都沒有真實的證據。隨後的西方媒體，夾雜著惡意的扭曲報導，說病毒是中國人為蓄意製造出來等等不一而足。而中國大陸方面亦質疑 2019 年赴武漢參加軍運會的美軍，有否出現類似新冠肺炎的症狀，將病毒可能的來源導向美國。這種多重相互矛盾真相的敘事版本，讓人分不清到底哪一個版本的敘事才是真的，就是所說的後真相時代表徵。就如《後真相時代》一書的作者麥當納（Hector MacDonald）所說：「真相並不像我們以為的那麼一清二楚。表達真相有許多種方式，但並不是每種方式都一樣誠實。大部分議題都具有多重真相，我們可以選擇傳達其中一個，而我們的選擇會發揮影響力，左右身邊的人對某項議題的認知與反應。我們可以善用真相來號召他人、激發行動，也可以濫用真相，故意誤導他人。真相可以透過各種形式來呈現，老練的溝通者正是利用真相繁複的面貌，來塑造我們對現實的觀感。」（林麗雪，2018，p.5）

　　麥當納區分四種相互衝突的真相：部分真相、主觀真相、人為真相、未知真相。1. 所謂的**部分真相**，又稱**片面真相**，因為大多時候，人們敘述的事實盡管為真，卻在有意無意之間並為傳達全盤的真相。對於發生的

2　2018年成立的「台灣事實查核中心」，聲稱要「共同抑制與打擊假訊息」。然而《眾報》追查，「台灣事實查核中心」的過半數委員，竟是國營媒體中央廣播電台的董事，「第三方事實查核」的身分遭受質疑！參閱《眾報》2020/2/28〈獨家：第三方事實查核機構？台灣事實查核中心遭爆，半數委員兼任官媒董事〉。https://www.standpost.net/article-1/20200228-1

事情，人們傾向於盡量挑對自己有利的那部份事實來說事，讓受眾只聽到片面的真相，會造成偏頗的印象或結論。顯著的例子是作家吳淡如提及，「去中國化」教改後，很多台灣小孩不知道誰是孫中山。[3]這便是一個具體的事例，目前的歷史教科書只選擇性地以片面真相來教導學生，讓他們對於自己立國的歷史全然陌生。2. 所謂的**主觀真相**則是人們為了達成自己期望的目標，譬如自己認定的價值或利益，而極力誇大對象物的效益，以說服他人改變行動。如政府為了扶植所謂本土生技產業，而大力推銷高端疫苗，並在沒有經過符合科學程序驗證的三期完整人體實驗，就完成了核准上市與採購的合約。3. **人為真相**是指按照自己的需要運用特定的語言文字帶入新的意義，名字與定義都是由人一手打造，實際上是打造新真相。具體例子就像歷史課綱中將原先的日據時期，改為日治時期。一個字的更動帶給年輕一輩的孩子，完全不同的真相。4. **未知真相**是指各種對於未來事情的預測，如對於婚姻、教育、投資等，不同的人會有不同的想法。對於這些事情相關的預測，其實我們當下並不知道它的真相，除非經過一段時間之後，我們才能夠證明哪一種猜測是正確的。而像宗教信仰對於來生的預言，或是某種政治意識形態，我們可能永遠無法找出真相。

　　麥當納說：「我們每天要應付的問題與事件多半都極為複雜，難以全面且完整地描述；正因為多數人都無法提供全方位的見解，才不得不用部分真相來溝通。如此一來，倡導者與誤導者都會選擇特定真相來形塑現實，以達到自己的目的。我們要慎防某些政治人物，評論人士和倡議人士。他們給我們呈現的必然不是事物的全貌，而是畫面中令他們最滿意的那一部分。也因為這樣，我們才有機會從複雜的主題中揀選淺顯易懂的真相，更有效地表達自己的立場。只要我們選擇強調的那些關於真理的面向

3　https://www.ettoday.net/news/20210924/2086331.htm#ixzz7Bma8OZRX

能夠確切傳達出事實的眞相，一如我們自己對事實的理解。那麼簡化與選擇對於溝通者與閱聽者雙方來說，也可以是有益無害。」（p.56）

　　全球疫情給世界各國帶來前所未有的衝擊與死亡威脅，或許眞正給世人帶來困擾與不安的並非不斷增加的確診病患與死亡病例，而是爲因應疫情，而充斥各種利用包括片面眞相、主觀眞相的眞假訊息，譬如爲了卸責而故意混淆造成疫情來源破口的眞相。這樣混淆事實與眞相的態度與行爲，除了破壞責任政治原理的民主法治精神外，還給整個社會風氣帶來負面的效果，這是我們必須從教育哲學的角度看事情所要提防的重點，以免這些混淆眞相的假訊息給青少年學生帶來違背教育理想目標的不良影響，並應以批判思考的教育來協助他們培養獨立思考的能力，能自己從眾多混亂的訊息中釐清眞相。

肆、後疫情時代高教的因應與改變的省思

　　人類社會自從二十世界後期個人電腦發明後，資訊網路科技的興起與廣泛使用推廣，已經大幅度改變了高等教育的教學與研究面貌。從資訊科技進一步跨越到數位科技不緊給大學帶來了衝擊，也對大學的通識教育帶來了巨大的影響。而自從 2010 年初全球疫情開始擴散蔓延以來，受到病毒肆虐最顯著的影響，就是全世界各國的學校爲了避免疫情持續擴散與師生的感染，幾乎都採取了關閉校園或實體停課的措施，而改採以網路遠距教學方式來上課，這包括了線上同步或非同步的教學與學習。疫情的蔓延與擴散無形中加速了電腦網路科技在教育上全面運用時代的來臨。就高等教育端的大學而言，在疫情嚴重期間，除了師生不用到校，改採線上視訊授課，學校行政人員也分流到校上班，不須到校的主管與職員改採在家線

上辦公，透過網路來處理公文與業務，也都能校務順利進行。學校內部各個層級與單位的會議則都改採線上視訊方式進行，學生大部分返回家中，僅剩下部分的國際學生與境外生留在學生宿舍或租屋處，教授在家中書桌前只要打開筆電與網路連線就可以透過不同的會議軟體來進行視訊授課，學生也可以不用花費通勤時間到校，只要在家中打開無論電腦、筆電、平板，甚至手機就都可以上課。究竟疫情給高等教育在教學、行政、學生輔導，以及學生學習成效等方面帶來的是正面效益居多，還是有許多負面的影響？這是我們必須好好考量的。

美國學者鮑文（William G. Bowen）在其《數位時代中的高等教育》一書中，提出了關於線上學習科技七項問題，讓讀者思考並嘗試解答，分別如下：

1. 數位技術的提升，是否足以促使大學教師更能投入合作教學？
2. 教師是否能夠投注更多的心力來促進學生主動學習，並且能從乏味的學習評量，以及同一課程反覆地枯燥講述狀況中解脫出來？
3. 學生是否可從教授那裏得到更多即時的學習回饋？
4. 是否能以學生學習上普遍易犯的錯誤，以及修正錯誤的大數據分析的資料證據中來提供學生學習輔導？是否可以提供每位學生適性學習？
5. 科技的應用是否有助於呈現來自世界各地學生的多元觀點？
6. 科技的應用是否能成為將教育歷程擴展至終身教育過程的助力？
7. 線上遠距教學是否可以降低大學運作的成本，並有可能調降學費或至少減緩學費上漲的幅度嗎？

或許我們可以順著鮑文的這七項問題來省思，後疫情時代的線上教學對師生帶來的利弊得失。首先，既然疫情期間線上遠距教學方便了師生，減少了每天不必要的上下學往返的交通時間，可以達到同樣的學習效果，在疫情結束後，為何還要重返教室？這裡的問題關鍵是：線上遠距教學是

否能達到與教室實體上課的學習成效？如果兩相比較，如果有大規模確實證據顯示，線上教學的學習效果一樣好或更好，我們就沒有理由完全取消線上教學，要求全體師生一律回到教室上課。當然，有人會說，線上教學永遠無法取代實體教學師生間面對面互動交流的效果，這當然是一項很好的理由。但是並不表示線上的視訊交流就無法有類似的效果。在疫情之後，或許我們可以考慮的是，在我們教室 E 設備允許的情況下，可以讓學生選擇是否回校上課，或同步讓部分學生選擇在家透過網路來收播教授在課堂上教學的視訊內容。

第二，在疫情放緩或結束後，容許部分師生選擇繼續線上教學與學習，只要教師能善用網路科技將自身教學的內容與教學方法作出全新的調整，保證講課內容絕不枯燥，教學方法也能顧及師生間的活潑互動，並激發學生主動學習的意願，我們就沒有理由不准許部分的師生嘗試創新的作法。當然，學校也必須能夠有能力監管這部分線上教學確實遵照規定進行上課，並能確保其學習成效。

第三，線上教學是否能讓學生得到更多的學習回饋與個別的指導？這一點應該是因人而異，熱心的教師，無論實體上課，或是線上教學，當學生提問時，都會願意給予幫助。即使教室實體的教學其實也不妨礙師生在課後透過電子郵件或社群通訊軟體來提問並進行互動。

第四，是否教師能使用大數據分析來診斷學生在學習上易犯的錯誤，從而幫助學生修訂錯誤，以達成適性學習的目標？這一點當然不限於線上教學才能作到，只要教師願意花功夫，在教室實體上課的教師，若能用有這樣的相關數據資料，都一樣可以幫助學生糾正錯誤，適性學習。

第五，若線上教學能吸引更多國際學生或境外學生，當然可以讓原本在地的學生獲得同儕共同學習的思想觀點刺激，而更能觀摩並學習到更多元的觀點。但是原本正常教學的狀況下，國際生與境外生仍能夠齊聚一

堂，在同一教室或課堂一起學習，獲得到的多元觀點與刺激不見得就比較少。

第六，因疫情而改為線上教學，是否能成為將教育歷程擴展至終身教育過程的助力？透過線上學習以持續終身教育，這一點當然是肯定無庸置疑的。

第七，線上教學肯定能節省學校在營運上的成本，譬如水電的使用，校園與教室清潔工作量的降低，人事管理成本的減少等等。在疫情期間，讓大學凍漲學費或許有可能，但是若要大學調降學費，實際上卻很難作到，因為學校在許多方面固然可以節省了營運的成本，在另一方面，譬如住宿的需求減少，宿舍的收入恐也跟著減少，反而要付出同樣的一些人事成本。當然，對於疫情之下辦學的成本與因應疫情而減少或增加的支出與收入，都還要經過精算，才能夠得到最後的結論。

除此之外，因為疫情，大學受到的衝擊包括國際學術交流的中斷或大幅減少。大部分教授與學者因各國疫情管控，需要長時間隔離檢疫，無法負擔時間成本，而取消出國訪學或參加國際學術會議。為因應變局，許多學術會議改為線上舉行，如此透過視訊會議的形式，勉強可以維持最低度的國際學術交流與參與。但是在對國際生的招生上，歐美各國大學，甚至名校，因為校園封閉，改為線上教學，得不到實質的師生與同儕的實質交流互動，因此降地了就讀的意願，這必然會減少大量的學費來源，當然實際的數字還有待觀察。

伍、結論：後疫情時代的大學與通識教育

在疫情爆發後大規模或全面改採線上視訊教學的改變，究竟是否會

給未來大學教學的型態帶來怎樣的改變。線上教學與實體教學究竟對學生
的學習成效熟優熟劣？根據學者鮑文所提的一項研究線上教學與實體教學
的對比研究發現，學生線上學習的成效並未有顯著性的提升，而且也沒
有證據顯示，某些教授所擔心的線上教學對於某些基礎課程的學習會有
負面影響，甚至有害的結果。如果我們無法精確掌握學習成效精確的估
算方式，同樣也無法嚴謹地看待大學辦學與線上教學成本的問題。以為線
上教學可以節省人力成本的常理推斷想法，未免太過粗糙必定是危險的。
（Bowen, 2013, pp.126-127）在後疫情時代的高等教育應在實體教學與線
上教學之間採取一種平衡的策略，能兼取二者之長，才有可能達到提升學
生學習最大成效的成果。

　　至於全球疫情對於大學通識教育的影響，其實為完成通識博雅教育
的理想目標，不能只是靠線上教學傳授的學科知識。大學教師的身教，如
同言教，都必須師生面對面的接觸與親炙，才有可能感受並學習。通識教
育所要發展學生的軟實力包括語言溝通的能力、對於分辨事實真相所需的
批判思考能力、分辨真假訊息的媒體識讀能力、需要靠小組團隊學習合作
解決問題的能力、為推動共好參與社會服務實踐的能力，透過腦力激盪而
發展創意思考的能力等等，無一不需要學生彼此之間面對面的接觸才能
達成。

　　通識博雅教育的理想是書院教育的形式，也就是如哈佛學院所推行
的結合住宿與學習型態的教育。提倡多元智能的美國心理學家賈德納為
哈佛的住宿學院提出下列的建議，或許可以為我們參考：（Bowen, 2013,
pp.101-102）

1. 只聘僱並挽留有意願與熱誠教學的老師，而且他們願意花時間在學生
　　身上。

2. 通識課程的科目應與學生的生活有連結，或與他們即將面對的未來生活有連結。約有九成五的學生並不會想要繼承教授的衣缽，把他們都當作學者或教授來培養對他們而言並不公平。

3. 大學教育也不應該成為職業教育或者職業訓練的培訓所。麥肯錫公司或者摩根史坦利想讓大學為他們培養人才，倒不如他們自己來辦學。

4. 擁抱遠距教學，只要線上能辦到的就讓它來做，以高品質線上的方式節省下時間與努力來從事那些線上做不到的事情。

5. 要為課外活動創造時間與空間，可是不要反賓為主，讓課外活動主宰了學生的整個時間，所謂的課外活動不是置身於學習之外，而是正課之外附加的學習活動。不要讓學生就只發展非學術性的天賦才能，也不要讓他們將這些才能與學業的探討完全分開。

6. 大學應撙節開支，特別是興建學生宿舍，沒有必要和五星級飯店來競爭奢華。

7. 除了維持基本業務的任務功能外，減少不必要的約聘雇人員。

8. 要發展大學成為學習行社群，並成為社會最認可價值的化身，每位教師都是這社群的成員，共同制定社群規範，並共同遵守這些行為守則。

參考文獻

Hector MacDonald, Truth, *How the Many Sides to Every Story shape our Reality*。中譯本：林麗雲、葉織茵（2018）。《後真相時代——當真相被操弄、利用，我們如何看？如何聽？如何思考？》。臺北：三采文化。

William G. Bowen, *Higher Education in the Digital Age*, Princeton and Oxford: Princeton University Press, 2013.

國家圖書館出版品預行編目資料

危機時代的哲學：「後」疫情時期的反
思 ／中國哲學會編著. -- 初版. --
臺北市：五南圖書出版股份有限公司，
2024.03
　面；　公分.--（中國哲學會學術集
　刊；6）
ISBN 978-626-393-008-7（平裝）

1.CST: 哲學　2.CST: 文集

107　　　　　　　　　113000632

PH06　中國哲學會學術集刊 06

危機時代的哲學——
「後」疫情時期的反思

編 著 者：中國哲學會

發 行 人：楊榮川

總 經 理：楊士清

總 編 輯：楊秀麗

主　　編：蔡宗沂

執行編輯：余正昕

美術設計：封怡彤

出 版 者：五南圖書出版股份有限公司

地　　址：106臺北市大安區和平東路二段339號4樓

電　　話：(02)2705-5066　　傳　真：(02)2706-6100

網　　址：https://www.wunan.com.tw

電子郵件：wunan@wunan.com.tw

劃撥帳號：01068953

戶　　名：五南圖書出版股份有限公司

法律顧問：林勝安律師

出版日期：2024年3月初版一刷

定　　價：新臺幣400元